# 儀式的科學

## 深入儀式運作的身體和心理機制

How Seemingly Senseless Acts Make Life Worth Living

# RITUAL

Dimitris Xygalatas

迪米崔・席加拉塔斯——著 謝雯伃——譯

獻給我的父母

推薦文

# 儀式，連結了神聖與自我

鐘穎　愛智者書窩版主
《臺灣傳說的心靈探索》作者

故事要從一隻鴿子說起。

行為學派的心理學家在動物研究中發現，如果定時對鴿子投放飼料，牠們就會發展出複雜的儀式，並深信是自己隨機出現的行為帶來了食物，此後不停重複這些其實根本無效的行為。

這項發現後來成為心理學界看待儀式的主流觀點：儀式的形成是一種迷信，迷信源於我們相信一種根本不存在的規律或因果關係。這種說法當然為高舉理性價值的現代人注入了一針興奮劑，不僅是儀式，連帶對宗教與信仰，似乎都得到了充足的心理學解釋。

社會心理學對此抱持比較寬容的態度，強調了儀式對凝聚社群的重要，以及人對歸屬感的追求。因此多數人對這些熱衷於或遵循傳統儀式的人們，產生了一種模糊的看法：他們是非理性的（因此比較低下），但情有可原。

這本書就是在這樣的前提下寫成的，作者想追問，儀式是否還有不同的東西？在經過漫長的追索之後，無論是從歷史，從兒童研究，還是從神經生理學的證據來看，本書都指出儀式似乎是一種內建於人類本性的根本需求。

關於這一點，我想特別幫讀者介紹榮格心理學的觀點做為本書的補充。瑞士心理學家榮格在臨床的觀察中發現，病人許多看似無意義的儀式性行為，其實源於心靈中的本能，一種先天的意象。他將這些心靈內的古老型式稱為「原型」（archetype），而人格的原型則稱為自性（Self），它會推動人去修復受損的自我（ego）。

他相信，信仰的主要目的是讓我們與自性取得聯繫，使乾枯的自我重獲活力。儀式則須要以象徵的方式來進行理解，它的意義經常是彼此矛盾的，不存在單一的因果關係。矛盾是很重要的，因為如此儀式才能避開理性的框架，喚醒內心深處的經驗。因此，我們不可能將儀式進行拆解，追問單一步驟的意義，因為它是整體性的，不是機器的零件。

以書中的踏火儀式為例，踏火這種看似毫無意義的自殘行為（作者表示，當事人的心電圖顯示他的身體狀態已經達到足以誘發心臟病的致命程度）並不是愚蠢的，也不能完全由為了刺激內源性欣快物質來解釋。參與者的目的是為了經驗到心理上的重生，藉由火能燒毀一切的特質，潔淨過去一年的自己。至於踏火的路線要多長，煤炭表層要灑鹽還是不用？儀式開始前需不需要唸誦咒語還是祈禱？是左腳先還是右腳先？即便這些細節在各處有不同的規定，但都不應掩蓋這個儀式真正的追求：人們渴望生命的重啟與復活。

即便是在台灣，我相信多數讀者也對類似的儀式不陌生，例如元宵節時台南鹽田的攻炮城與台東的炸寒單，同樣是藉由火的洗禮與蜂炮對身體的衝擊，達到象徵性的支解與其後的新生。

值得一提的在地儀式，還包括春天時的媽祖遶境與進香。

媽祖遶境與進香活動的風行恰與過年氣氛的日漸淡薄成反比。在萬物萌發生機的春季，母親神媽祖象徵著大自然的生育力，使人們將重生的期待投射在祂身上，從而引發大量的信徒跟隨，組成了一場盛大的朝聖之旅。

舊的儀式雖會消亡，但人內在的宗教性卻會自發地創造新儀式。如同本書所說，社會的底層階級在參與重大的集體儀式時，會透過近似自殘的方式，來達到心理的健康並獲得社會連結。但那些在社會裡適應良好的人，為什麼會加入這類集體儀式的行列呢？

因為儀式所提供的團體感使「理性」的現代人成為了大眾的一分子，這補償了這個小眾時代日益增加的疏離感。只有在這樣的過程中，我們才會覺得自己不孤單。

無庸置疑的是，人的內心潛藏著這樣的願望，那就是想要成為神聖的參與者。換言之，儀式讓我們幸福。但理由不完全是由心理學家所發現的那樣，能幫助我們處理焦慮、強化自我控制、提供希望與連結。還有一個作者同樣提及，但極可能被讀者忽略的部分是：我們也需要痛苦。

幸福無法單獨存在，它與痛苦彼此依存。人本能地知道幸福的弔詭之處，本能地知道意義經常源於我們對痛苦的主動克服，而神靈或某種更高的存在將會嘉許克服它的人。我們知道受到看顧，因此便能調用生命中的積極力量。

當然，儀式以及它所帶來的認同感也可能會帶來壞處，書裡特別舉了城市足球隊為例，對球隊的團體認同有時會失控，引起暴力。之所以特別談到此點，是要提醒讀者注意個體與集體之間的關係——或者說，自我與原型的關係。

人的自我並沒有我們想像中的堅強，我們能從集體或原型中得到力量，但也容易失去界線，被其吞沒。讀者只要想想，大選年有多少人會被政客偏頗的發言，激發出對親友的仇恨就知道了。我們的理性經常只是一層薄薄的外膜，抵擋不住來自潛意識或外界的刺激。如何保持兩者之間的適當關係，是榮格心理學裡的一門重要功課。

我一向熱衷於研究儀式，熱衷於鼓吹讀者為自己日常的習慣賦予個人的儀式感。不為什麼，就因為傳統儀式已經丟失了原有的社會脈絡，如果我們不能為自己建立專屬的神聖小儀式，人就會變得脆弱。

為自己沖一壺咖啡，打掃房間或桌面、靜心冥想五分鐘，都可以是你開啟一天的儀式。用這個儀式告訴自己，每一天都是全新的一天，每一天你都與更高的存在相連結，你所在之處就是神聖的居所。那麼，你就能讓自己成為幸運且富足的人。

在這個強調儀式感的時代，這本書補足了相關論述的重要缺口。我們需要這樣博學而文筆生動的人類學家，同時也需要更多對台灣傳統感到好奇的讀者。這本書將成為我案頭上最重要的儀式參考書，相信也會成為你的。

推薦文

# 說不清哪裡好，但就是替代不了

寒波
科普作家
《盲眼的尼安德塔石器匠》部落主

大到畢業典禮、媽祖出巡遶境，小到點香拜拜、出門先踏左腳，如今人們的生活充滿各種儀式，古時候也是如此。這些行為有何意義，為什麼能歷久不衰？這些問題一般人只是偶爾想想，卻是人類學家迪米崔．席加拉塔斯（Dimitris Xygalatas）的工作，讓我們能透過《儀式的科學：深入儀式運作的身體和心理機制》一起體驗。

## I don't even know why I do the things I do（我甚至不知道為什麼，我要這樣做）

討論有何意義之前，是否應該先定義清楚什麼是「儀式」？書中有多處解釋，假如您發現矛盾，千萬不要懷疑自己，更不要埋怨作者無能。這正是儀式的重要特色，它不是固定的一個東西，可大可小，可長可短，可具體可抽象，更傾向一種概念。

舉個例子相反的例子來看，或許有助於認識儀式的概念。德國曾經出土由象牙製成，中間有四個鑽孔的二十公分管狀物，估計年代將近四萬年。還不清楚用途時，考古學家懷疑是用於某種儀式。不過二〇二四年發表的論文指出，它很可能是製作繩索的工具：將多束植物纖維一起穿過孔洞，再交織成一條堅韌的繩索。

當一件事情按部就班操作，其結果能夠預期，目的和收益也很明確，似乎便不會被視為「儀式」。相反地，煞有其事的執行一套動作，卻沒有明確的目的，或是目標與手段缺乏邏輯關聯，則是許多儀式的共通特徵。

當考古學家不知道一件古物有什麼實用價值，常常假設它是用於某種儀式；一旦參透玄機，則會直接說出用途。我們也許能嘲笑考古學家的套路是「古代人正在進行編織繩索的儀式」，可是誰能保證，編織繩索不能是一種儀式，或是與特定儀式掛鉤呢？

現代人需要繩索的機會比古時候少，也不常自己編織，不妨再舉個歷久不衰的案例。北高加索一座五千年前的墓葬中，有一批金或銀製成，長度超過一公尺，直徑約一公分的空心長管，一端夾著小動物雕像。以前的研究者推測這跟管子有儀式性質，或許是當作權杖。

二〇二二年問世的論文則指出，它們應該是金屬吸管。用法類似美索不達米亞的古文明，將超長吸管插入大酒桶，讓一群人圍著飲用。也許吸管本身不是儀式道具，但是用吸管喝酒可能是儀式的一部分，也可能是與儀式相關的活動。

類似的行為歷久彌新，一位現代人，即使從來沒做過繩索，甚至是沒喝過酒，也肯定參加過派對或集會！

## It's a long long journey till I find my way home
## （這段旅程漫長，直至我尋獲回家的路）

本書作者席加拉塔斯出身於希臘，二〇〇七年獲得英國的貝爾法斯特女王大學（Queens University Belfast）博士，如今在美國的康乃狄克大學擔任副教授。他的研究領域稱為「認知人類學」（cognitive anthropology），算是將認知心理學應用於人類學的一門學問。

書中有多處提到他的認知人類學具體來說是做些什麼研究，例如讓儀式參與者配戴穿戴式裝置，紀錄生理數據。這能直接解開一些疑問：某些包含自殘的儀式，當事人應該會感到痛苦，可是人真的會擁抱痛苦嗎？有學者懷疑，某些人的感受不一樣，忍耐力更高，甚至是在受虐時反而會感到愉悅。但生理紀錄卻能證實，他們自殘時產生的真的是痛苦的反應。

即使不追求快樂，人的天性也應該要避免痛苦，為什麼全世界從古至今，還有那麼多令人痛苦的儀式存在？而且這些儀式有時候非常誇張，作者自己便在模里西斯的大寶森節（Thaipusam）見識過，一個人同時有五百根針穿刺身體。

一個解釋是，人的感受是相對的。當現在痛苦，未來恢復原狀後，人主觀上便會感到幸福。在作者對印度大壺節（Kumbh Mela）的研究發現，儀式時感受到的痛苦沒有留下長期傷害時，參與者事後的幸福感會增加，而且在大寶森節中，身上穿刺較多的人，生理健康程度也進步更多。

今日臺灣沒有這麼大規模的刺激性宗教活動，不過每年大甲媽祖遶境進香也很盛大，不少人會跟著隊伍走，感到不舒服也拒絕退出。難道他們都是自虐狂嗎？顯然並非如此。且類似的儀式不限於宗教，而充斥了社會各個層面。

## 在最開始的那一秒，有些事已經注定到老

身為從田野調查取材的人類學家，席加拉塔斯自稱住過七個國家，到過超過七十國，接觸不同文化的經驗相當多。像是他起家的踏火儀式，就見識過很多地區的不同版本。

全書提及了一個又一個的儀式，豐富了各章節設定的不同主題。其中作者自己投入的研究通常會寫得比較詳細，也比較有看頭，總之會不斷讓你感到奇怪的知識增加了。雖然整本書都沒有寫到臺灣，不過有很多儀式的特徵之普遍，臺灣讀者想必也很容易找到共鳴。

有一個案例，臺灣讀者想必都能得到啟示。心理學家馬斯洛（Abraham Harold Maslow）以需求層次理論知名，他只是普通教授時總是避開儀式性聚會，覺得是浪費時間。等他當上系主任，非得年年參加畢業典禮後，卻開始在繁瑣的禮儀與象徵主義之間品出不一樣的味道。

根據社會學家貝拉（Robert Bellah）的紀錄，馬斯洛演講時表示：「很遠很遠，在這隊列的最開端，是蘇格拉底……是史賓諾沙。而就在他前頭的是佛洛伊德，跟著是他自己的老師和他本人。在他之後無限延伸的是他的學生和他學生的學生，雖然尚未出生，已可預測一代接著一代。」

看似浪費時間的儀式們，實則默默建構、傳承了大學的「本質」，照貝拉自己的說法是：「真正的大學既不是面對消費者社會的知識量販店，也不是階級鬥爭的工具，雖說實際的大學都有一點，但如果大學並沒有一個超越工作領域實用考慮的基礎象徵性參考點，如果大學與那些考慮之間存在著緊張關係，那麼它就失去它存在的意義了。」

## 說不清哪裡好，但就是替代不了

當我們納悶「為什麼這麼奇怪的儀式存在」時，問題的另一面其實是「更多儀式已經不存在」。歷史上有無數儀式比一個人的壽命更短暫。有時我們認為某個儀式很荒謬，訝異參與者竟然那麼嚴肅，只是因為事不關己，我們不在其中。

這也是如今各種傳統儀式，普遍面臨的生存考驗。隨著文明飛速發展，當代人失去原本的生活脈絡，傳統儀式也就喪失意義，即使仍然保存，也常常淪為徒有形式。

這卻不意味著儀式將會消失。對於儀式，我們常常說不清哪裡好，但就是替代不了。人類總是需要儀式。舊的不合時宜，必有新的儀式取代。古代各種儀式幫助祖先們度過飢荒、瘟疫、戰亂，現代儀式也陪伴我們走過經濟蕭條、COVID-19 等人心浮動的時刻。人在世上，有太多不確定；固定套路的儀式，不管在旁人眼中是多麼荒唐，在我們有需求的時候，總能帶來說不清的安定感。

推薦文　說不清哪裡好，但就是替代不了

目次

## 3 秩序
Order

史上最偉大的籃球員麥可・喬丹據報導在他整個NBA生涯的比賽中，在他芝加哥公牛隊隊服下總是穿著北卡羅萊納大學的短褲。或許有人稱之為迷信，其實不然。這是讓他進入比賽的儀式，讓周邊環境的秩序符合他腦中尋找的秩序。

063

## 4 黏著
Glue

從布希曼人出神的狂熱舞蹈，到軍隊行軍的整齊步伐……當我們和其他人一樣行動時，我們傾向認為我們自己與他們更相似，也因此我們會更喜歡他們。集體儀式中常見的舞蹈、音樂、吟唱，不知不覺中讓我們凝聚起來、成為一體。

095

## 5 歡騰
Effervescence

四萬名球迷整齊劃一地穿著黑白兩色加油服，形成了驚人的景觀。當裁判吹響第一聲哨音，體育場就像被一陣電流穿過，數千支燃燒的煙霧棒突然冒出來，狂熱的球迷上下跳動，一邊揮舞煙霧棒並且同聲高歌。接下來的九十分鐘，球迷們從未停止歌唱，彷彿成為一個有生命的整體。就在那天，我成了終身球迷。

125

9 駕馭儀式的力量 Harnessing the Power of Ritual 231

新冠病毒流行而來的隔離政策，使許多需要集體參與的儀式無法進行，但人們開始創造為新現實量身打造的新儀式。喜劇演員基墨和妻子鼓勵隔離者每週舉辦一次儀式性晚餐「正裝星期五」，儘管只是在自家，還是穿著正裝用餐。「這個概念是要打扮自己，就像是要去赴約一樣，儘管你哪裡都不去。」

致謝 Acknowledgements 257

注釋 Notes 268

參考書目 Bibliography 286

# 1 儀式的悖論
The Ritual Paradox

在愛琴海，嬌小的希臘島嶼蒂諾斯（Tinos）上，每日由比雷埃夫斯（Piraeus）開來的渡輪正危危顫顫地駛進主港。岸邊站著成排粉刷得泛白的方形小屋，與後方險峻的山丘形成強烈對比。幾台卡車和客車從渡輪下方的甲板駛出，遊客湧上過道。碼頭這邊，計程車司機和旅行社人員圍在遊客旁，手舉寫著旅館名稱的告示，還有些旅館廣告著最後清倉價。觀光客大多都會前往當地的海灘及博物館，很快便隱去了蹤跡。此刻，假日氛圍發生了奇怪的變化。

剩下的遊客大多身著黑色，以一種不同的步調移動著。他們看起來莊嚴肅穆且目標堅定。他們在碼頭集合後，便一個個手腳著地，開始在城鎮主街上爬行。當中有些人腹部著地，僅用手肘拉著自己匍匐前行。其他人則以與街行方向垂直的方式躺下，以一種近乎薛西弗斯式*的動作滾上陡坡，不斷扭身翻轉著身體，用手肘推著自己上行。這時有一名婦

* Sisyphean，源自希臘神話中的薛西佛斯（Sisyphus），受到懲罰必須永遠將石頭推上山頂，以此形容一個工作永無止盡又徒勞無功的。

人突然向後倒下，兩名男子過來用手拉著她前進。還有人將孩子揹在背上，手腳並用地爬行。

此時正值仲夏時分。街上沒有多少陰涼處，鵝卵石鋪成的街道被陽光炙烤著。當這群人吋吋緩慢地爬上陡坡時，整個場景開始變得像戰場一樣：流血的膝蓋和手肘、燙傷的手腳、布滿淤血的身體以及滿是痛苦的臉龐。許多人因為高溫及體力耗盡而崩潰。但他們堅持繼續。陪同的家屬衝上前給他們水喝，等他們恢復神智，便又繼續攀爬。

他們的目的地是蒂諾斯聖母堂。這座壯觀的教堂坐落山頂上，建築全由從鄰近提洛島進口的白色大理石建成。教堂的正面綴飾著無數拱型柱廊，上頭雕刻著欄杆及花窗，從遠處看起來就像是精緻的刺繡蕾絲。傳說此處在一八二三年挖出了一尊古聖像，聖像埋藏的位置來自當地一名修女從夢中得到的啟示。隨後他們原地興建了教堂來收藏這尊聖像，此處很快就成為了朝聖的主要地標。每年都有來自全球各地的人們湧入蒂諾斯，前來瞻仰這尊據說能行聖蹟的聖像。

在四肢著地爬到山頂後，朝聖者還得把自己踱上兩段大理石階梯才能禮敬聖像。聖像上精密細緻地雕刻出天使報喜的場景。但在聖像上已幾乎看不見這幅場景，因為訪客捐獻的珠寶覆蓋了整幅圖像。數以百計的的銀質還願祭品從屋頂上懸掛下來，見證著各種誓言與奇蹟，從一顆心、一條腿、一雙眼睛、一個搖籃到一艘船。

這些看似無意義的自我折磨可能十分引人注目，實則在全世界都可找到類似的行為。在中東，什葉派穆斯林用刀刃削砍己肉，以悼念烈士伊瑪目侯賽因（Imam Husayn）。在菲律賓，天主教徒將針鎚進手掌與腳掌，以紀念耶穌基督所受的折磨。在泰國，道教徒會慶祝崇拜中國神祇的九皇節，慶祝方式包括放血和用各種物品包括刀、串叉甚至鹿角或雨傘刺進自己的身體。在中美洲，馬雅人進行放血儀式，方式是用魟魚骨穿刺男性的生殖器。而在今日的美國阿帕拉契山南部，五旬節教派團體會在教會中手持致命毒蛇狂喜地跳舞。這些蛇被從尾巴懸空抓起，隨時有機會咬人——牠們確實經常發動攻擊。已有超過百起持蛇者死亡的意外登記在案。但由於這些儀式通常是祕密進行，實際人數可能更高。根據研究這些社群的社會心理學家胡德（Ralph Hood）的說法：「去到任何一間進行持蛇儀式的教會，你都會看到手部萎縮或失去手指的教眾。所有參加持蛇儀式的家庭都遭遇過這樣的事。」[1]

在其他地方，人們會進行痛苦比較少、但代價並沒有比較輕的儀式。西藏僧侶會花數十年光陰完善他們的靜坐修行，讓自己遠離塵世，追求沉靜冥想的生活。在齋戒月時，全球各地的穆斯林從日出到日暮時分不進任何飲水食物。印度的婚禮儀式可以持續一整週，邀請數以百計甚至數以千計的賓客參加，前期準備要花上好幾個月；對一般家庭來說，婚禮的花費可能讓人傾家蕩產。根據一個當地的非政府組織，進步村落企業及社會福利機構（Progressive Village Enterprises and Social Welfare Institute）估計，超過六〇%的印度家庭會借錢來為子女的婚禮籌措資金，借款的利率通常過高。那些沒有其他方式來擔保貸款的人常被迫為奴來支付債務。[2]

到目前為止，我提到的還只是宗教儀式而已。事實上，儀式對幾乎所有的社會制度來說都很重要。試想法官敲下法槌或是新總統就職前的宣誓。軍隊、政府和企業都會舉行各種儀式，以入伍典禮、遊行以及花費浩大的忠誠展示來呈現。那些在重要比賽上總是穿同一雙襪子的運動員會運用儀式，賭注越來越大時會親吻骰子或緊握幸運符的賭徒也是如此。甚至在我們的日常生活中，每個人也都在進行儀式，就如我們舉杯敬酒、參加畢業典禮或是參加慶生會。對儀式的需求是原始的，如同我們將會看見的，這個需求也可能在人類文明中扮演關鍵的角色。

但究竟是何物驅使我們沉浸在這些帶有明確代價，而無任何直接明顯利益的行為中？又為何，這些行動的目的通常不明，卻具有深刻的涵義呢？

〇

數年前，我在丹麥當交換學生時，拜訪了哥本哈根一座令人嘆為觀止的美術館——新嘉世伯美術館（Ny Carlsberg Glyptotek）。當我漫步在古地中海文化工藝品的展廳內時，我遇到一群來自美國的考古學學生。他們正圍繞著他們的教授，一名高䠷、充滿活力的中年女性，聆聽她評論著展品。她的熱情似乎有著感染力，學生們看得很專注，像是對她說的每件事都很感興趣似的。於是我決定要跟著他們，獲得一次免費導覽的機會。

教授採用的是所謂的蘇格拉底式教學法：她並未講課給學生聽，而是向學生提問，以此探究他們已知的知識，幫助他們做出新的推理。在針對數個物件討論其來源及目的之後，最終輪到一個看似古怪的古希臘陶器。「這是什麼？」她問道。學生們看來陷入了疑惑。這個物件呈中空角狀，但很明顯並非酒器，因為它體積太小，且底部有個洞。物件上刻有精細的裝飾細節，但儘管它看起來在製作上用盡心力，卻沒有實際用途。教授特別轉向其中一名學生。「你覺得這是做什麼的？它的**目的**是什麼？」她問。「我不知道。」學生看似窘迫地回答。「我們都不知道。」教授重覆他的話後，繼續說，「當我們不知道其功能為何時我們會說什麼？」該名學生突然間得到靈感。「和宗教崇拜有關！」他叫喊著。「沒錯，這和宗教崇拜有關！」老師同意地說道。「這可能是用在某種儀式的脈絡之下。」

教授的回答引起了我的共鳴，因為此番言論認同了人性中最令人好奇的一個面向：儀式是人類間真正普遍存在的事實。無一例外，所有的人類社會，無論過去現在，都有一些傳統涉及高度精心設計、程式化且被準確執行的行為，這些行為標誌了人類生活的關鍵時刻。這些被我們稱為儀式的行為，要麼一點明確目的都沒有，要麼這些儀式的進行方式，與它們所宣稱的目標或行為並沒有太大的關聯。進行祈雨舞並不會讓雨水從天上落下，針刺巫毒娃娃無法從遠處傷害他人，而塔羅占卜者唯一能夠確切預測的就是在你結束諮詢時錢包會變薄些。就是這種媒介與目標之間的鴻溝，讓那名教授做出這樣的推斷：若有一個需要大量勞力來完成，卻沒有明確功能的物件，那它可能帶有宗教性的目的。

儘管在行動和目標之間存在著令人困惑的不一致，人們已經持續從事各種儀式上千年。事實上，不管是再怎麼樣世俗的社群，儀式在今日就如同在古代一樣普遍，無論我們是否有意識到。從敲敲木頭到輕喃祈願詞，從新年慶典到總統就職，儀式滲透我們私人和公共生活的每一個重要面向。無論是在宗教或是世俗脈絡下進行，儀式都是所有人類活動中特別的一類，重要且飽含意義。

這些特徵區別了儀式與其他諸如習慣之類等較不重要的行為。雖然兩者可能都是刻板化的行為，牽涉固定且重覆的模式。習慣會對世界有直接的影響，而儀式行為擁有的則是象徵意義，通常是為進行而進行。在我們還沒有發展出上床睡覺前先刷牙的習慣時，這個行為的目標在於其當下可見的功能——這在因果上是**顯而易見的**。在空中揮動象徵性的刷子並不會讓牙齒變乾淨。透過將這個程序變成例行公事，習慣讓我們規律且不經思考就從事這些活動。

相反地，儀式則在**因果上不透明**，它讓我們全神貫注，因為牽涉到的是必須記憶的象徵行為，這些行為一定被準確執行。舉例來說，在一場希臘東正教婚禮上，伴郎或伴娘會交換婚戒，然後將戒指戴到新娘新郎的手指上，並在他們頭上戴上王冠，如此重覆三次；神父必須朗讀禱詞三次；新婚夫妻必須共用一個酒杯，喝三口酒，要環繞祭壇三次。這些是一套長以小時計的複雜程序，必須精準地完成，而且需要一絲不苟的指示及排練以確保每個動作的準確度。在進行儀式時，這些行動中沒有一個具有任何法律效果：真正讓一對夫妻成婚的是另外的程序，包括在法律文件上簽名蓋章。然而婚禮的象徵意義以及盛況，才是讓這起事件如此重大難忘的原因——它讓我們產生這段婚姻其實是由這些儀式認定，而非由法律文件認可的印象。習慣會將重要任務變為例行公事、讓它們變得單調，藉此幫助我們規劃安排這些任務；相對地，儀式則是透過從事某些特殊行為，來讓我們的生活充滿意義。

換句話說，儀式具體上就像社會學家荷曼斯（George C. Homans）說的：「儀式行為並不對外在世界造成實際結果——這是我們稱之為儀式的其中一個原因。」事實上，在許多宗教社群中，舉行儀式通常帶有被視為法術的確切目的。「然而這麼說並不表示儀式不具功能……它給予社群成員信心，驅散他們的焦慮，規訓他們的社會組織。」[3]

人類學家探究儀式的功能已經超過一個世紀。他們認為，儀式極可能是作為個人滿足、賦權以及轉變的載體而存在，同時也是合作及維護社會秩序的機制。他們構想了許多有洞見的理論，但他們鮮少能夠、亦不願意對這些理論進行測試。這是因為文化人類學家的推論來自於一個假設：社會是複雜且混亂的場所，且有些在人類生活中最具意義的事物，是無法輕易被量化的。他們在田野進行民族誌研究，觀察在自然脈絡下進行的人類儀式。他們最首要的焦點，是嘗試去瞭解在這樣的脈絡下，儀式的操作者如何體驗這些風俗。

另一方面，心理學家和其他具實驗精神的學者認為測量需要高度控制，在實際的生活環境中無法輕易達到這種控制。他們一般都在實驗室中工作，每一刻只專注在單一個微小的行為上。要這麼做，他們得將人們帶出習慣的環境，帶到實驗室中，遠離任何可能會讓研究變複雜的外來因素。無可避免地，大多數附著於這個脈絡的意義將在這個過程中變得無法獲取。

儀式從未成為心理學研究的熱門主題，部分原因可能正是這類充滿意義的行為難以在實驗室中進行研究。它不是被當成人類行為的一個世俗面向，一種終究會消失的心理毛病，就是被視為一個無法被科學化調查的虛幻主題。因此，儀式雖然是人類本性中最為普遍的其中一個面向，針對它的科學知識在過去卻既稀少又片面。

直到近年，這個現象才開始有所改變。隨著人類學發展成熟，民族學家逐漸意識到他們有必要嚴肅看待人們的主張，需要尋求實證性的方法來驗證他們的主張。而心理學家也開始瞭解到，人類心靈所涵蓋的面向，遠比受試對象在大學實驗室的窄小隔間中所透露的更多，從而開始對文化輸入產生更多的興趣。

在許多案例中，不同領域的社會科學家開始彼此合作，互相學習。新科技與研究方法的發展，讓科學家們能夠探索過去無法企及的問題。穿戴式感應設備讓科學家可以研究實際參與儀式的人們身上發生了什麼事；生物化學及腦部造影技術，讓研究者能在實驗室內及田野中檢視人類的大腦活動；認知科學的創新提供了評估人們腦海中想法的新方法；而日益增強的電腦功能和嶄新的軟體設施，則能夠統計那些複雜的資料。這是第一次，對於儀式的科學研究有了完整的進展。我們終於可以開始將這個古老謎題的答案拼湊出來：這一切古怪的東西，到底有什麼意義？

我從小時候就一直對儀式很著迷。我在希臘長大，每個月都會和我母親一起搭巴士到市區去一次。她會在這時購買縫紉用品、付水電費、辦各種瑣事。我陪她出門的獎勵，則是能夠去趟城裡的大型書店，那是我唯一能買到《國家地理雜誌》的地方。那時網路還要幾年才會開始普及，希臘也還沒有有線電視。《國家地理雜誌》的索引便成為了我窺看人類學這個迷人世界的第一扇窗。它將我帶至遙遠的地方，為我介紹各種異國文化。我讀過印度的大型朝聖活動、安地斯山的巫醫，以及海地的巫毒儀式；讚嘆於尼日沃達貝族求偶競賽儀式、瓜地馬拉的馬雅占卜習俗，還有不同亞馬遜部落所進行的疼痛啟蒙禮的震撼照片。我還學到了肯亞及坦尚尼亞馬賽族男孩的成年禮包含了獵殺一頭雄獅。成功的狩獵者能夠贏得在儀式上佩戴獅鬃的權利。

所有這些習俗都在遠方進行，這讓它們感覺時代久遠：它們似乎像是過去浪漫時代的遺跡，正慢慢走向消亡。我當時並未認真思考，事實上，儀式也滲透在我自己生活的社會中。我的學校就像所有希臘學校一樣，每學年都由一場淨化聖禮開始；我們被強制每天參加晨禱，並且時不時就得參訪當地教堂。除了那些宗教儀式之外，我們還會進行升旗典禮、唱國歌，國定假日時在每個城鎮上舉行學生遊行。不知為何，那些儀式似乎與遠方的儀式有所不同，這可能是因為它們對我來說沒有意義。那些儀式是我的老師強加給我的。我去參加，是因為我必須如此，所以我總會找理由避開這些活動。也可能是因為那些儀式事實上就是有所不同，它們重覆、低喚醒（low-arousal）的本質，一點也不像我在《國家地理雜誌》的專題報導上看到的盛大儀式。不過，也有可能是因為它們與我如此貼近，以致它們不知怎地，變得不可見了。

我在青少年初期時，從公共電視上看到關於蒂諾斯朝聖的新聞報導。男女老幼都爬著上山，膝蓋滿是瘀青，手臂鮮血淋漓，就是為了一睹聖像。到了目的地時，許多朝聖者大哭起來，此時他們因身體痛苦而出現的猙獰表情變成了受到庇佑的祥和。那些接受訪問的朝聖者強調著這段朝聖之旅對他們有多重要，當中有些人存了好幾年錢才得以進行這趟旅程。當被問到為何如此時，他們提到這是為了圓滿他們曾許下的誓言——有些人對聖母許下特定願望：祈求懷孕、希望孩子通過考試或是乞求能從病中康復。對那些沒有特定理由的人來說：朝聖本身就是目的。

我曾詢問祖父是否曾聽過這個習俗。他是我見過最虔誠的人，對於所有與東正教相關的知識都琅琅上口——正是人們常說的那種「奉獻給教會的人」。我祖父當然聽說過這個習俗，事實上，他還能列出好幾個村裡曾進行這趟朝聖的熟人——裡頭我甚至也認識幾個。在回想這件事時，他也提到在希臘其他地方的類似習俗，從南方克里特島上的疼痛朝聖，到北方鄉村舉辦的踏火儀式。這些傳統並非僅存在於過去，也不是來自某些遙遠異國部落的風俗，而是就存在於當下此處，由跟我處在同樣文化中的人們進行。但是，為什麼呢？為什麼在這個科學、科技和世俗化的現代化世界中，還留存著這麼多奇妙的傳統呢？又是什麼在推動各處的人們花費如此大量的時間及資源在儀式活動上，明明這些時間他們本可以用來賺錢、做愛、社交、照顧家庭或單純好好生活？

幾年之後，當我就讀塞薩洛尼基亞里斯多德大學（Aristotle University），在宗教學教授帕契斯（Panayotis Pachis）的教導下，我終於有機會探索這個問題。作為學生，我一頭栽進儀式的歷史及心理學中，修習與這些主題相關的每一堂課，研讀我手邊能搜羅到的任何相關書籍。有一天，教授向我提起一個到丹麥奧胡斯大學（Aarhus University）學習的機會，那邊剛開展一個關於宗教方面認知科學的新研究計畫。他的話馬上打動了我。在千禧年的第一天，我買了件保暖外套，打包好行李，坐上我人生中的第一趟飛機，進行我人生中第一次前往異國的旅行——一次真實的通過儀式（rite of passage）。

在奧胡斯大學，我開始熟悉一種面對文化的不同思考面向：這個面向使用在心理學以及演化科學中發展出的方法和理論，來研究傳統上從人文學科範疇出發的主題。我對這樣的研究面向一見鐘情。我開始研讀認知心理學、演化人類學和神經科學等領域的最新理論。學習象徵性思維的演化，學習嚴峻的考驗以何種方式編入記憶，也學習與特定宗教經驗有關的腦部區域。

但我仍舊缺少某個關鍵環節。如果想要解答我自己問出的問題，我不能夠只在自己的書桌前，只在圖書館裡或在實驗中尋找。這表示我需要去拜訪真實人類，聆聽他們的故事，參與他們的日常活動。換言之，我需要成為一名人類學家。

在完成碩士學業之後，我前往北愛爾蘭貝爾法斯特（Belfast），跟隨在皇后大學的儀式專家懷特豪斯（Harvey Whitehouse）繼續學習。我決定以極端儀式作為我的博士研究主題。我所說的極端，並非其參與者有任何不尋常或不正常之處——事實上，前來參加這些儀式的人往往非常廣泛，來自各種社經背景。極端所指的主要是與極限運動相似的特徵，也就是需要特別多的精力。換句話說，如果有人列出全世界所有的儀式，分別測量它們涵蓋多少情緒壓力、身體痛苦或是能量耗費，那麼這些極端儀式會位在光譜的最前端。

在完成這些必要的預備訓練之後，我提交了我的博士研究提綱，準備研究我祖父曾提到的其中一種儀式：踏火。世界各地有多個社群都會進行光著腳踩過燃燒木塊的儀式。為了研究這些儀式的進行，我會前往了希臘、保加利亞，還有西班牙的一些偏遠小村落進行田野工作。很快地，我再度打包起行李——這次是要前往我的田野。

在這一年半的田調過程中，我做了人類學家會做的事：提出問題。日復一日，我踏進人們的家中，訪問數以百計的人，參與數不清的儀式——從規律的週日彌撒到刺激的踏火儀式。我見過幾個特殊的人，進行了非常有趣的對話，聽到一些迷人的故事。但是，那個對我來說最重要的問題確實成了最難以回答的問題。那個問題是所有問題中最簡單又最重要的一個：**為什麼**？為什麼人們投身於這些耗費不貲的儀式？事實證明，這個答案比我想像的要更複雜。

阿勒揚德羅（Alejandro）是一名來自西班牙小村聖佩德羅曼里克（San Pedro Manrique）的七十三歲老叟。從青少年時期開始，阿勒揚德羅和他的大多數家人就持續參加當地舉行的踏火儀式。多年來，我參加過數不清的踏火儀式，當中沒有一場和此處進行的一樣激烈。超過兩噸以上的橡木被用於製造出足以熔化鋁的熱火，參與者揹著另一個人，就這樣赤腳走在那團火上。他們當中大多數揹著孩子，但阿勒揚德羅不是，他揹的是體重可能比他自己還重的成人。阿勒揚德羅很自豪能成為一名踏火者。五十三年來，他一次儀式都沒錯過。當我問他未來是否會停止踏火時，他陷入深思，在漫長停頓後說道：「我知道有一天我會老到無法再參加。但當那天到來時，我就不會到場了；我會留在家裡。因為如果我在現場看著儀式卻無法參與，我會跳下塔樓自殺。」

隔年，阿勒揚德羅在體檢時發現他的心臟有心律不整的問題，他的醫生禁止他再參加儀式。那太刺激了，醫生說，以阿勒揚德羅的情況來看，最好別再冒任何一點風險。因為無法再踏火，老人遵守承諾，決定當晚留在家裡。因為這對他來說太痛苦了，如果他不能夠參與其中，他就不想要再觀看踏火儀式。

不過，他的兒子馬梅爾（Mamel）有其他計畫。

那年，我回到聖佩德羅參加慶典。我受邀參加集會，在集會中，當地人聚集在市政大樓的廣場上，手牽著手形成一條隊伍，有節奏地往山坡上爬，直到抵達踏火的會場——一塊結構如露天劇場般、圍繞著燃燒柴堆的空地。我站在馬梅爾身邊，兩人手牽著。當我們走近他父親家時，他把我拉出隊伍。我相當驚訝他竟然會想要離開集會。「我們要去哪裡？」我問道，他說「你會知道的。」

我們走進阿勒揚德羅的屋子，發現他坐在窗邊。他抬頭望向我們，似乎很驚訝看到我們。馬梅爾站在他父親面前說：「爸，如果你無法自己踏火，那麼讓我揹著你踏火。」老人一言不發。只是站起來，擁抱他的兒子，熱淚盈眶。

當晚，看到阿勒揚德羅爬上馬梅爾背上時，大夥齊聲歡呼鼓掌。當他兒子以細小穩定的步伐帶著他跨過火毯時，阿勒揚德羅看起來就像隻驕傲的孔雀。整個村莊都為他們歡呼，他們的家人急忙上前擁抱他們。但還沒結束，阿勒揚德羅用力地揮了揮手，所有人的動作都停了下來。然後他再次轉過身去，面對火毯，每個人都倒抽一口氣。他們都清楚知道阿勒揚德羅有何意圖。他向前兩步，然後開始跺腳。他的笑容現在消失了，面容變得更為嚴肅。他用如此強烈的目光看著火堆，幾乎像是試著讓火焰屈服一樣。義無反顧地，他開始走過那堆燃燒的木頭。片刻之後，他帶著勝利的姿態從火堆的另一頭出現。此時全場陷入狂熱，其他踏火者紛紛對他表達讚美及恭賀——阿勒揚德羅的家人除外，他們臉上笑得不情不願，混雜著不同意和驕傲。

當我問阿勒揚德羅為什麼決意要忽視醫生的叮囑時，他告訴我：「醫生說如果我去踏火，可能會對我的心臟有不好的影響。但他可知道如果我不進行這個儀式，我的心臟會發生什麼事？」確實，對阿勒揚德羅而言，似乎沒什麼比這個儀式重要。他曾不只一次告訴我：這是他生命中最重要的事。然而，當我問阿勒揚德羅為什麼這個儀式對他來說那麼重要時，他顯得很困惑。他盯著我，在漫長的停頓後重覆了這個問題，似乎失去了語言能力。

「我們為什麼這樣做？……嗯，我無法說出到底為什麼。我想是因為我從小時候就一直看著這些事。我父親這麼做，我祖父這麼做，所以從我還小時就一直想要踏火。」

一次又一次，人類學家們不斷遇到這類說法。當他們問人們為何要進行這些儀式時，最典型的回應包括迷惑的表情、漫長的停頓以及最終不離下面這幾句話的回答：「你說什麼？我們為什麼進行我們的儀式？我們就是要進行。這是我們的傳統。這是我們何以成為我們。這就是我們要做的事。」

這就是儀式的悖論：人們通常會起誓保證他們所進行儀式的重要性，然而他們並不總是瞭解為什麼這些儀式如此重要——除了因為時代久遠而被重視之外。儀式似乎毫無意義，卻被當成某種真正極為重要且神聖的東西來體驗。然而，就像人類活動中其他極具意義的領域——像是音樂、藝術或是體育活動——那些起初可能看似古怪或無用的事物，事實上具有能讓人徹底改變的力量。

〇

為了解開儀式的悖論，我開啟了一段已逾二十年的旅程，研究世界上最極端的某些儀式及許多常見的儀式。我與當地社群住在一起，見證數不清的儀式，進行一系列位於實驗室和田野中的實驗，以瞭解人類追求儀式的驅力。我並沒有將我的受試者帶進實驗室內，讓他們離開生活脈絡，而經常是把實驗室移到田野，將實驗帶進脈絡中。為此，我花上數年時間訪問全球各地不同的社群，研究琳瑯滿目的儀式傳統，從諸如祈禱這類世俗儀式，到像是爬劍梯這類極端儀式；從諸如朝聖等大規模活動，到私密且隱蔽的黑魔法儀式。透過生物識別感測器以及荷爾蒙採樣，我得以探索不同儀式對神經生理學產生的效果；行為評估則幫助我研究這些生理變化如何影響人們彼此互動的方式；心理測驗和調查，揭示了儀式進行背後的部分動機；而對儀式參與者的觀察，則為人們如何體驗這些儀式實踐，以及他們如何在實踐中找到意義一事，提供了洞見。

我的發現，以及來自不同科學範疇得出的相似成果，都揭示了儀式深植於我們的演化史中。事實上，儀式與我們的物種本身一樣古老，這有著充分的理由。雖然儀式行為對於物質世界沒有直接影響，卻可以改變我們的內在世界，對於形塑社會扮演了決定性的角色。本書將帶我們一覽這些科學發現，揭露儀式的內在運作，以及它們為個人及社群帶來的重要功能。儀式的科學能幫助我們瞭解並慶祝這個使我們之所以為我們的關鍵，即在我們身上原始且基礎的部分。只有在擁抱我們對於儀式的著迷時，我們才能在生活中發揮儀式的最大潛能。

# 2 儀式的物種
## The Ritual Species

每年，在坦尚尼亞北部的納特龍湖畔（Lake Natron），都會舉行一場古老的儀式。超過一百萬名參與者遠道而來，其中有人跨越好幾千公里前來參加這場慶典。他們抵達後，一邊彼此社交宴飲，一邊期待著主要活動開始。他們穿著奪目的粉色，分散成一個個小團體，接著開始跳一支特殊的舞蹈。他們優雅地繞圈移動，高高地抬起頭再點頭，而後左右搖動。每過一段時間，他們就交換舞伴，然後重覆整個循環。慢慢地，大眾都興奮起來，整支舞蹈變得更狂野。他們開始旋轉，三不五時發出興奮的叫喊聲，將他們的腳高高地抬到空中。漸漸地，他們就像是一整個有節奏脈動的群體一般舞動。到了儀式的高潮，他們排出隊形，開始用一致的步調行走並同步吟唱。這並非什麼輕浮的表演——事實上這場表演的賭注高得不能再高了。在儀式結束時，年輕女性會挑選她們最喜愛的男性舞者做為她們的性伴侶，他們通常會成為終身伴侶。這是一個被傳承了無數代的習俗，時至今日仍未改變。

一群法國鳥類學家近來研究了動物的交配儀式：主角是紅鶴，交配儀式的舞台被稱為「競偶場」（lek，這是一個根源自瑞典語的詞彙，意味著樂趣及遊戲）。諸如此類的交配場在全世界各地都可以看到，各種不同物種的動物都有大規模聚集進行交配儀式的現象。研究人員標記了三千隻紅鶴的族群，這群紅鶴居住於南法隆河（Rhône）三角洲卡馬格（Camargue）地區，該地區滿是淺灘潟湖，是紅鶴的理想棲地。標記系統讓他們能夠知道每一隻紅鶴的性別、年齡以及生活史，這樣一來他們就可以在不打擾鳥群的情況下遠距研究牠們。在為期兩年的時間內，研究人員使用高解析度錄影機觀察並記錄當中一百隻鳥（公、母各五十隻）在求偶季的行為。他們一絲不苟地記錄下每一隻鳥舞蹈動作的類型、頻率以及時機，還有牠們交配和孕育後代的成功率。他們得出了結論是：技術最好的舞者，也就是那些會跳最多支舞且舞蹈動作組合最不同的鳥兒，找到伴侶的成功率相較於其他對手要高上許多。[1]早起的鳥兒可能有蟲吃，但吸引人的鳥兒有伴侶。

紅鶴的競偶行為與某些更為人熟知的儀式性求偶有著相似之處。如果你專注在一對鳥兒繞圈跳舞、伸展、旋轉、同時低頭等動作，你可能會發現這與華爾茲驚人地相似。如果你在遠處觀看這整個陶醉的鳥群一致舞動時，你可能會想到狂歡派對或是搖滾演唱會。如同這群鳥類的研究對照組一般，人類行為中涉及同步進行的相似動作，也通常會導致配對的結果。但此話一出，有許多社會科學家立刻會提出一個謹慎的看法：他們堅稱鳥類的儀式是不可改變的本能產物；紅鶴之所以跳舞，是因為牠們被設定要如此做。牠們的大腦告訴他們要這樣做，牠們就照著做了。相反地，人類的儀式很複雜，充滿微妙的象徵主義，而這就是我們精細文化的產物。

然而，如同我將會在接下來的內容中揭示的，儀式也是人類本性的一部分，就如同它們是鳥類本性的一部分一樣——事實上，在人類身上甚至更為明顯。儀式是真正普世性的人類行為。如果你能夠發現任何一個沒有任何習俗的人類社群，那我會很開心地將本書的書錢退還給你。在所有文化中，儀式似乎都是在兒童時期就自發性地出現；它們容易學習並傳承，無論是宗教或世俗領域的個人都會進行。

除此之外，並非所有鳥類的儀式都可以簡單地用自動化行為一言以蔽之。園丁鳥會在公鳥精心搭建的愛巢中進行交配儀式，但那些儀式的所有方面，包括舞動的步伐、歌唱的旋律以及巢穴裝飾風格的繁複細節，均因不同的園丁鳥族群而異。因此，當一隻園丁鳥遷徙到另一區域時，牠會將自己的交配儀式調整成符合當地風俗。[2] 其他鳥類，像是喜鵲、渡鴉和烏鴉，則似乎有死亡儀式；牠們會蜂擁而至族群中死亡成員的屍體處，就像是站著為同伴守靈一般。也有人觀察到牠們會銜著枝條和其他物件前來，安置在屍體周圍。[3]

將鳥類和人類儀式進行對比的另一個問題是，鳥類與人類在親緣演化上相距甚遠，是非常遠的遠親。如果牠們的儀式和我們的實際上真的有所關聯，那麼我們應該會在一些與我們最近的親戚，像是其他哺乳類，特別是其他猿類身上，找到可比擬的行為。

關於這點有兩種可能性。第一種是鳥類和人類儀式並未直接相關，而是各自獨立以一種被稱為**趨同演化**（convergent evolution）的進程進行演化。這表示當需要解決類似問題時，不同物種間往往會演化出相似的特徵和行為。舉例來說，海豚在基因上和鯊魚的關聯度並沒有比大猩猩與鮭魚之間的關聯度大，但因為海豚和鯊魚都要面對在水下高速移動的相關適應問題，兩者便都演化出非常相似的流線型體型。同樣地，鳥類和人類擁有明確的相似性，這可能在兩者展現出的高度儀式化（hyper-ritualisation）現象中扮演關鍵角色。具體來說，鳥類使用視覺和聽力作為其主要感官、牠們往往是社會性動物、牠們經常是一夫一妻制、牠們是絕佳的模仿者，對於韻律、同步性和發出聲音有獨特的傾向性。如同我們將在接下來的內容看到的，所有這些特性，對人類儀式來說也一樣至關重要。

另一種可能性是，當談到鳥類以外的其他動物的儀式性行為時，我們單純就是看得不夠用心。確實，許多之前被認為是人類獨有的特徵，現在已經能在其他動物身上發現。直到不久之前，關於人類獨特性的熱門候選詞彙包括了情緒、個性、使用和製作工具、共情、道德感和戰爭等等。然而，一旦科學家開始系統化地研究自然環境中的其他動物時，他們理解到，這些特徵全都可以以某種形式在其他物種身上發現。同樣地，直到不久之前都很少有證據證明哺乳類的儀式行為，時至今日，證據已累積不少，而且還在持續增加中。海豚會跳某種形式的群舞，同步地跳出水面；座頭鯨會一起歌唱；而許多海洋哺乳動物似乎都有悼念儀式，會攜著牠們死去的同伴好幾天，或是成群繞著死去的同伴游著。曾有人觀察到海豚將一隻死去幼崽推到船上，並一直在旁等候，直到船員拾起屍體。隨後，牠們繞著船隻形成一個圓圈，然後才游開。[4]

除了空中和海洋，儀式也大量存在於陸地動物之間。長頸鹿在求偶時會跳一支與探戈相似的愛之舞，公母長頸鹿會並肩而行，摩擦、碰撞、交纏牠們的長脖子。狼群會一起歌唱，邊同聲嚎叫邊橫跨一大段路。大象則有哀悼致敬已逝同伴的習俗。

大象確實是極少數能對死亡有所瞭解的動物。人們常觀察到，大象有在已故成員身上灑上泥土或為牠們覆蓋葉子和花朵，試圖埋藏牠們的行為。甚至有報告指出，大象試圖埋葬牠們遇到的其他死亡動物，包括人類在內。[5]亞當森（George Adamson）是位野生動物保護專家，他的家庭故事成為電影《獅子與我》（*Born Free*）的靈感來源，他曾說過一位肯亞女性的故事：這位女性在樹下休息時睡著了，當她醒來時，一群大象就在她附近，而其中一頭正溫和地推著她、嗅聞她。女子嚇壞了，決定保持不動裝死。而這群厚皮動物很快就集合在她身邊，開始大聲吼叫。牠們從樹上收集樹枝和落葉，把她的身體全部蓋住。隔天早上，當地牧民發現她仍然在這一大堆樹枝下，害怕到一動也不敢動。[6]

當大象族群中的一員過世，特別是像女族長這般的重要團體成員過世時，牠們會與遺體待上好幾天，過後也經常回到遺骸的所在地點。甚至在數十年後，牠們還會跋山涉水來探望已逝親人的骨骸。抵達之後，整個象群會默默站著，輪流檢查遺體，溫柔地觸摸、翻弄、嗅聞骸骨。亞當森的報導指出，在肯亞有頭公象因為不斷侵入政府花園而遭到射殺，牠的屍體被拖行了兩公里遠，牠的肉被分送給當地的部落居民。當晚，其他大象找到牠的遺骸，將骨骸撿起後帶回牠遭殺害的地點。

葬禮儀式也在我們自己，也就是**人族**成員，無論是現代猿類或是已滅絕的類人猿中很常見。黑猩猩和大象一樣，通常會聚在族群中已逝成員身邊，靜默好幾個小時，這是牠們平時不會做的事。牠們會輪流擦洗屍體，三不五時就尖聲嚎叫、四處亂跳打破沉默。[7]這些行為與許多人類文化可看到的喪葬文化非常類似——悼念者會守靈或在遺體周圍慟哭、哀號和以其他聲音悼念。

靈長類動物學家珍古德是第一位於天然棲地中系統性研究非人類靈長類動物的科學家，她描述了猿類各種令人驚訝的行為。她有數年時間與坦尚尼亞貢貝溪國家公園（Gombe

National Park）中的黑猩猩一起生活。她注意到，黑猩猩在造訪某些特定場所時，會做出一些相當特別的行為。舉例來說，在靠近一處大型瀑布時，牠們會做出被珍古德稱為「瀑布之舞」的動作；這是一場壯觀的表演，有時會長達十五分鐘。過程中，黑猩猩們會站直起身，在極度興奮的狀態下，兩腳輪流有節奏地重踩、搖晃，在樹藤間擺盪、穿越瀑布濺起的水花，並向水面拋擲大石。在這陣騷動停止之後，牠們會坐下來靜靜地凝視瀑布好幾分鐘。黑猩猩也會在暴雨時進行同樣的舞蹈：「暴雨開始時，牠們抬起雙手，有韻律地來回搖晃小樹或低枝，重踩雙腳，丟擲一顆又一顆的石頭。……這些舞蹈是否可能是黑猩猩受到某種類似驚嘆及敬畏的感受所刺激？」珍古德這樣猜想。[8]

最近，在西非的許多不同地方都記錄到黑猩猩收集石頭後，會將石頭帶到特定幾棵樹下。牠們將石頭放在樹洞中，用石頭敲擊樹幹或將石頭放在樹木根部。研究者將這些石堆與不同文化中人類用來標記神聖地點的石塚或石丘進行了比較。[9]果真，這些樹木似乎對黑猩猩來說有某些特殊的重要性。牠們在該地區移動時，經常會改變路徑來造訪這些樹木，再繼續牠們的路程。牠們會在樹木前站直起身，然後開始來回搖晃、喘息嗚叫，激動興奮地上下跳動。在表演達到高潮時，牠們則會用腳或石頭敲擊樹幹。

大多數靈長類動物是社會性物種，所以會擁有社會性儀式。這些物種有些活在人類學家稱為「分散—聚集」（fission-fusion）的社會流動結構中；在這種社會中，個體與所在團體之間的聯繫具有靈活性，當需要覓食時，個體會分散在好幾個小團體中，爾後會再會合聚集。這與人類很類似：我們會花時間在我們的核心的生活團體中，與我們關係最親密的家人相處，再來進入我們的摯友圈，人際相處也擴展到我們公司團體，以及根據我們的需求、興趣和價值而加入的各個不同團體。在會形成分散—聚集的物種中，個體可能會與所屬團體分開很長一段時間後才再度相遇；當牠們重聚時，牠們會進行歡迎儀式，加強彼此之間的連結。人類會握手、親吻或擁抱，黑猩猩、倭黑猩猩和蜘蛛猴同樣也有這所有的行為。[10]牠們擁抱，牠們親吻，牠們彼此撫摸，牠們低鳴呼叫（看起來有點像是一群青少年興奮地尖叫著「我的天呀！」）。黑猩猩會進行「握手禮」，這是一種祕密握手方式；每一個黑猩猩族群的握手方式都各不相同。雄性倭黑猩猩則會進行典型的「抓陰囊」行為，其過程正如其名，其功能則是作為一種建立信任的儀式。[11]人類學家麥基特（Meryn Meggitt）在澳洲原住民瓦比利（Walbiri）族中觀察到一種類似的儀式：「他們會用一種握生殖器的儀式來化解男性間的緊張局面。然而，如果情況很嚴重，像是牽涉到過去的殺戮事件或是被推定為巫術造成的死亡，感到委屈的一方可能會拒絕握住來訪者的生殖器。」麥基特記錄到，這類拒絕是一種嚴重侮辱，可能會導致流血事件。[12]

靈長類動物學家德瓦爾（Frans de Waal）甚至觀察到在面對人類時，黑猩猩群體展現出儀式性的歡迎行為。在美國喬治亞州耶基斯國家靈長類研究中心（Yerkes Field Station），當黑猩猩看到牠們的照護者從遠處走來，牠們會發出短促響亮的叫聲。「接著群體中會出現一陣騷動，包括一陣忙亂的擁抱和親吻。牠們彼此之間友好的身體接觸增加了一百倍，於此同時，群體中與地位相關的訊號增加了七十五倍——從屬者會靠近領導者，特別是居統治地位的雄性，前者以鞠躬和吁吁喘息迎接後者。矛盾的是，無論其意圖或目的為何，黑猩猩都在確認等級地位之後很快又打破等級。我稱這一連串的回應為慶祝。」[13]

這些觀察顯示，儀式遍及動物世界。但它們也指向了另一個有趣模式：似乎部分最聰明的動物，同時也是擁有最豐富儀式項目的一群。毋庸置疑的是，測量動物智力是一項棘手且可能引發爭議的任務。已有許多嘗試測量「所有生物智商」的想法，是以心智能力高低來將動物分級。舉例來說，較大的大腦尺寸代表較高的智商這個說法有其直觀吸引力，因此流行了很長一段時間。但是這個說法的明顯問題在於，較大的生物體其大腦容積自然較大，但牠們的大腦是用於滿足諸如調節體溫和控制大肌肉等基本需求。牛隻的大腦比黑猩猩大，但一般來說牠們並沒有被認為比黑猩猩聰明。

當我們檢視其他度量方式，像是測量神經元或是諸如大腦皮質或是新皮質等只在哺乳類身上發現的特定大腦結構時，類似的問題也會出現。而當我們引入身體大小進行校正（這是一種稱為腦部身體質量比的度量方式）時，我們則會遇到新的反常現象，其中之一是：一般來說，較大的生物體擁有相對於身體其他部位而言較小的大腦，最好的例子就是青蛙的腦部身體質量比要比大象的來得大。至於另一種測量方式——腦化指數（Encephalisation Quotient，EQ），則是將身型大小相當的兩個物種進行大腦尺寸的比較，藉此將上述問題列入考量。

雖然各式各樣的度量方式在比較屬於同一目的動物（舉例來說，比較狒狒和松鼠猴或是比較渡鴉和知更鳥）時可能具有啟發性；然而，當我們轉而比較演化樹上相距更遠的物種，像是大象和馴鹿或是鼩鼱和鯨魚時，這種比較通常會出問題。而這還只是其中一半的問題：這不會比量化不同物種間的儀式化要來得簡單。一樣地，普遍來說，當我們觀察自然世界中的儀式時，我們發現在某些智力最高的動物身上，儀式往往更加誇張盛大。人猿、海豚、大象、烏鴉和其他動物王國中的許多明星，似乎過著高度儀式化的生活。

這似乎自相矛盾。為什麼這樣聰明的生物在明明能夠找到更直接的解決方式來處理問題時，會浪費這麼多時間、精力在明顯無意義的活動上？但這正是儀式的力量：儀式是一種心理工具，讓其使用者透過費解的方法達到理想中的結果。而那些聰明的生物為什麼會進行這些似乎浪費時間的行為？並不只是因為牠們情不自禁，而是因為牠們負擔得起。那些動物擁有把儀式行為當作認知工具的心理餘裕（mental surplus），欺騙自己這樣做更快、更容易。當情況需要時，牠們能將注意力從有直接功能的任務上移開，轉而專注在間接但對牠們確實有益的行為上。儀式讓那些動物能夠應對複雜的心理挑戰，像是交配以及與伴侶結合、應對失落和焦慮，以及達成合作和組織社會。從這個角度看，最聰明的動物是也是儀式化程度最高的動物，乃預料中事。

再也沒有其他動物像智人（*Homo sapiens*）一樣，既廣泛又無法自拔地使用儀式了。事實上，考古學家通常會把儀式當作是現代人行為的一項核心特徵，因為這與象徵思維能力有關。我們人類的獨特之處，似乎在於我們擁有溝通複雜的抽象概念和想法的能力；我們能溝通的不僅僅只有當下，也包括了其他時空，甚至想像中的時空也包含在內。我們不只透過藝術、敘事和神話，也透過儀式做到這點。事實上，有多個關於人類認知的理論都認為，儀式和智力並肩演化。

生物人類學家認為，團體儀式可能在前語言社會（prelinguistic societies）的文化知識傳播中扮演關鍵角色。透過集體敘事的象徵性再現，儀式成為一種具體化的原始語言，為個人認知能力提供一個「外部支持系統」——這在形成語言的道路上是一個關鍵步驟。[14]神經科學家唐納（Merlin Donald）曾論證道，儀式是社會認知演化的一種心理基石，讓早期原始人類能校準他們的心智與社會認知。透過建立一個集體經驗與象徵意義的共享系統，儀式有助於協調思想和記憶，讓一群人類成為一個單一有機體來運作。又因為儀式與象徵主義、節奏和動作，以及在界定平凡和非凡之間的角色都有密切關聯，儀式也與藝術的演化有所連結。[15]

如果這些理論屬實，儀式是我們究竟為何成為這個物種的核心部分，在我們的演化中扮演舉足輕重的角色。當然，關於遠古的理論很難進行測試，文字發明以前的社會很明顯不會留下任何文獻，所以我們對於其語言、信仰、神化及敘事一無所知。然而，雖然心智不會變成化石，藝術和儀式能夠也確實在考古紀錄上留下了痕跡。

在我們從六到七百萬年前與黑猩猩分道揚鑣的演化譜系上，最早出現的儀式證據來自於葬禮。在西班牙北部的阿塔普爾卡（Atapuerca）地區，考古學家在一個被他們命名為「骨頭坑」的洞穴中，發現了至少二十八具骸骨。該地點雖然是一個龐大洞穴體系的一部分，然而所有骸骨都被裝在遠離入口的小空間裡，一把雕刻精細的石英岩手斧也被丟在一起。洞穴中沒有任何人居的證據，這顯示這些屍體是特意被帶到那裡放置的。從超過七千塊骨頭採得的DNA揭露，這些骸骨屬於**海德堡人**（*Homo heidelbergensis*）的成員。海德堡人生活在四十三萬年前，是尼安德塔人（Neanderthals）最早的已知親戚。

在南非的豪登（Gauteng）省，有一處洞穴也發現類似的墓地：這次的骸骨來自於一個名為**納萊迪人**（*Homo naledi*）的古代人種。該洞穴保存了十五具完整的骸骨。碳年代測定顯示他們生活在大約二十五萬年之前。該地點完全未被打擾過，沒有任何捕食性動物曾進入洞穴的痕跡（像是骨頭上的牙印），也沒有瓦礫碎石或任何淹水的跡象。骸骨完好無損，全都以屍體會有的樣貌和姿勢平躺著，看起來好像是其他納萊迪人運著屍體走過洞穴昏暗曲折的通道，爬上一個十二公尺高的陡峭岩石，再往下走過一條狹窄的裂縫，進入一個與世隔絕的空間。他們將遺體放下，讓他們在那裡安息，離去前還不忘將入口掩護起來。這並不是孤立存在的事件，幾代人的遺體一次又一次地被放置在該處。這似乎是一個史前墓地。

並不是所有科學家都相信這是特意進行葬禮的證據。就算其他多個解釋都被排除，仍然沒有正面的證據存在。雖然可能性極低，但仍有可能是這十五個人掉進了這個空間，在一根骨頭都沒斷的情況下在那裡死去。可能當時洞穴的地勢與今日不同，這些屍體是被洪水沖進來的。又或許可能未來有研究會揭露其他解釋。很難根據單一地點就進行判斷。

較少爭議的證據來自於我們已滅絕的近親尼安德塔人。在伊拉克、以色列、克羅埃西亞、法國及其他地方都發現到墓地，且很明顯地，這些族群並不只是將死者丟棄在那些地方。他們仔細地將死者遺體擺放在墓地裡，特別是年幼兒童的遺體，通常會以胎兒的姿勢擺放，然後竭盡全力保護這些墓地不受食腐動物侵擾。偶爾墓地裡會出現熊的頭骨和骨頭，有時會被排放成圓圈狀，這讓部分考古學家設想尼安德塔人也會進行圖騰崇拜或動物崇拜。舉例來說，在法國西南方的布呂尼屈厄洞穴（Bruniquel Cave），他們把石筍折斷後用來建造地底的巨大環形結構，這可能是某種集體儀式的聚集地。[16]

對於尼安德塔人能夠進行如此精心策畫的儀式，仍舊有人持懷疑態度。畢竟，物證有限，而且我們也永遠無法知道他們在埋葬所愛之人時到底在想些什麼。但有一件事是確定的：當我們自己的物種出現時，儀式活動的證據變得不容置疑。解剖學意義上的現代人（晚期智人）不僅是埋葬死者，他們還以紅赭石裝飾死者，並在他們的墳墓中擺放珠寶、藝術品、死者珍愛的物件和動物。在許多案例中，他們也進行了二次葬，他們會焚燒屍體或將屍體上的肉去除，或是等屍體腐爛分解後再仔細地將遺體放進墳墓中。他們也進行其他各式各樣的集體儀式，這從數不清的石刻及繪畫、具象徵意義的手工藝品以及故意破壞陶器和其他有價值物件上，都可以看出來。

法國社會學家涂爾幹（Émile Durkheim）注意到原住民社會的生活，會在兩個不同階段中不斷交替。

在其中一個階段，全體居民分散成一個個小團體，獨自處理各自的日常生活。每個家庭獨自生活、打獵、捕魚——簡言之，努力用盡各種可能方法取得所需的食物。相比之下，在另一個階段，全體居民在特定場所聚集在一起。……這個聚集發生在當整個部族或部落中的一部分人被召集時，並且會在那個場合中……進行一個宗教儀式。[17]

涂爾幹主張，這兩個不同階段形成了兩種非常不同的領域：神聖和世俗。世俗領域包括了所有普通的日常以及平凡和單調的活動：勞動、採買食物，還有度過一個人的日常生活。相反地，透過儀式所創造的神聖領域，則致力在被認為特別的那些事上。集體儀式的進行讓人們將日常煩惱暫時放下，身歷其境地進入一個不同狀態，儘管只是暫時而已。也因為儀式永遠必須遵照一套嚴格的結構，參與集體儀式為早期人類建立了第一個社會習俗。透過聚在一處來進行儀式，參與者不再是一個個獨立個體的混合，而是成為一個有共同規範、行為準則和價值的社群。這就是為什麼人類學家拉巴布（Roy Rappaport）會將儀式稱為「人性的基本社會表現」。[18]而這也是社會本身能夠形成的原因。事實上，從字面上來看，這可能是符合史實的。

哥貝克力石陣（Göbeklirepe）是土耳其東南部的一處考古遺址，離敘利亞邊境只有幾公里遠。此處於一九六三年被發現，最初被誤認為是中世紀墓地，並未引起太多注意。直到德國考古學家舒密特（Klaus Schmidt）一九九四年造訪該遺址，他當下就知道他遇到了某個非常重要的東西。一開始被認為是拜占庭時代墓石的物件，其實是新石器時代巨大T型石柱的尖端。這些石灰石質巨石建造成二十個環形構造，遍布在九萬平方公尺的空間裡。這個遺址巨大到數十年後，也只有很小一部分是被完整挖掘的。這些石頭上雕了特殊的紋飾，描繪了一大堆野獸，包括狐狸、野豬、公牛、羚羊、鶴和禿鷹。巨柱身上鑿刻著攀爬環繞的蛇，蠍子和昆蟲似乎爬行其上。柱上也存在著幻想生物、半人和半獸的雕刻。我們可以想像當時人們透過火炬和營火看到這些栩栩如生的雕像時，會產生多大的敬畏感。這明顯是一個某種形式的紀念性神廟。

然而，這個遺址最驚人的一面並不在於它規模的巨大，也不在於精美的藝術成就。最令人驚訝的是它的年代。哥貝克力石陣在超過一萬二千年前被建造，這讓它成為世界上已知最早的儀式性建築。它的年紀是埃及金字塔的三倍，也比英國巨石陣要古老上二倍多。事實上，它早於目前任何一個文明標誌，包括農耕、書寫、陶器和輪子的存在。

根據舒密特的研究，這個巨型結構似乎被遠道而來的狩獵採集者視為朝聖地，他們最遠來自以色列、約旦和埃及。在該地區似乎不存在任何永久棲所，此處也沒有發現任何人工種植植物或是豢養動物的痕跡。神廟附近的最早住所大約建於一千年後。

哥貝克力石陣改變了我們對於史前人類的認知。它不只將文明誕生的時間往前推了數千年，也與普遍認為農業是永久定居和社會組織因素的想法有所矛盾。在很長一段時間中，盛行理論認為農耕是點燃人類文化的誘因；據說，種植植物讓人類更能夠度過定居生活，而這促進了人口快速成長以及大型協作社區的發展。這樣的協作社區，讓人能夠生產多餘的食物和工具，並從事嶄新而專門化的勞動，這反過來提供了支持複雜社會結構、發展先進技術、形塑宗教概念以及建立宏偉廟宇所需的時間、資源和組織。由於這些劃時代的變革，這段時間通常被稱為「新石器革命」或「農業革命」。哥貝克力石陣的發現，為以上所述帶來了嚴重挑戰。

然而，如果仔細思考，就會發現農業突然間將人類社會推展到發達與繁榮的新層次的說法，是相當值得質疑的。在現今這樣高度連結的世界中，定居生活的優勢似乎很明顯。永久定居和大型社會讓人類文明的所有偉大祝福都有了可能，包括進步的科學和科技、系統化的教育和醫療保健、豐富的藝術和休閒追求、高層級的安全以及（大概）大幅增加的生活品質。這些無一是居住在散落孤立的小團體狩獵採集者所能享受到的。然而也很明顯的是，我們現在定居的生活方式帶來的舒適，是在數千代農業社會累積的努力和成果的基礎上實現的。定居到底為初代農民帶來了什麼好處？

我們現在知道，所謂的農業革命對那些最初的農人來說實際上是具有毀滅性影響的。來自當代以及古老社會的人類學證據顯示，從游牧生活方式轉變到定居造成生活條件的急劇下降。[19]狩獵採集者開墾的範圍很廣大，這能確保一種相對平衡的飲食和健康的生活方式。他們持續移動，使得資源難以囤積，所以這樣的社會極度平等。此外，他們用較少的工時就能滿足飲食需求，也享受了更多的空閒時間。

相反地，農耕讓人們仰賴更有限的飲食方式——食物幾乎僅限於幾種主要作物，這讓第一批定居者易受天災影響，而造成嚴重營養不良（這些人口轉而尋求隨手可得的牛羊乳汁為食物來源，因而發展出乳糖耐受力，並且也發現了發酵、乳製品等烹飪方式）。於此同時，農人必須付出更多勞力才能獲得基本所需，部分原因是因為農耕生活很辛苦，另一部分原因則因為生產出過剩食物時，需要更多資源來保護這些食物免遭掠奪。累積的財富落入菁英階級手中，從而促使了軍隊的形成，種種因素帶來了不平等，衍生出大眾遭到剝削的情況。由於人們和他人以及所畜養的牲口住得相當近，他們變得容易感染疾病，而傳染病經常肆虐整個人群。他們生育的孩子超過兩倍，但當中只有一些能活到成年。[20]

確實，隨著農業來到而帶來的健康問題、預期壽命的減退以及兒童死亡率的增加相當驚人。平均身高跌了十公分，一直要到二〇世紀才重回新石器時代之前的水準。農業從事者經歷了疾病、嚴重的維生素缺乏，以及不同的身體畸形及病變。[21] 化石證據揭露了他們的骨骼密度和強度都有所下降，經常患上骨質疏鬆症和退化性神經疾病。因為他們的琺瑯質變得更薄，這顯示了營養缺乏的跡象，造成他們的牙冠有更多的坑洞和凹陷，對澱粉植物的消耗持續增加，這也造成蛀牙和掉牙。骨骼燃燒揭示諸如肺結核、梅毒和漢生病等感染性疾病的盛行。由於缺乏鐵質和貧血，他們的骨頭變得坑坑洞洞。[22] 對新石器時代遺址的挖掘發現，那些基地的土壤和水質中飽受動物排洩物汙染，而他們的住所被寄生蟲侵擾。換言之，新石器革命並未伴隨著任何立即的人口增長或大城市和進步文明的興起。有好幾千年的時間，早期農人的生活看起來顯然比狩獵採集者的生活來得更差。

那麼，永久定居的動機究竟是什麼？很明顯，新石器時代的人們並不是為了讓他們的後代子孫能夠在數千年後獲益，才決定放棄舒適的生活，轉而決定從事耗費心力的農業耕作。無論是生物還是文化方面，天擇的力量都沒有先見之明——除非一個行為有某種即時的實用性，否則無論它對未來世代可能帶來何種益處，它都無法傳播。

哥貝克力石陣之類遺址的發現，提供了一個耐人尋味的解釋：這個轉變背後是社會性而非經濟性的驅動力。人們從各個地方聚集在一起，目的是要進行在巨大神殿中舉辦的大型集體儀式。但在人類歷史的那一刻，建造那些神殿需要史無前例的大規模合作。用於建造哥貝克力石陣的部分石頭是從附近一處採石場開鑿出來的，高達六公尺以上，重達十五噸。在沒有任何精細科技的幫助下，要將這些巨石取出、運送、雕刻並安放到位，需要一大群人一起工作好幾年，這為複雜社會的發展奠定了基礎。一旦該神殿建造完成，就提供了開始農業的動機，用以為久駐當地的神職人員和大量來訪的朝聖者提供食物。不出所料，基因證據顯示，在哥貝克力石陣建造的五百年間，世界上最古老的人工植株小麥在該地點不遠處被發現。在那之後的幾世紀，人們也開始在該區域圈養牲畜。以舒密特的話來說：「神殿先出現，城市跟著來。」

這是一個極度激進的主張。好幾世紀以來，盛行的概念都是文明是被物質力量所驅動。部分考古學家將發生在新石器時代的社會變革歸因於人口壓力，因此人類被迫尋找其他增加糧食生產方式。其他人則相信，是因為氣候變遷促使人們去尋找能夠支持更多狩獵動物的肥沃土地。又或許，發生的是完全相反的情況：恰恰正是那些被困在邊緣環境的群體為了生存下去，而被迫發展出嶄新的謀生方式。也有一些人論證，這個轉變是因為科技進步提供了更好利用熱量方式帶來的結果；又或者是那些早期社會中具統治地位的男性說服或脅迫他們進行擴張；這樣一來，他們便能滿足自己對政治權力的渴望。

哲學家和政治理論家長久以來投入激烈辯論，試圖探究從採集覓食轉變成定居生活是否是一個好主意。對一些人來說，像是霍布斯（Thomas Hobbes），視之為一個將人類提升為更具道德、更有意義存在的關鍵時刻。對其他人而言，用盧梭（Jean-Jacques Rousseau）或馬克斯（Karl Marx）的話來說，這是一個可怕的錯誤，導致了人類本性的腐敗，並為剝削大眾奠定基礎。但他們全都同意是物質基礎，亦即與經濟生產方式有關的條件，誕生出一個社會的慣例、宗教信仰、藝術造詣和儀式。舒密特的詮釋則與這個普遍說法完全對立。如果這是對的，那我們人種歷史的一個主要篇章就需要完全重寫。如果說第一個偉大文明形成的驅動力，不是對食物的渴求，而是對儀式的欲望，那會如何？

人類著迷於儀式。在某些案例中這種異常的迷戀甚至會變得病態。強迫性精神官能症（OCD）是一種以侵入性思維和恐懼為特徵的疾病，患者有執行高度儀式化行動以移除焦慮的衝動。這些行為擁有文化儀式的部分核心屬性：它們的特徵是嚴格執行、重覆和累贅，而且沒有明確目的。無論如何，那些患有強迫症的人感覺到有進行特定行為的強烈衝動，他們如果無法這麼做，就會感到極度焦慮。

人類學家菲斯克（Alan Fiske）和他的同僚檢驗了來自古老城邦、當代狩獵採集者以及工業化時代人類等文化的歷史和人種學紀錄，結果發現，在這些文化當中，強迫性精神官能症相關內容和形式都與該地盛行的儀式類似；[23]兩者都以預防性的行為為中心，像是清潔和淨化的行動（如清洗髒汙）、重複和累贅的行為（如反覆確認是否有危險），還有一板一眼的態度（如對新鮮事物反感，強調準確性）。

這些相似處已讓部分學者提出儀式行為是個演化的意外，認為儀式是一個不具任何適應值的心理故障。舉例來說，博耶（Pascal Boyer）和利耶納德（Pierre Liénard）曾認為，人類對儀式的著迷可歸因於負責偵測環境中危險的心智系統異常運作。[24]演化出「危險預防系統」是為了偵測諸如掠食者、汙染物以及社會排斥等潛在威脅，並激發相應的保護行動。根據博耶及利耶納德的觀點，儀式之所以如此令人著迷，是因為它模仿了危險預防系統的刺激輸入，即使實際上並沒有危險也是如此。

雖然這個心理故障假說值得深究，但仔細檢驗便會發現這個可能性似乎不大。演化並不浪費：不實用或是沒有適應能力的行為往往不能永遠存留下去。毫無疑問地，演化故障並不罕見，特別是當環境條件改變得太過快速，以致天擇跟不上環境改變速度時更是如此。我們對於垃圾食物的渴望就是最好的例子。在加工食品普及之前，糖、鹽和脂肪這些對我們祖先的生存來說必不可少的物資是非常受歡迎的稀有品。在那種環境下，如果你發現了一個蜂巢，你最好立刻把它全部吞下肚，因為你也不會知道後面有沒有同樣的好機會。而現在，糖、鹽和脂肪對我們大多數人來說很容易找到，通常還在一盤食物中同時出現，但我們的大腦仍舊傾向於遵照古老的衝動，而對這些食物過度放縱。

然而，儀式和垃圾食物並不一樣。有史以來，儀式對我們的祖先來說一直扮演著某些功能，就如同對今日的我們一樣。而我們越是以科學的方法研究它，就發現有越多證據顯示儀式的功能重要到勝過其所耗費的成本。與其說儀式是適應系統的意外失常，菲斯克認為它剛好相反——強迫症單純是進行儀式和被儀式感動這項人類基本能力的誇大和病態表現。[25]根據這個理論，我們的物種天生就有去創造、實施並傳播儀式的傾向。這種對於儀式根深柢固的需求，在無數方面得到了證明，就如全世界各地的人類文化都會透過多種方式，慶祝其成員個人和公共生活中最重要的時刻。

究竟為什麼儀式那麼重要？我們不只可以從文明誕生之初尋找線索，更可以從我們每個人生命開端探究儀式的重要性。[26]大概從兩歲起，一般來說，兒童會發展出一系列的規則和慣例，並強迫性地遵守這些規則。舉例來說，他們可能會堅持家務的時間安排要固定，通常是特定的用餐時間，還有每晚都要聽同一個睡前故事、親親他們最愛的玩偶或是對月亮說晚安等睡前儀式。他們會喜愛特定玩具以及其他被特殊對待的物件——似乎每件事物有自己版本的「最愛」。他們發展出嚴格的食物偏好，喜歡用特定方式享用他們的餐點。他們著迷於重複，一遍又一遍地進行同樣的事情。他們喜歡用特定模式排列和重整物件。此外，他們也要求嚴格遵守規則，除非以完全正確的方式執行一個行動，不然他們絕對不會滿意。[27]

值得注意的是，兒童似乎也相信儀式會對外在世界有直接的因果影響：舉例來說，對以色列和美國學齡前兒童進行的研究發現，他們通常相信舉辦生日宴會實際上會讓人們年長一歲。[28]研究者告訴兒童們一個小女孩的故事。這個小女孩在一歲和兩歲生日時舉辦了派對，但隔年她的父母沒有為她舉辦慶生會。當被問及這個女孩的年齡時，許多受試兒童說她還是兩歲。當他們聽到另一個相似的故事，一個女孩在滿三歲當天舉辦兩次生日會，他們當中許多人說那樣她就四歲了。而當研究者問他們為什麼要慶祝生日時，他們當中許多人使用平常的語言回答：舉辦慶生會，**這樣我們才會長大呀**。為什麼會這樣想呢？

為了要成為社會中有用的成員，兒童必須快速學習社會團體的規範和常規。[29]因此，他們熱切地接受規範和慣例；當社會規範被違背時，他們也會很快地提出抗議。[30]他們模仿其他人的行為，尤其是他們社交團體中成員的行為。事實上，他們很擅長於忠實地模仿行為，儘管那些行為與他們正在處理的任務毫不相關，他們也願意進行。

一群聖安德魯斯大學（University of St Andrews）的心理學家，比較了兒童和年幼黑猩猩的模仿行為。[31]他們做了一個謎題箱，每次謎題被解開時就會掉出一顆小熊軟糖——這是兒童和黑猩猩都垂涎的獎勵。研究者先示範解謎的四個步驟：（1）打開螺栓，露出盒子頂端的一個洞；（2）將一根棒子插入洞中，輕拍三下；（3）滑動盒子前面的門，露出第二個洞；（4）用一根金屬棍把獎勵拉出洞外。然後就將謎題盒交給受試者。

在半數的案例中，謎題箱是不透明的，所以受試者無法確切看見每個動作對結果的影響。在這個情況下，黑猩猩和孩童兩者都會準確模仿動作，以得到獎勵。另一半受試者也看到完全一樣的示範動作，只是他們的箱子是由透明壓克力板製成，這透露了解題過程的前兩個步驟其實與目標無關：盒子頂端是個假頂板，因此將棍子插進頂部洞中對接下來的步驟沒有任何影響。當理解到這點後，精明的黑猩猩直接切入主題。牠們跳過不必要的行動，立即跳到最後步驟，那剛好就是得到獎勵所需的動作。面對食物時，沒有遵守禮儀的空間。相反地，那群兒童仍忠實地模仿整套流程，包括與最終目標不相關的步驟。其他研究發現，就算當孩童已被特別告知只需模仿與任務相關的動作，他們仍會忠實模仿整個步驟，包括不具功能的動作。[32]

所以，從實驗結果看來，猩猩並非沒有思考能力，人類孩童才沒有。事實上，一項後續研究發現，兒童這種過度模仿的傾向事實上會隨年齡而增加。[33]研究者原本預期，隨著他們認知能力的發展以及對因果關係能更好地理解，兒童會對他們要模仿的行動變得更有選擇性。然而，研究結果剛好相反：雖然所有兒童都高度忠實地模仿了一切行動，但三歲大的兒童常會省略部分不相干的任務而不做出那些動作。相反地，五歲兒童會一絲不苟地模仿示範，包括沒有因果關係的行動在內。

然而，此處有一個小問題值得注意。有可能增加的年歲讓五歲兒童理解到，那些步驟是有意為之的，需要被準確地執行出來。確實，研究顯示，兒童會模仿有意的動作，儘管那些動作沒有太大意義，他們也不會模仿錯誤。當研究者在他們操作動作時發出「唉唷！」

的聲音，以此表明部分動作不在計畫內的時候，實驗中的兒童通常會選擇忽略流程中的那些動作。[34]

這種過度模仿，被認為是一種人類演化，用以促進社會學習的適應性策略。[35]由於我們比起其他所有動物都更仰賴文化知識，因此模仿我們身邊人的行為可說是一個非常便利的策略，即使我們並不完全理解那些行為的意義時也是一樣。我們可能常常不太清楚別人為什麼以他們做事情的方式行事，只知道他們做了這些事，感覺上這就是足夠的理由了。畢竟，當談到學習一項技能時，即使再多理論也無法取代學徒制的實驗性學習。同樣道理，我們也懶得去質疑流程的每一個步驟。當我們按照食譜做菜或是實施傳統療法時，我們會模仿整個流程。我們不知道為什麼要使用艾保利奧米而不是印度香米，又或者為什麼要在一個只裝半鍋水的鍋裡煮義大利麵，但我們相信這總是有理由的，我們按照指示來做就好。

甚至作為成人，我們所需知道的大多數事物也都根植於理解社會常規，而非任何因果關係的深度理解。然而，我們對於我們所模仿的對象相當挑剔。兒童和成人都一樣更容易去模仿他們的同儕團體成員以及那些長得和他們相像的人。舉例來說，他們偏好向那些和他們有著同樣語言、口音或種族的人學習。研究顯示，當少數民族大學生接受和自身有類似背景的教師教導，他們得到的成績更好，也更有可能順利畢業。[36]

在由德州大學演化、變異暨學習發展實驗室進行的一個實驗中，研究者招募了五歲和六歲兒童，來檢驗他們若感到社會隔絕時會有怎樣的行為。[37]研究者告訴受試兒童這次實驗分成兩組，分別是黃組和綠組，而他們是黃組的一份子。他們得到黃色的帽子、襯衫和手環作為他們的穿著標誌。接著，他們玩一種虛擬遊戲，與其他分屬黃隊或綠隊的玩家一起丟球。研究顯示，在遊戲中沒有接到球的玩家感覺受到隔絕、排斥；但若遭到的是所屬組別成員的隔絕，那兒童表現出來的挫折感更大，回報的焦慮也更多。

遊戲之後，兒童觀看一名黃組或綠組的成人，用一系列隨機的動作在桌上排列特定物件，像是在移動一塊方塊前先拍它兩下、把方塊放到額前，或是手捧著方塊放在下巴上。他們僅告知兒童「這就是這組做事的方式」，然後在示範結束後告知他們，說：「現在輪到你們了。」在遊戲時，被自己組別排斥的兒童在模仿示範動作上，會比那些被組員接納的兒童有更高的還原度；他們也比那些被其他組排斥的兒童顯示出更高的準確度。具體來說，被自己所屬團體排斥會造成對團體規範最忠實的嚴格遵從。其他實驗也發現，就連看到卡通片段中提到角色被他們的小團體排擠，都會導致兒童的過度模仿。[38]這顯示年幼的兒童可能會使用行為模仿，作為強化重要社會連結的手段。

這種對儀式化的特殊訴求不僅發生在早期童年，而是持續在我們的生命中占據一個關鍵部分，延續整個成長期，直到成年期亦然。儀式融合在每個文化中人們慶祝他們個人和公共生活的無數方式中；事實上，儀式是每個人類社會中最可預測的特徵。人類學家布朗（Donald Brown）總結了一張關於人類共通性清單。他問道：「所有人類、所有社群、所有文化以及所有語言都具有的共同之處是什麼？」，然後他以通稱為「普世人性」（也就是針對每個人或一般人）的描述來回答這個問題。這張清單包括了語言、烹飪、親屬關係、舞蹈、藝術和許多其他面向的人類表達，幾乎沒有例外。當中也包括了多個儀式行為：結婚儀式、新生兒習俗、葬禮、宣誓等等：「普世人性表格中列出了儀式，這些儀式包括了標定一個個體從一種狀態進入另一狀態的通過儀式。」

儀式學者使用「通過儀式」（rites of passage）來形容標記主要的生命階段和改變的儀式。人類學家范杰內普（Arnold van Gennep）是第一個提出所有通過儀式都遵循一個相似結構並扮演相似角色的人。這類儀式包括三個階段：第一階段，新成員象徵性地與他們之前的生活切割，開始移往一個新身分和地位。舉例來說，剪去或削掉頭髮是許多通過儀式的普遍步驟（想想新兵入營或宗教社群的入教禮），這象徵把某部分的自我留在過去，以成為嶄新的人。第二階段（通常被稱為「閾限」）是另外兩個階段中間的過渡階段，新成員已將之前的狀態拋下，但還未取得新的地位。在那個階段，青少年不是男孩也不是男人；新娘不是單身也尚未成婚；死者並不屬於今世的世界也不屬於下一世。這個階段處在模稜兩可的狀態中。在第三也是最後一個階段，轉變已然完成，新成員成為一個新人，重新融入社會。在畢業典禮結束後，學生取得證書變成了專業人員；軍隊入伍禮後，平民變成了軍人；葬禮幫助亡者成為祖先。通過儀式並不僅是慶祝進入新狀態的轉變——對社會而言，儀式**創造**了這個新狀態。

這些活動從很早就開始了。在每個文化中，兒童的誕生都圍繞著儀式。常見的習俗包括將嬰兒初生的毛髮削去、進行潔淨儀式或是使用護身符。在峇里島，嬰兒在生命的前三個月中不被允許接觸地面。其他出生儀式則可能更古怪：在西班牙村莊莫西亞城堡

（Castrillo de Murcia），新生兒會被放在大街上的床墊上，裝扮成惡魔的男子們會跳過這些孩子；而在印度城鎮索拉普（Solapur），嬰兒會從巴巴烏默爾達加神廟（Baba Umer Dargah）的屋頂上扔下，期望十五公尺下方拉著一張被單的人們能夠接住他們。

內華達大學人類學家楊雪倫（Sharon Young）和班希克（Daniel Benyshek）檢驗了一百七十九個社群，發現當中大都有在嬰兒誕生後處理胎盤的特定儀式，包括將之埋藏、焚燒、掛在樹上或是吞下。[39]類似的習俗則要求在嬰兒出生後處理胎盤、儲藏胎盤或是拋棄胎盤。透過引入特殊的淨化和保護形式，那些儀式可能是用來緩和父母經歷生產後對危險和汙染的恐懼。它們是我們第一個通過儀式。

然而，單單出生並不總是足夠讓一個人被社會團體所接受。在許多社會中，嬰兒不被認為是個完整的人，直到命名儀式進行前都沒有社會地位。因為我們的祖先面對的是高上很多的嬰兒死亡率，出生並不保證生存。因此，將命名一事推遲到出生後幾天、幾個月甚至幾年，透過延遲情緒投資直至確認死亡可能性降低後，提供了一個處理潛在失落的心理機制。確實，研究顯示，嬰兒死亡率與命名儀式前流逝的時間相互關聯：未成年死亡率越高，命名儀式舉辦得越晚。[40]

成年也廣泛地透過代表男孩變成男人、女孩變成女人的儀式來慶祝。在西非，弗拉（Fula）族女孩會透過臉部刺青來承受痛苦，從女孩被引入女性階段；而男孩的成人儀式則包括來自同儕的激烈鞭打。但不是所有成年儀式都這麼嚇人。猶太教受戒禮（bar mitzvah）、基督教堅信禮、拉丁美洲女孩的十五歲舞會（quinceañera）以及美國女孩的甜蜜十六歲（sweet sixteen）生日派對等，僅是眾多標記轉變為成人生活的慶祝方式的一部分。

成年，意謂具備了成婚的條件。每一個社會都有其婚禮儀式，這往往是所有通過儀式中最奢華的。一九八一年，查爾斯王子和戴安娜王妃於英格蘭舉行的婚禮，就花費了超過部分世上最窮國家整年的國內生產總值，皇室可以透過納稅人支付這類奢華行為。而全球各地的人也會耗盡存款甚至背上多年債務，只為了籌辦奢侈的婚禮儀式。印度婚禮可能會持續達一週，宴請數百位甚至數千位賓客。在傳統的牙買加婚禮上，整個村莊的人都會被邀請參加。而在瑞士，新郎必須送給新娘的家庭十八頭牛——以當地標準來說是個可觀代價。至於那些無法負擔費用的人，經常求助於借款來完成他們的儀式義務。

所有的人生轉變都由儀式所標記，最終極的人生轉折亦然。在印尼，托拉查人（Toraja）就有奇特的傳統，包括將已故親人的遺體保留在家中達好幾個月甚至好幾年，直至為亡者準備好一場盛大葬禮為止。在那段時間，屍體經風乾開始木乃伊化，但親人仍視他們為活人般對待他們。他們將死者放置在床上，幫他們更衣，提供他們飲食，並每天和他們說話。當所有葬禮準備就緒，整個社區集結參加一場大型公眾集會，屍體終於得以安葬。但與亡者的互動並沒有隨著葬禮終結。每一年木乃伊化的屍體會被挖出來盛裝打扮，被抬著繞鎮遊行。

托拉查人的行動似乎非比尋常，然而全世界各地其實都有類似傳統。許多文化會進行所謂的「二次葬」，包括將遺體挖出，然後舉辦第二次儀式再度下葬。而在許多社會中，人們就算處在無法為生者負擔的情況下，還是會為死者建造紀念建築。我曾造訪馬達加斯加部分地區，在那裡當地居民住在窄小無窗的草屋或土胚小屋裡，飽受掠食者、氣旋和其他災害的威脅，而他們已逝的祖先住在該區域唯一安全、寬闊堅固的磚砂建築中。任何看過約旦佩特拉（Petra）古城的人，都會讚嘆地回想起被刻在岩石上數不盡的宮殿般構造，這些精雕細琢的岩石被納巴泰人（Nabataean）當作墳墓使用。而當死者安息在這些巨大建築中時，當地人卻是住在山羊皮製成的帳篷中。

對不復存在的亡者耗費這麼大的精神真的令人費解。然而，作為會為死者哀悼的生物，從我們本身的觀點來看，這其實頗為自然。但為何會演化出一種用如此漫長時間來哀悼死者的生物——或者，其實是為自己而哀悼？作為高度社會性動物，我們對於社會生活有一些適應行為；這些行為包括特別強的依戀和連結形式，從核心家庭開始，然後延伸至親緣關係較遠的親戚、性伴侶、社會夥伴和朋友。當年幼的孩童和他們父母分開時，通常會經歷一種稱為分離焦慮的急性壓力反應；父母失去與子女間的連繫時也會如此。這是因為我們的大腦會釋放適應功能明顯的壓力荷爾蒙：它們激起了父母和子女彼此靠近的動機。戀人分手後可能也會經驗到類似壓力，而摯友間吵架後也會如此。這個壓力激勵他們尋求和解，以保持他們的社交網絡免於瓦解。[41]但當死亡發生時，這種分離焦慮再也無法為其原訂目標服務，因為重聚已不再可能，這樣做只會加劇痛苦。這個觀點似乎得到了支持，因為所有會進行哀悼死者的非人類動物如大象和黑猩猩，也都是社會性生物。

從這個角度來看，哀悼的能力可能根源於天擇所形塑的演化適應，雖然哀傷本身可能不具適應性，但它之所以能夠存留下來，是因為分離比死亡更常發生，所以這種焦慮累積的益處比起哀傷的代價要大得多。要處理這種令人虛弱的情緒，像是經驗失去或是對於人一定會死的恐懼，讓所有人類文化都發展出了死亡儀式。

死亡不是我們唯一會經歷到強烈壓力反應的領域。就如我們將會看到的，存在著一個更普遍的模式：儀式能夠幫助我們應對那些極度令人擔憂的情況，而這些一般來說只有社會歷練夠老練的人才能在第一時間覺察。在我們的演化機制中，仍有部分難以直接適應現代生活的挑戰，儀式作為幫助我們克服那些挑戰的心理工具，讓我們能夠忽視或重新校正那些機制。由於這個實用性，對於儀式的渴求深植人類心靈當中。我們之所以被吸引去進行儀式，並不僅是因為我們喜歡，更是因為我們需要。

# 3 秩序 Order

一九一四年，一名年輕的波蘭學生進行了一趟將會改變人類學學科的旅程。他是馬林諾夫斯基（Bronislaw Malinowski），他的目的地是大洋洲島嶼新幾內亞。馬林諾夫斯基的學術生涯受到各方面機緣巧合的影響；[1]他孩童時期孱弱多病，患有呼吸道疾病，視力也不佳。於是他的母親遵照醫囑，帶他一起長途旅行，搬到較溫暖的氣候區進行療養。他們旅行經過地中海地區、北非、小亞細亞、馬德拉群島（Madeira Islands）和加那利群島（Canary Islands），每到一個地點往往停留長達數月。住在這些有異國風情的地方留給他不可磨滅的印象，也激起他對外國人民和風俗的興趣。他為威尼斯的中世紀宮殿以及達爾馬提亞（Dalmatian）海岸邊如畫的漁村讚嘆。在特內里費島（Tenerife），他讓自己沉浸在為期兩週的嘉年華慶典的熱鬧中，打破他慣常的苦行禁欲生活。在他養病期間，母親會讀上好幾小時的書給他聽。多年後，他特別提出一本對他影響很深的書：弗雷澤（James Frazer）的《金枝》（*The Golden Bough*），那是對全世界的神話和儀式第一次進行的廣泛研究。

儘管病弱，馬林諾夫斯基是一個聰明、造詣頗深的學生。他取得了克拉科夫（Kraków）亞捷隆大學（Jagiellonian University）的科學哲學博士。他的論文廣受好評，事實上，更為他贏得了最頂尖的學術獎項——「在皇帝庇護下」（Sub auspiciis Imperatoris）；然後在一場別開生面的典禮上，皇帝法約瑟夫（Franz Josef）親自頒發一只鑽石金戒指給他。因著這項殊榮，研究之門大敞，馬林諾夫斯基發現自己享有研究任何想研究領域的自由。最後他選擇追尋自己對人類學的熱情——那是他從母親的閱讀中獲得的。他繼續向那時代最傑出的學者學習，接受現代心理學創始人馮特（Wilhelm Wundt）和知名經濟學家暨新聞學之父布雪（Karl Bücher）的訓練，也在兩名重量級人物賽利格曼（Charles Seligman）和韋斯特馬克（Edvard Westermarck）的指導下，在知名的倫敦經濟學院進行了人類學博士後研究。

為了進行田野工作，馬林諾夫斯基計畫前往蘇丹。他開始閱讀相關文獻並學習阿拉伯文，但他最終未能取得贊助，因為學校行政人員表示對於非洲的研究已有過多贊助。於此同時，賽利格曼獲得了一筆贊助，打算派送馬林諾夫斯基前往自己數年前完成田野工作的新幾內亞。馬林諾夫斯基欣然接受了這個機會，但事情的開展並不順利。

在他前往田野所在地時，一戰爆發了。當時，該地區在大英帝國殖民統治的澳洲管轄之下，雖然馬林諾夫司基來自波蘭、住在英格蘭，但他使用的是奧匈帝國護照。這嚴格來說讓他成為了敵國國民，也因此他被禁止返回歐洲，直到戰爭結束。他的流亡持續了四年。在那段海外流浪期間，他反而有更多時間為自己的研究探索不同選項，最終他落腳特羅布里恩群島（Trobriand Islands），這是新幾內亞東岸外頭的小型珊瑚環礁群島。他在該地進行了最前衛的田野工作——前衛之處就在於這是**真正的**田野工作。

在人類學學科發展的早期時光，文化人類學令人驚訝地竟是一場坐在扶手椅上的冒險。當時典型的人類學家形象，是個留著鬍子的老人舒適地坐在英國某處的書房裡，一邊抽著菸斗，一邊閱讀旅行者、傳教士和殖民行政官寄來的異國風土人情報告。敘事中描述的行為經常被誇大，因為觀察者總是使用維多利亞時代社會陳舊迂腐和民族優越感下的標準，將當地人民評判為不理性、原始或異教徒。

根據這些描述，當地人們的風俗確實與英國上層知識分子的風俗截然不同；而後者，將這個差異歸諸於與生具來的生物學因素，認為人類天生存在著自然階級，他們的文明位在頂端，而那些「原始」文明則在底端。他們的種族主義觀點，也因為他們從未見過自己研究的對象之事實而強化；那些學者如今被稱為「扶手椅人類學家」。有個著名的軼事是這樣的：當十九世紀著名的人類學家弗雷澤爵士被問到，他是否真的活生生地遇過他筆下的那些人，他回答說：「但願不要發生這種事！」[2]

到了二十世紀初，人類學家開始離開扶手椅、出發去旅行，以學習更多他們研究的文化。但是他們與當地居民的互動仍然有限。他們抵達後，往往會住在傳教士社區或是殖民官員的宅院，在裡頭所有東西都準備得好好的。這個時代典型的人類學家，會把時間花在與外交官、傳教士、駐外武官和其他殖民地同胞社交，還有閱讀行政紀錄和報告上。他們與當地人大多數的互動，是坐在宅院前陽台喝茶時順便觀察當地的僕人。他們三不五時召集僕人，在翻譯的幫助下詢問他們問題。這個時代被命名為「陽台人類學」。

馬林諾夫斯基是第一批踏出陽台、與他所研究的民眾住在一起的人類學家。在特羅布里恩群島，雖然他有機會住在一名英國交易員的屋舍中，他還是決定放棄宅院的舒適，在森林中搭起帳篷，這讓他能夠居住在當地人之中，得到第一手的文化和行為體驗。

這名人類學家以帶著一絲文采的筆法寫道：

應該要放棄在傳教士社區、政府辦公室或種植園主小屋等地方陽台上的長椅上安坐，鉛筆筆記本在手，伴隨一杯威士忌摻蘇打水的舒適姿勢；必須習慣於從報告者那裡搜集陳述，寫下故事，以原始文字材料填滿一張又一張的紙。必須走到村莊裡，觀看當地人在花園裡、在沙灘上、在叢林中工作；必須和他們一起航行至偏遠的沙洲，到陌生的部落，觀察他們釣魚、交易，以及進行儀式性的海外探險。他得到的資訊必須完全來自他本人對於當地生活的觀察，而不是從不情不願的報告者口中擠出的三言兩語。[3]

他把這種方式稱為「露天人類學」，與當時普遍的「傳聞紀錄法」有根本上的差異。與當地人待在一起時，馬林諾夫斯基仔細記錄下特羅布里恩群島的家庭結構、他們的交易系統、道德規範、他們的性行為以及日常生活的其他各種面向。在這個過程中他理解到，當地人民遠不是扶手椅人類學家描繪的不理性的傻子，實際上他們對於所處環境有著廣泛知識，並對生活周遭的自然力量和原則有著堅實的理解。儘管他們缺乏進步的技術，農人仍具備必要的植物學、地質學和氣象學知識來生產出作物，不但足以餵養當地人口，更有餘裕用來與其他部落交換。漁夫知道如何利用天體、風向和洋流航行。獨木舟製作者擁有對結構力學和流體動力學的必備理解（儘管無法表達完整）來建造一艘有堅固船身的船隻。馬林諾夫斯基讚許地寫道：

每名船隻建造者都擁有一整套零件，他必須極度準確地將它們組合在一起，這是在沒有任何實際測量方式的情況下進行的。透過源於長久經驗的大致理解和精湛技術，他預估了船板的相對形狀和大小、船肋的角度和尺寸，以及各個船杆的長度。[4]

然而，特羅布里恩群島的居民並不單單僅仰賴這些技術。為了安全起見，他們也使用馬林諾夫斯基所謂的「魔法儀式」。這些是僅在特定情況下才進行的儀式。舉例來說，當地漁民在出海捕魚前會進行盛大儀式，但他們在潟湖裡捕魚前就不會如此大費周章。馬林諾夫斯基指出，這兩種活動對於當地社群的生存和經濟生活一樣重要，但兩者的本質非常不同。由於受到珊瑚礁保護，潟湖水淺，全年航行其中都很安全。在潟湖中捕魚主要是揀拾軟體動物，或使用植物根部萃取毒液讓小魚昏迷，再將牠們趕進網中。由於有經驗的漁民擁有潟湖內魚類習慣的知識，絕對保證可以輕鬆捕到魚。

相反地，深海捕魚是項危機重重的活動。這包括用魚叉獵捕鯊魚，或是駕著脆弱獨木舟在不穩定的熱帶氣候中，迎向危險巨浪尋找不確定是否到來的魚群。每次出海都不保證漁民能夠豐收而歸，甚至不保證能夠平安歸來。事實上，海洋如此危險，年輕水手都聽過前輩講述關於海中怪獸、跳躍的石頭、驚嚇的獨木舟以及其他傳說等不幸的故事，以此提醒他們。

在開始這樣一個危險的旅程之前，水手們會進行耗時費力的準備。他們觀察禁忌、持續守夜、使用特殊藥草、獻祭豬隻、以手編墊子鋪在獨木舟上並向神靈獻祭。上船之後，他們會用薄荷葉塗抹獨木舟船身，用香蕉葉擊打船身，並將以七葉蘭製成的飄帶綁在桅杆上，誦念咒語。他們使用特殊的身體彩繪，吹響海螺殼，同聲吟唱，並使用發芽的馬鈴薯磨除獨木舟粗糙的地方。從離港、航行、抵達目的地、進行最後航段、返家以及保持安全，都各有一套特殊儀式。

儀式也貫串在船隻的建造上。在砍下選來製作獨木舟的樹木前，會用魔法咒語和食物供奉，驅散 tokway 這種住在樹木中的邪惡木靈。運輸過程中，他們會用一把乾草鞭打木頭兩次，這表示要木頭變輕一點。當木頭最終抵達村莊時，會舉辦一場公共儀式象徵建造的開始。用來運輸木頭的爬藤類，會以香草植物包裹的斧頭切斷；同一晚，也在獨木舟和橫桿上放置香草植物。挖刨木頭前，會先在 kavilali 這個將用來挖木頭的工具上朗誦一段特殊用語。挖完木頭後，會在一把浸過椰子油的樹葉上念誦咒語，然後把樹葉放進獨木舟中，用斧頭擊打。於此同時，獨木舟的各個不同部件，包括船肋、船帆、船椽、組成船舷的船板等等也準備完成，每一部件都伴隨著專屬的一套儀式。當所有元件最終組合好後，會在安裝獨木舟的裝飾部件前舉行另一場儀式，用聖石敲裝飾部件，並以薄荷嫩枝覆蓋之。許多額外的儀式伴隨著填塞船縫、上漆和整個程序的其他部分而生。當建造終於完成時會舉辦盛大的命名和啟用儀式，包括大眾歌唱、舞蹈以及集體餐會。

與用於遠征大洋洲的獨木舟上的過度儀式形成強烈對比的，是那些用在潟湖安全水域捕魚或沿著海岸運送貨物的船隻，它們不需要任何特殊儀式。同樣地，像是房舍這類與深海航行獨木舟一樣需要複雜技術的建造，也不需要任何儀式。

在調查特羅布里恩群島其他各個領域的生活後，馬林諾夫斯基開始辨識出一個清晰的模式。一般來說，在可明確預測結果的領域往往不見儀式的蹤跡，而在具危險和不可控制情況的領域，像是戰爭、疾病、愛情以及自然災難，則可以見到大量的儀式蹤跡。舉例來說，當菜園裡種植的菜蔬飽受疾病或惡劣天氣所害時，儀式必不可少；但當面對的是果樹這類更堅強的植物時，就不需要儀式。「無論在哪裡，只要存在機遇和意外因素，以及希望和恐懼交織的情感，就會找到魔法的蹤跡。」他寫道。「而當追求的是明確、可靠並在理性方法和技術程序的控制之下時，就不會發現魔法。」[5]

根據這些觀察，馬林諾夫斯基提出，魔法儀式在特羅布里恩群島居民的生活中具有重要的心理功能。他認為儀式根源於，且控制著我們的世界，並與我們追求科學發現有著同樣深層的需求。這個需求激勵我們去感知世界上現象間的因果關係，並找到方法以影響那些關係。在儀式的案例中，因果聯結可能是虛假的，但其行動可能有著療癒價值：

> 這讓人們帶著信心去完成他的重要任務，在憤怒的浪潮、仇恨的陣痛、求而不得的愛情、絕望和焦慮之間，去維持風度及人格尊嚴。魔法的功能是將人們的樂觀主義儀式化，加強人們對希望戰勝恐懼的信心。魔法展現了人們的信心大過懷疑，堅定不移勝過搖擺不定，樂觀主義勝過悲觀主義的更大價值。[6]

他意識到，這和我們在自己社會中發現的並無二致。雖然我們信仰和習俗的內容可能因不同文化而異，但全世界的人基本上都以相似的方式思考行事；所有文化的成員都使用儀式來處理壓力和生命的不確定性。

不出所料，當我們檢驗我們自己的社群時，就會發現在我們生命中涉及許多壓力和焦慮的領域，往往也會變得儀式化，被迷信包圍。如果想觀察個人化儀式如何誕生，有個不錯的出發點是那些高風險、高不確定性、難以掌控的領域，像是賭場、體育場館或是戰場上的儀式。

賭徒出了名的迷信。走進賭場，從一進門開始你就任人擺布。本質上來說，賭博是種機率遊戲，玩家對於自己的命運只有部分控制力或甚至不能控制，而這會帶來焦慮。為了處理這種焦慮，賭徒發展出各式各樣個人化的儀式。[7] 他們可能會在輪盤轉動時閉上眼睛；他們會和吃角子老虎機說話；或是在丟擲骰子前對它們吹吹氣。賭徒不僅比非賭徒更迷信，而且花在賭博上的時間越多，所進行的儀式和迷信就越多。[8]

社會學家亨斯林（James Henslin）研究了密蘇里州（Missouri）聖路易的骰子玩家的儀式。他觀察到，玩家會根據所求結果發展出特定的擲骰子方式。[9]「這被視為一個原則，」他提到，「用力丟擲會得到較大數字，而丟得較輕、較隨意時得到的數字較小。」透過建立起骰子上數字和動作速度之間的象徵關係，玩家會企圖透過操控其中一者來影響另一者。其他賭徒則試圖從其他玩家身上獲得運氣，比方說用自己的骰子觸摸或摩擦連勝者。此處的直覺是：身體上的觸碰會讓運氣從一人身上轉移（被擦掉）到另一人身上。

這些行為符合弗雷澤對於交感巫術（sympathetic magic）的定義。[10]他論證相關的行為落在兩個主要原則上：相似性和傳染性。相似性法則的概念是「相似造成相似」，又或者，外表上的相似也暗示著功能的類似——這就是在世界的某些地方，人們相信犀牛角能夠幫助男性勃起的原因，也是其他人相信以針刺巫毒娃娃能夠傷害敵人的原因。這也是順勢療法的基本概念，根源於「相似治療相似」的假設。

傳染性法則的概念是，事物攜帶著不變的本質，會透過接觸而傳遞。心理學研究顯示，這類型的魔法思考非常普遍。舉例來說，實驗發現人們不太情願穿上連環殺手穿過的毛衣，就算毛衣已經徹底清洗消毒也是如此；然而，他們可能會開心地穿上沒接觸過殺手的同款毛衣。[11]當然，那些研究的參與者回應的是假設性的情境，但這些結果得到了現實生活數據的證實。當一間屋子中發生非自然死亡（謀殺、自殺或致命事件）時，房價會下跌至多二五%，甚至一般來說，相鄰房舍的價格也會下降。[12]

正面的本質也可以被傳遞。好幾年前我受邀在牛津大學舉辦講座，由於我之前的博士導師剛被任命為牛津人類學系系主任，我順道去拜訪了他。他的辦公室和我預期中的不同，裡頭的家具很老舊，似乎需要一些整修。我坐在一張不太舒適而且感覺有些塌陷的紅色沙發上。我認為，身處全世界最頂尖的學術機構，他毫無疑問地負擔得起一張更好的沙發。當我的東道主提到那張沙發果真壞了時，我再也無法隱藏我的驚訝。他解釋說，他之所以不想換一張新沙發的原因是，這張沙發曾屬於與他擔任同一職位的知名人類學家埃文斯—普里查德爵士（Sir Edward Evans-Pritchard）。

我們所有人都參與了某種形式的魔法思維；這就是為什麼約翰藍儂的鋼琴拍賣價可以超過二百萬美元，也是演唱會觀眾經常試圖去碰觸演出的明星的原因，希望（有意識或無意識地）能搓下他們一點點的個人魅力。一個更觸目驚心的例子，發生在教宗方濟各二〇一五年到美國國會演講時。在教宗演說結束後，眾議員布雷迪（Bob Brady）衝到講台上，搶走教宗使用過的玻璃杯。他偷偷把杯子帶回辦公室，喝了一小口，還與他的妻子和同事分享。接著，他把教宗喝過的水帶回家灑在他的孫子身上。當被媒體問到這件事，他陳述：「我把它視為聖水……我的意思是，教宗喝過了，教宗拿過了……我確信教宗喝過這杯水，所以這水受到了祝福。」從神學角度看，布雷迪的說法並不正確：水要變成聖水，需要經過一個特殊儀式，需用到鹽、驅魔和祝福。即使如此，他的直覺卻十分常見。確實，這與新約聖經中的特定段落有著相似之處，在經文中耶穌的跟隨者試圖觸碰他，相信這樣能治癒他們的各種疾病。事實上，馬可福音五章二十九節中記載，耶穌感覺到有名女子碰觸了他的衣袍，因為他感受到自己的部分力量被吸走了。

與賭博一樣，體育競賽也涉及高風險和不確定性，為了因應這個情況，你應該已經猜到體育愛好者也有儀式化的傾向。調查顯示，運動員比非運動員有更多儀式和迷信傾向。但與特羅布里恩群島居民的魔法操作類似，體育儀式並不是無差別進行。人類學家格梅奇（George Gmelch）研究了棒球員這個以許多迷信出名的族群。他發現，他們的儀式與比賽中最不確定的部分有關，像是投球和打擊，而不是守備這類與機率較無關的行為。[13] 類似觀察也出現在各種其他運動上，包括籃球、足球、排球和曲棍球，以及出現在高爾夫球員、田徑運動員、網球球員和擊劍運動員身上。甚至，運動員間的儀式行為，也會在他們面對較強勁對手或更高強度比賽時增加。[14]

人們可能會期待頂尖運動員更仰賴的是自身的技術，而不是迷信。事實上，情況恰恰相反。當菁英運動員面對較高風險時，他們會比一般運動員進行更迷信的行為。[15]運動員通常會發展出在比賽前和比賽中進行的複雜例行程序。舉例來說，納達爾（Rafael Nadal）這位有史以來最偉大的網球選手有一整套複雜儀式，讓人聯想起強迫症患者。在每場比賽前，他總是會洗個極冷的冷水澡。抵達體育場館時，他會手持球拍走進賽場，仔細注意絕不踩到邊線，並且永遠用右腳跨過每條邊線。他會把球袋放在長凳上，將比賽證向上擺好。他的椅子必須完美地與邊線垂直。當他準備暖身時，他總是讓裁判等他。在一定要面對大眾進行暖身流程時，他會一邊上下跳動一邊脫外套。他服用能量果膠，總是以一模一樣的方式打開並飲用——對折一次再擠四次。他仔細檢查襪子，確保它們完美平均地裹住小腿。在擲硬幣決定先發期間，他會面對球網，開始跳動直到硬幣落下，接著立刻衝向底線，以橫掃的姿勢將腳拉過整條線，並分別用球拍擊打兩隻鞋。比賽開始時，他的手會做出重覆動作，而動作與天主教徒畫十字相似。他會先用右手輕觸短褲後方和前方，接著輕觸左肩，再來是右肩，再來是鼻子、左耳、鼻子、右耳，最後是右大腿。這套流程在每次發球前都重覆一次。每得到一分，他會去拿毛巾。在每局之間的休息時間，他會拿兩條毛巾；等另一名球員跨過邊線後，再先邁出他的右腳走向座位。他會仔細把地其中一條毛巾摺好放在身後，不去使用。接著摺第二條毛巾，然後放在自己大腿上。他會從一瓶水中啜飲一口，再從第二瓶中啜飲第二口。然後非常仔細地將兩瓶水放回到跟剛才一模一樣的位置，標籤朝向同一處。當比賽重新開始時，他會把一條毛巾交給一名球童，接著走到另一頭把第二條毛巾交給另一名球童。在比賽期間，這個程序不斷重覆。

頂尖女性網球員小威廉絲（Serena Williams）每場比賽前都會仔細清洗雙手。在每一次錦標賽期間，她總是堅持使用同一間淋浴間，穿同一雙襪子，襪子從不洗，直到她輸了比賽為止。她會確保每一次綁鞋帶都是以完全一樣的方式進行，總是邊聽艾琳卡拉（Irene Cara）的電影閃舞主題曲〈就是這種感覺〉，邊走進球場。高爾夫傳奇老虎伍茲（Tiger Woods）在高爾夫錦標賽期間總在週日穿著紅襯衫。而據報導，史上最偉大的籃球員麥可喬丹（Michael Jordan）在他整個NBA生涯的比賽中，在他芝加哥公牛隊隊服下總是穿著他的北卡羅來納大學短褲。

奇怪的是，那些對於這類儀式著迷的運動員通常不認為自己很迷信。[16] 納達爾在自傳中寫道：「有些人稱之為迷信，但其實不是。如果這是迷信，為什麼我會不論輸贏都一次又一次重覆做著同樣的事？這是讓我自己進入比賽的方式，讓周邊環境的秩序符合我在腦中尋找的秩序。」[17]

與其他許多人類似，納達爾拒絕用「迷信」這個具負面涵義的詞語。這個詞語一般指的是那些看似與宗教相關的信念或行為，然而通常因其缺乏根據而被宗教機構反對。因此一個信念或行為為迷信與否，取決於一個人的文化框架和觀點。從任何角度來看，納達爾的行動構成我們所稱的儀式性行為：被認為是不可或缺的典型行動（**必須**要做這些動作），雖然它們沒有明確的因果結果。

體育競賽會造成很大的壓力，但很少有情況比戰爭帶來更多壓力。以色列曾進行數個針對儀式和焦慮的研究，而這個國家從一九四八年創立以來就一直處在永久備戰狀態。在海灣戰爭（一九九〇至一九九一年）期間，心理學家凱南（Giora Keinan）調查了一百七十四名以色列人各種迷信的信念和行為；她將居住在靠近伊拉克邊境、更容易受到飛彈攻擊影響的人們，與那些住在飛彈影響範圍以外的人做比較。[18]結果發現，那些住在高壓地區人們迷信行為——像是撕毀敵人照片或是在飛彈攻擊時右腳先踩進防空洞等——的比例高了三〇%。十年後，在二〇〇〇年至二〇〇五年的第二次巴勒斯坦大起義期間，以色列人再度生活在面對攻擊的持續恐懼之中。人類學家索西斯（Richard Sosis）訪問了三百六十七名以色列女性，發現那些暴露在更多戰爭相關壓力源（舉例來說，那些曾在戰爭中失去親友或遭遇財務損失的人）會更常念頌聖歌。[19]

這些觀察證實了儀式充斥在那些有壓力、不確定的生活領域中；所有發現都具有**相關性**：它們告訴我們兩件事往往在同一時間發生，但是沒有告訴我們是否其中一件事導致另一件的發生。以下就是一個例子：冰淇淋銷量與溺水死亡率有相互關係：也就是冰淇淋銷量越多的日子，溺水而死的人數越多。這難道代表吃冰淇淋**造成**人們溺水嗎？很明顯地，這不是最可信的解釋。更可能的情況是存在同時獨立影響這些變量的第三因素——在這個例子中，是氣溫。在較熱的日子裡，人們更可能吃冰淇淋，同時也更可能去游泳，因此更可能溺水。所以，我們該如何確定儀式是不是也是這種狀況？舉例來說，在許多運動中，最具壓力和不確定性的時刻都與體力欠缺有關，像是在籃球賽最後時刻所喊的暫停，或是足球罰球前的長時間休息。有沒有可能在這最令人期待的時刻，選手的焦慮感加強了，但同時選手也獲得緩衝時間來進行儀式？或試想這個情況：在戰爭脈絡下，是否有某些社經或個性因素更容易導致焦慮和更多儀式化？舉例來說，有沒有可能更保守的人更可能有家人在軍中服務，以致他們在戰爭中失去親友的風險更大，並且他們也更可能進行宗教儀式？

要避免這個關係謬誤的問題，科學家進行了對照實驗，實驗中操控了他們認為是因果因子的事項，檢視這些操控是否能得到預期結果。在二〇〇二年進行的一項實驗中，凱南詢問兩組人不同種類的問題，接著觀察他們的行為。第一組人被問的是研究員企圖讓他們焦慮的問題，像是「你的直系親屬中有人得肺癌嗎？」或是「你有沒有經歷過致命的道路意外？」。第二組中的人被問的問題較中性，像是「你最喜歡的電視節目是什麼？」。在受試者回答後，接著需完成評估自己壓力層級的調查量表。凱南發現，那些暴露在具壓力問題的第一組人比起那些被問到中性問題的第二組人，更可能在訪問中敲木頭祈求好運。整體而言，那些回報感覺到更多焦慮的人，也更可能會敲木頭祈求好運。[20]

當然，敲木頭是一項非常特定的文化操作，不同社群的人可能會使用各式各樣的儀式化行為來克服壓力。然而，是否有任何我們可以透過實驗測量的普世性儀式化特徵？幾年前，我和我在捷克布爾諾（Brno）宗教實驗性研究實驗室（Laboratory for the Experimental Research of Religion）的同事，一同設計了一套試圖完成上述目標的實驗。

人類學家很久以前就注意到，儘管儀式看似非常不同，也發生在完全不相干的領域，它們仍有顯著的相似度。除了那些因果關係不透明的行為外，小孩的日常生活常規、賭徒和運動員進行的迷信行為、對不同神祇發出的祝禱、宗教暨世俗的集體儀式，甚至強迫症患者病態的超儀式性行為，全都共享著某些關鍵性的組成元素。[21]

首先，儀式化有**嚴格不變**的特徵：儀式行為必須以一樣的方式（**正確的**方式）進行。在此，準確度至關重要；原版的變體不被接受。在大多數脈絡中，喝茶可以以不同的方式完成，你需要的只是一些茶葉和一些滾燙熱水。但日本茶道必須要準確地按程序進行。一套嚴格的規則界定了賓客抵達的時間、賓客被迎接的方式，以及賓客應該入座的位置。茶室必須方正，其中一頭設有壁龕，此處有壁爐、插花和牆上的掛畫，而主人要穿著特殊服裝。主人會事前準備需被精心照顧的特定用具：往往要戴手套才能觸碰茶具，而且在每次使用前後都要清洗。賓客也必須是潔淨的，他們得脫去鞋子，沉默地鞠躬，然後進行淨手禮。儀式的不同階段以鈴聲來標記。上茶時是上在地面上。賓客需以右手捧起，將茶杯放在左手手掌上，順時針轉兩圈後俯首。無數其他規則規定了甚至最枝微末節的細節，從如何遞毛巾到茶壺蓋放在茶壺上的方式。因此，一場茶會甚至可以持續進行長達四小時。

遵照誓詞的社會重要性在二〇〇九年美國總統歐巴馬（Barack Obama）就職典禮上十分顯而易見。首席大法官羅勃茲（John G. Roberts Jr）在提供誓詞給總統時出了很小的差錯。美國憲法要求的用字是：「我鄭重地發誓，我將忠實地執行美國總統職務……。」而憑自己記憶背誦誓言的羅勃茲卻說：「……我會執行美國總統職務，忠實地。」歐巴馬意識到這個錯誤，停了下來，給首席大法官一個覆述誓詞的機會。羅勃茲再一次在字詞上犯錯，歐巴馬最終宣誓：「我會執行美國總統職務，忠實地。」雖然這三個句子的意義都一樣，但儀式中重要的是用字，而非其精神。在就職典禮後大眾議論紛起，甚至有些人質疑總統職位的合法性。憲法律師貝爾曼（Jack Beermann）陳述說：「他在宣誓正確誓詞前是否為總統，這還是個開放性問題。」而其他法律學者也表達了類似的擔憂。雖然歐巴馬一開始不理會這些擔憂聲，他最終還是在白宮與羅勃茲會面，重新進行了宣誓。媒體記者被邀請去記錄這場活動，根據白宮說法，歐巴馬的重新宣誓「在萬分慎重下」完成。

歐巴馬宣誓時的錯誤立刻被人發現，而事情輕輕鬆鬆就擺平了。但對胡德神父（Revd Matthew Hood）來說情況就更複雜了一點。他曾在密西根州尤提卡市（Utica）的聖勞倫斯（St Lawrence）教區擔任神父。二〇二〇年，他在觀賞他父親收藏的家庭生活錄影帶時，發現了一支他嬰兒時期接受洗禮的錄影帶。播放影片時，他發現進行洗禮的助祭使用的是「我們為你洗禮」，而非胡德習慣的「我為你洗禮」這樣的用詞。在擔憂之下，他前往了底特律總教區。「我們和一些神學家以及教會法律師進行了談話，我們認為這大概是有效的，」他說。但梵諦岡發出的一份聲明則持相反意見。與原版文字的偏差表示胡德從未接受過洗禮。因此，他的堅信禮也無效，這表示他作為助祭的派立禮作廢，而他作為神父的派立禮亦然。

為了回到工作崗位，胡德必須要重新接受洗禮，然後進行堅信禮，再成為一名助祭，最後領受聖職成為一名神父。他在一週內完成這所有程序，但故事還沒完。發生的這個錯誤表示他之前並不是一名真正的神父，因此任何他在神職期間施行的任何聖禮也變得無效。他所屬教會必須連絡數千名民眾，告知他們一些意想不到的消息：那些由胡德神父施行堅信禮的人被告知，他們並非天主教會的完整成員；那些由他授予聖職者發現，他們不是合法教士；那些在他面前進行懺悔的人發現，他們的罪惡並未被赦免；那些參加聖餐禮的人被告知，他們並未如他們所認為的那樣接受到聖餐；至於他所主持的婚禮，情況則不明確，因為在某些例子中，未領聖職的天主教徒也被允許主持婚禮。諷刺的是，那些由他施行洗禮的人不用擔心：當涉及到洗禮時，只要使用正確流程，誰來施行並不重要。

儀式的另一個特徵是**重複**。咒語可能會重覆一百零八次；東正教基督徒會畫十字三次；而那些敲木頭祈求好運者總是不只敲一下。除了這種完成一項儀式時的重覆動作之外，在大多數例子中，儀式本身會定期被重現。聖經《詩篇》五十五篇十七節包含了像是「我要晚上、早晨、晌午哀聲悲嘆」，或一百一十九篇一百六十四節「一天七次讚美你」這樣的句子。相似地，穆斯林每日祈禱五次，士兵每日升降旗，學校每年舉辦畢業典禮。

最後，儀式化的另一個特徵是**冗贅**。也就是說，即使儀式行為與目的有直接的因果關係，它們也經常超越一般對實用目的的預期。洗手二十秒可能已足以維持個人衛生，但一場淨化儀式可能會持續好幾小時。在我進行田野工作期間，我曾參加持續一週的印度教儀式，當中包括數不清的儀式活動。與此類似，印度哲學教授史塔爾（Fritz Staal）記錄了阿耆尼這個在印度進行的吠陀儀式，整場儀式持續十二天，包括總共八十小時的集體念誦吟唱。

觀察儀式的頻率和時長是相當直接的事，但我們要如何測量嚴格的執行和冗贅，而怎樣又算是重覆呢？傳統方式是觀察或錄下人們的行為，每一次新動作或動作程序出現時就進行紀錄。但這需要巨大的努力、持續的專注力和許多主觀的決定，所以有很大的犯錯空間。幸運的是，科技進步現在允許我們將這個過程自動化；在我們的研究中，我們使用動作捕捉科技來測量人們行動中的儀式化。[22]我們的假設是，當人們壓力越大時，他們的行動會變得越重覆（試想輕拍、揮舞、搔抓等）、固定（遵照可預測的行動模式）和冗贅（比必須時間持續得更長）。

要評估這個假設，我們首先需要誘發焦慮——換句話說，創造出一個具有壓力的情境。考慮到這點，我們把人們帶進實驗室，讓他們看一個裝飾性物件，然後問他們一些關於該物件的問題。半數研究受試者被告知他們和實驗者討論答案前，有三分鐘可以思考答案；這並不是一個特別有壓力的任務。但另一半受試者的經驗非常不同；他們被告知他們必須要以對大眾演講的形式呈現他們的答案，也就是在一群於隔壁房間等待的專業藝評人面前發表。他們只有三分鐘準備演講。人們害怕當場難堪，特別在他們準備不夠充分而觀眾又是專家組成的情況下。我們對大眾演講的恐懼是如此明確，甚至有一個專門詞彙來形容：公開演講恐懼症（glossophobia）。由於研究受試者也攜帶著心率監測器，我們能夠核實這個經驗確實具有壓力。

進行演講之前，我們要求受試者用一塊布擦拭這個藝術品，雖然他們進入房間前，該物件就已經是乾淨的了。我們就是要在此時使用動作感測器分析他們的動作。我們發現，那些壓力更大的人展示出更儀式化的行為：他們的手部動作更具重覆性且更能被預測，一次又一次進行同樣的動作模式。而人們在實驗中感到越焦慮，他們花在清潔物件的時間上就越長。在情境壓力下，他們開始偏執地進行清理，儘管已沒有可清潔之處。

儀式化可說是對於焦慮的自然回應，事實上，我們不是唯一適用於這點的物種。一九四八年，知名哈佛心理學家史金納（B. F. Skinner）發表了一篇名為「鴿群的迷信」的文章，當中報導了一項頗不尋常實驗的結果。史金納設計了一個名為「操作制約室」的裝置（現在更常被稱為「史金納箱」〔Skinner box〕），用以進行各種動物研究。那是一個高度受控的環境，在儀器中一次可以更換一個控制因，並觀察它對動物行為的影響。史金納對有機體如何學習感興趣，特別是「操作制約」這方面，那是一種透過特定行為獎懲發生的學習形式。在其中一個實驗中，盒子的地板會通上電流，但可透過按壓盒子牆上的槓桿來停止電流。當老鼠被放進盒中，牠會感受到痛苦，開始四處移動。遲早牠會撞上槓桿，而電流會停下。老鼠很快就學會每一次被放入盒中時去按壓槓桿，甚至在地板未通電的情況下也是如此。另一項實驗被設計來檢視正增強。槓桿給出一種形式為食物顆粒的獎勵，一旦動物發現這點，牠就會將之與獎勵進行連結。在試過幾輪之後，牠一被放進盒中就會立刻衝往槓桿處。

接著，史金納決定要引入一些不確定性，看看會發生什麼事。他將一隻饑餓的鴿子放進盒中，並將投遞食物的機制設定為不管鳥隻做了什麼都隨機釋放。結果讓他感到震驚——鳥和賭徒以及運動員非常相像，開始發展出複雜的儀式。史金納寫道：

一隻鳥習慣在籠中逆時針繞圈，在補給到來的空檔間繞了兩、三次。另一隻鳥重覆地將頭擠進籠子上緣的一個角落。第三隻發展出一個「投擲」回應，彷彿把牠的頭放在一個看不見的欄杆下，反覆地舉起頭。還有兩隻鳥發展出頭部和身體的擺錘動作，頭部向前延伸後，從右擺到左，擺過去時動作很迅速，而回來時則較緩慢些。身體一般來說會跟著頭動作，當擺動過度激烈時則會移動幾步。另一隻鳥則習慣對著地板進行不完整的啄觸動作，向下啄但沒有碰觸到地板。[23]

史金納在鴿子身上觀察到的同種回應，後來也在兒童身上記錄到。在一項聽起來頗讓人不安的實驗中，華格納（Gregory Wagner）和莫里斯（Edward Morris）把兒童放在一個房間中，房裡有一個機器小丑會從嘴中吐出大理石球；兒童可以拿這些石球去換玩具。與史金納的鳥類研究對象一樣，兒童開始進行各種儀式性行為來讓小丑吐出獎勵。當中有些人開始觸摸小丑的臉、將他們的鼻子與小丑鼻子貼在一起或是親吻小丑。其他人則做出鬼臉或是乞求的姿勢，有些人則開始搖擺、旋轉或跳躍，表演某種性質的「祈雨舞」。[24]

在成人身上也是這樣，儀式化似乎會引起與因果推斷相關的直覺偏差。一項在巴西和美國進行的研究發現，儀式的組成部分，像是重覆和冗贅，反而讓這些儀式更有效率。研究對象被要求評估 simpatias 這種模式化魔法咒語的功效——這是巴西部分地區用來處理從尋找愛人到治療牙疼等各種實用性問題的咒語。這些咒語在許多方面有所不同，像是有幾個步驟、每個步驟要執行幾次，以及它們在操作上多嚴格和多具體。研究者發現，重覆性越高、越固定、越嚴格界定的儀式，也被認為在處理日常問題上越有效果。[25]

由同樣研究者對 simpatias 進行的另一項研究發現，引入不確定性會提高人們對儀式功效的期待。他們讓兩組研究對象進行包括還原一系列被打散句子的認知測驗。第一組接收到的句子，是研究人員為了讓受試者感受到不受控的隨機性而提供的，像是「委員會很混亂」或是「他隨機選了那顆柳橙」。第二組的受試者則需還原具有中性或其他負面詞彙的句子，像是「委員會很懶惰」或「那扇門是綠色的」。在執行這項任務後，所有對象都被展示同一張 simpatias 清單。比起另一組，先前隨機性的那一組，會將咒語評判為更有效用。[26]

這些發現的其中一個詮釋是，人們對於儀式的直覺，仰賴於所處文化中的超自然概念。畢竟，魔法咒語一般來說，是想透過求助於鬼魂、神祇或業力的力量來帶來渴望的結果。這對許多文化儀式來說確實是對的；但儀式化是否會獨立引發關於那些儀式信仰的因果關係？為了瞭解這點，我和我的團隊在我位於康乃狄克大學（University of Connecticut）的實驗室中進行了一項研究。[27]

我們讓受試者觀看大學籃球比賽錄影中球員投罰球的片段。在球離開球員的手時，我們暫停影片，請受試者預測每一球成功與否。影片中的球員有一半次數會進行投球前儀式，像是旋轉、彈跳或親吻籃球或觸碰鞋底，而這些行為在籃球員間很常見。影片中的另一半時間，球員在罰球前沒進行儀式。事實上，受試者在兩個情況中看到的是同一次罰球，但我們操縱了攝影機角度來揭露或隱藏儀式化行為。我們發現，受試者預期儀式化投籃的成功率會高出三〇％，無論他們對籃球有多瞭解，直覺偏誤都是一致的——無論是對籃球活動一點知識也沒有的人、規律觀看籃球賽的粉絲，甚至籃球員本身都相同易受影響。甚至，這個效應在當比分差距更大時會更強烈。落後的分數越多，換言之，球員對比賽的掌控程度越小，我們研究的受試者就越期待這些儀式能發揮效用。

這些發現顯示，儀式化是一個試圖控制我們周遭世界的自然方式。當我們面對充滿壓力和不確定性的情況時，我們會自發性地進行儀式行為，而我們直覺地期待那些行為能夠發揮效果。但如果這種控制感是虛幻的，這些儀式的益處可能是什麼呢？為何這個認知故障會持續下來而非被天擇所淘汰呢？

壓力是一種演化功能明顯的生存機制。當我們焦慮時，我們的自律神經系統會釋放一連串的化學物質（壓力荷爾蒙），給予我們的身體指示，引導我們如何準備面對危險。我們的心跳變得更快以提供肌肉更多血液，而我們的呼吸變得更重，以提供我們更多氧氣。肌肉緊縮以保護我們免受傷害，並促進打鬥或逃跑的便利。流汗幫助身體冷卻。我們的專注力提升，而我們的反射作用變得更敏銳，讓我們保持警戒。壓力充當了動機，幫助我們專注於我們的目標上並起而應對我們的挑戰，無論那些挑戰是考試、開戰鬥機或是達到贏得比賽的目標。簡言之，壓力很有用。

然而，問題是超過一定臨界點之後，壓力就不再管用。耶基斯－多德森定律（Yerkes-Dodson law）以兩名二十世紀初首次提出該法則的心理學家命名，假設了壓力和認知功能之間存在一個倒U形關係。[28]在一定程度上，壓力有助於促進表現，但超過特定臨界值後，它就變得有害。在重要的工作面試前，些許壓力能幫助你專注，激勵你準備、表現得更好。但如果壓力變得極端，你可能會呼吸困難，開始感覺到胸痛或脖子猛流冷汗，或是感覺到昏眩、虛弱、與現實脫節，或者感受到恐慌發作。隨著時間增加，這些效應可能會疊加，對你的健康產生嚴重影響。長期壓力會削弱你的免疫系統，可能造成高血壓和心血管疾病。它會損害記憶和專注力，導致孤僻、抑鬱和睡眠障礙。這類壓力並非可適應的。事實上，它會對我們的正常功能、健康和幸福造成毀滅性的影響。但為什麼這種常見的生物機制會如此容易出錯呢？

演化分析顯示，壓力並非它過去的樣貌。[29]在人類歷史的大多數時間中，我們祖先生活的實體和社會環境與今日我們大多數人經驗到的非常不同。那些環境施加了一系列的選擇壓力（selection pressures）*，形塑出我們物種的基因組和行為，導致解剖學上現代人類的演化。雖然要在何處確切劃定他們以及更古老類型的界線仍不完全清楚，但古人類學家同意，至少在五萬年前，我們的祖先就已完全成為人類。然而一種更大的改變仍在醞釀。

生活方式從採集到定居的轉變起點，不早於一萬二千年前。對演化時間來說，這只是一眨眼的工夫。雖然從那之後發生了一些細微的基因改變（舉例來說，那些藍眼珠和乳糖耐受基因），但我們的生理和心理能力幾乎一直保持不變。如果那個時代的嬰兒能被時光運至今日，被當代的家庭領養，我們一點也不會期待那嬰兒能不同於現代人類，在出生不久後，馬上就能像個成人一樣站起來。然而，雖然我們的大腦在過去幾千年內沒有改變，但其他的一切都變了。生物演化遲緩的步調，已無法跟上我們爆炸般發展的文化科技創新。因此，許多在我們祖先的世界中幫助他們應對世界的生物適應性，在我們這個截然不

* 譯注：選擇壓力指的是生物演化中受到環境各種選擇性因素的影響，包括生存競爭、資源利用和繁殖成功率，對生物演化和適應性有著重要影響。

同的時代，已不再為我們服務。這被稱為演化**錯配**（mismatch）。

不可否認地，我們的採集—漁獵者祖先並不是過著沒有壓力的生活；他們易受掠食者、自然災害和經常性的食物不安全影響，但他們也有緩解長期焦慮的方法。他們居住在平等主義的小型團體中，團體由關係親近的個人所組成，那些個人構成了強大的社會支持網絡。他們為了滿足生活所需的工作時間相對少，擁有充足的休閒時間。而他們生存的彈性模式，讓他們能適應環境的改變並進行規律的體能活動。

如同我們所看到的，進入農耕和定居的轉變造成了更具壓力的生活方式。它製造了社會不平等和壓迫、累人的勞動條件，並讓我們暴露在新疾病以及對暴亂和戰爭的持續恐懼當中。現代工業化社會費盡千辛萬苦才減輕了農業社會的部分焦慮，這都多虧社會進步和現代醫藥的進步。但於此同時，它們也引入了許多新的壓力源。與歷史上的任何一個時間點相比，當今的生活節奏令人頭暈目眩地快速；傳統上被視為焦慮主要緩衝的核心和延伸的家庭組織，現在可能相隔在數千里遠以外；新科技讓壞消息得以立即傳播，綁架我們的大腦，導致全新形式的上癮。這些都只是我們面對壓力反應不再能順利為我們服務時，我們在當前環境中產生的一些應對方式，

有鑑於我們大腦與我們生活方式之間的錯配，有效的壓力管理技術能對我們的整體健康和生活品質帶來重要影響。這讓人認為有可能是儀式充當了一種心理技術，幫助我們在我們的生態棲位以外生活。這個一開始可能是個漏洞的東西變成了一項特徵——還是，這是我們行為靈活性的另一個證明，使我們能夠改變我們的生活方式，改造我們的環境，並讓我們主宰這個星球？

這樣想可能太好高騖遠了。迄今為止，我們已看到儀式與焦慮有所連結的證據，當中顯示人們面臨壓力時會求助於儀式。但儀式真的是一種有效的壓力管理策略嗎？又或者，它單純是在浪費時間，或更糟的是，儀式是一種讓我們遠離實際問題的危險分心事物呢？

◯

田野觀察顯示，儀式可能確實能幫助人們處理焦慮。在另一項於以色列進行的研究中，研究者在二〇〇六年黎巴嫩戰爭期間訪問了當地女性。他們發現，在那些居住於戰爭區並因此經歷到戰爭壓力的女性間，誦念聖詩與降低整體壓力的程度有所關聯；[30]在居住於戰爭區以外的女性當中則沒有發現類似的關聯。雖然這項研究中的參與者是自我評估自身焦慮的程度，但在生理層面上也發現了類似的效應。在我康乃狄克大學的實驗室中，我的同事和我觀察了一組處在期中考期間的學生，那段時間是一年中壓力最大的時段。除了問卷調查外，我們還收集了毛髮和唾液樣本，用以測量皮質醇這種與壓力有關的荷爾蒙水平。唾液中的皮質醇會在幾分鐘內改變，所以可被用來測量特定活動帶來的壓力。但我們的毛髮也會累積微量荷爾蒙，可以用來追蹤長期焦慮。我們發現在所有的測量當中，參與更多儀式的學生的焦慮感更低。

然而，同樣地，這些都只能呈現某種相關性——儘管能指出一種關聯，但不代表能建立起當中的因果關係。要建立因果關係，我們需要轉向實驗性的研究。幸運地是，近年來已有一些關於這個主題的研究證進行。在其中一個研究中，安納塔西（Matthew Anastasi）和紐博格（Andrew Newberg）隨機地指派天主教大學的學生念誦玫瑰經（一組重覆的禱詞）或觀看一部宗教電影，然後測量在那些任務前後學生的焦慮程度。結果發現，那些念誦玫瑰經的學生焦慮程度更大幅度地降低。[31]布魯克斯（Alison Brooks）和她的同事也發現了類似結果。她們要求受試者進行一個與魔法咒語相似的虛構儀式，結果發現，進行這個儀式有助於處理焦慮，像是當人們參加數學測驗或是在大眾面前唱卡拉OK時產生的焦慮。[32]在另一項研究中，諾頓（Michael Norton）和吉諾（Francesca Gino）要求受試者回想他們過去的一次失落經驗——某個人過世了、一次破裂的關係或甚至是一次掉錢的經驗。他們發現，當他們要求當中某些人進行一項儀式時，他們更能處理失落所帶來的焦慮。[33]

而為了從實驗室中轉移到現實世界，我同事和我設計了一項在印度洋島嶼模里西斯（Mauritius）進行的田野實驗。[34]為了檢視某些傳統當地儀式是否能幫助人們減少焦慮，我們測量了自律神經系統的其中一個屬性——心率變異度。一顆健康的心臟並不會像節拍器一樣均勻跳動，當我們的心率是每分鐘六十下，並不代表我們的心臟剛好就是每秒鐘跳一下。更準確來說，這只代表每兩次連續心跳間的不等長時間平均是一秒鐘。心跳之間的時間變異被稱為心率變異度；當心率變異度高，神經系統會更平衡，身體也更能回應改變的情況。但當我們處於壓力下，平衡受到干擾，心跳便會以更固定的方式跳動，也就是心率變異度變低，此時身體會維持在高度警覺的狀態下，這就是我們感受到的焦慮。

我們的研究在一個叫做拉戈萊特（La Gaulette）的小漁村進行。就跟許多漁村一樣，這裡的漁村大多數的公共生活都發生在靠近岸邊的地方；所有餐廳、店鋪和其他商業活動都沿著沿岸道路設立，所有公共服務也是如此，包括一個警察局和兩個宗教崇拜場所——一個靠近南口的天主教堂，以及一個在北邊的馬拉地語印度教神廟。每天早上坐在咖啡店裡，我們都會看到當地許多印度裔婦女穿著鮮豔的紗麗，走進神廟進行宗教祈禱。那些祈禱包括向不同印度教神祇獻上貢品，還有拿著香爐或香支繞圈。這些剛好是我們感興趣的重覆行動，更重要的是，這些是在文化腳本當中而非由實驗規定的。

我們在這些規律祈禱的女性當中招募了七十五名，將她們分成兩組。我們請第一組成員到神廟中與我們會面，第二組則抵達我們在一個非宗教建築中設置的臨時實驗室中，該實驗室的尺寸大小和空間安排都與神廟類似，這是我們的控制組。在受邀進行一個設計為有壓力的任務前，受試者會戴上一個小型監測器記錄她們的心跳。之後我們請她們寫一篇文章，描述在面對洪水或氣旋那種迫在眉睫情況下，她們會採取的預防措施。這類自然災害經常肆虐這座島嶼，也經常會帶來毀滅性的後果，因此成為當地居民持續性的焦慮來源。為了增加額外壓力，我們也告訴她們，她們的文章會被一群公安專家評分。完成壓力源任務之後，那些待在神廟中的女性被要求進入祈禱室，以她們慣常使用的方式進行她們的儀式。她們獨自進入祈禱室，點香，向神明獻貢。控制組中的人經歷一模一樣的程序，但沒有進行任何儀式。取而代之的是，她們被告知只需坐著放鬆。

如同我們所預測的，儀式具有有益的效果。思考自然災害對兩組都提高了焦慮，但那些進行儀式的人能夠更快從焦慮中恢復。她們的心率變異度增加了三〇％，顯示她們更能處理壓力。這也與她們自己感受到的一致：那些沒進行儀式的人的主觀焦慮評分，是有進行者的兩倍高。這是不小的差異：臨床研究記錄了健康的個人與罹患嚴重抑鬱者之間也有相似量級的效果。[35]事實證明，儀式在減緩壓力上與某些我們最有效的焦慮用藥一樣有效。

## 我們該如何解釋這些發現？

儀式是高度結構化的，需要嚴格不變（必須永遠以「正確」的方式進行）、重覆（同樣行動一次又一次進行）以及冗贅（可以持續進行很長一段時間）。換句話說，它們是可預測的。這個可預測性為日常生活的混亂強加了秩序，在不可控的情況下提供我們掌控感。研究顯示，當人們經驗到不確定性、缺乏控制之時，他們就可能在實際上不存在的情況下看到模式和規律性。這些模式可能從視錯覺（像是在雲朵中看見人臉）到從隨機事件中看到因果關係和形成陰謀論。[36]在這些情況下，人們也更可能求助於儀式化行為。這被稱為**補償性控制模式**：我們因為在一個領域缺乏控制，所以透過在另一領域中尋求控制來進行補償。[37]這種控制感是否為虛幻的並不重要；重要的是，儀式可以是一種有效的處理機制，這就是為什麼那些涉及高風險和不確定結果的生活領域，普遍都存在著各種儀式的原因。

在布魯克斯和她同事進行的實驗中，從事儀式幫助受試者在數學競賽中表現得更好，在卡拉ＯＫ競賽中唱得更準。而在以色列，那些念誦更多聖詩的女性感覺更不需要準備其他預防措施，而耗費心力進行預防可能會阻礙她們過正常生活。相反地，那些沒進行那麼多儀式的人似乎被焦慮壓垮，焦慮讓她們在飛彈攻擊過後，會自動避開公共場所、巴士、餐廳和大批人群。這個行為聽起來非常明智，但你知道嗎？就算在衝突最嚴重的時候，在以色列遭受恐怖攻擊而死的機率比起死於車禍的機率還要來得低。生活在恐懼之中帶來的傷害比好處要多上許多，而儀式幫助那些女性處理她們的恐懼，在面對衝突的情況下過著正常生活。

類似的影響也延伸到各種其他領域。舉例來說，一群德國心理學家發現，那些使用幸運符和像是用手指交叉祈求好運等儀式的人，在各種各樣的技能競賽和解謎中表現得更好。[38]其他研究還發現，儀式化有助於運動員表現得更好。舉例來說，籃球員和高爾夫球員在進行進球前儀式後成功率更高。[39]阻止他們進行這些儀式對他們的表現會造成損害，導致他們在投球或擊球時出現更多失誤。[40]這些顯著影響的理由似乎是這些儀式讓運動員減緩焦慮，重新取得控制感。

近年來，哲學家、心理學家和神經科學家已修改了他們對於人類心智的模型。由來已久的經典觀點是，我們的認知器官就像一個資料處理設施：它接受來自環境的輸入，然後透過製造出合適的回應來做出反應。但越來越多證據顯示，我們的大腦遠比那更精密。它是一個**預測性**設施，它並非被動地吸收關於世界狀態的資訊，而是主動地運作去做出推斷（預測）在任一特定情況下，最可能遭遇到何種類型的刺激。那些預測根植於我們先前的經驗和社會化、周圍環境以及本能知識延伸而來的資訊。

以我們視野中的盲區為例。視神經這束神經纖維將資訊從眼睛帶到大腦，是通過本身的視網膜，因此視神經進入眼球的位置並沒有感光細胞來偵測光線——這是它被稱為盲點的原因：無論我們視野中哪個部分落入該點上，我們就看不見。如果你從未注意過你擁有盲點，那是因為你的大腦透過使用周圍環境的資訊來填補空缺，補足了影像消失的部分。

我們的大腦在其他各領域也會做出類似形式的推斷。想像你住在舊金山郊區，當你起床時感覺到你的床在搖晃。擔心這可能是地震，你當下的反應可能是試著盡可能快速離開建築。但現在想像你住在紐約這個沒經歷過太多次地震的城市，你住的建築旁有條高架鐵路；可能你第一次感到振動而醒來時會衝到門外，但穿著內衣跑到走廊只會讓你丟臉，一旦你發現感覺到搖晃時會發生什麼，你就不再會恐慌。當你的大腦更新了先前的知識，它便能更有信心地預測搖晃不會造成天花板崩塌、砸到你的頭，因此這個情況不再具有壓力。事實上，長久下來，火車會規律經過的熟悉感甚至開始會讓你感到舒適。

我們的大腦從來不會停止進行這些類型的預測，因此我們總會在身邊每一個地方尋找模式和統計規律性。這極度重要，因為當能夠以先前的知識作為基礎時，任何計算設施（人腦也不例外）的效率會大幅提升。如此一來，我們不需要從頭學習每一件事。但是這個認知架構有一個後果，就是當我們的預測潛能受到限制，也就是說當前存在著高度不確定性時，我們就會感到焦慮。我們預測性的大腦並不喜歡不可預測性。儀式就應運而生。

在儀式中發現的重覆行動模式，能夠作為我們處理壓力的認知工具之用。透過將這些工具嵌入我們的文化中，所有人類社會都從它們的潛能當中得到益處。用於焦慮時刻的宗教性祈禱一般而言包括了重覆的發聲或行為。Japa 是發現於許多亞洲宗教中的冥想儀式，它包括了重覆一個神祇的名稱，或是重複一個咒語好幾百次甚至好幾千次，吟誦時可以說出來、輕聲低語或是單純在信徒腦中念誦。起初，冥想者可能使用一串被稱為 japa mala 的念珠來計算重覆次數。當他們變得更熟練時，他們能夠在進行其他活動時邊念誦咒語。老練的冥想者累積的練習，次數多到據說能讓他們達到 ajapajapam 這個對咒語持續體悟的狀態。

各類神祕主義傳統也使用類似技術。在希臘和賽普勒斯，一開始被冥想僧侶使用的祈禱念珠後來演變成廣受歡迎的版本，被稱為解愁念珠 komboloi（也被稱為「擔心珠」）。當地發展出使用解愁念珠的數種方式，當中每一個方式都包括一再重覆同樣動作的程序，據說這能帶來鎮定效果，也是解愁念珠通常被用於壓力情況下的原因。今日，仍能看到希臘的足球教練在重要比賽中坐立不安地撥弄念珠。

馬林諾夫斯基與特羅布里恩群島居民相處的時光讓他理解到，他們原來沒有和歐洲人有多大不同。透過沉浸於他們的世界中，馬林諾夫斯基開始用嶄新眼光看待自己的世界。那個世界也充滿儀式；與特羅布里恩群島居民一樣，英國漁民也有無數迷信，而那些走上戰場或遭受疾病的人也是一樣。此外，與每個地方的人一樣，他們也有通過儀式和其他標誌他們生命中最重要時刻的儀式。對外來者來說，那些儀式似乎是不理性的，但我們的認知演化並非是為了理性而演化的，而是讓我們的祖先能有效率地處理他們在環境中遇到種種問題。在每個人類文化中都發現到儀式，這是因為它們能幫助人類解決部分問題，並滿足了我們部分的基本人性需求。我們仰賴經過時間考驗的傳統和慣例，並不是因為它們具有邏輯，而是因為它們對我們來說是有用的。即使這些儀式慣例不能直接操縱我們的環境，仍能為我們本身帶來改變，而那些改變能對我們的世界造成真實而重要的影響。

# 4 黏著 Glue

儀式對我們而言是自然而然的。它在我們的童年時期就出現了，並伴隨我們一生，當我們最需要時，它總是可靠地湧現。儀式能夠安撫我們的焦慮，讓我們在混亂的社會中得到一種秩序感。然而，我們人類是社會性生物，我們的大多數儀式都有其脈絡。也正是在這樣的脈絡下，儀式的完整潛能才得以完全展現。

人類學家比塞爾（Megan Biesele）花了三年時間與喀拉哈里沙漠（Kalahari）的布希曼人（!Kung）一起生活。基因分析發現，這些採集狩獵者屬於具有最古老母系DNA的族群，這表示他們可能是全世界最古老的現存人口。人類學證據顯示，他們文化中的許多面向已有很長一段時間不曾改變，因此經常被認為是人類最早已知習俗的代表。那些風俗的核心是一個傳承數千年的儀式性舞蹈──在該地區發現的史前岩畫中就已有描繪該舞蹈的圖案。黎明時分，整個社群會集結在營火旁，女性會有韻律地唱歌拍手，男性則伴隨著響板聲圍成一圈開始跳舞，他們腿上戴著成串裝了種子或石頭的乾蠶蛹。他們會隨著音樂踏出小步，每隻腳會在地上踩兩下或三下再移動另一隻腳，偶爾會雙腳跳躍。經過一整個晚上，舞蹈節奏逐漸變得快速又激烈，直到每個人都加入，當中還有許多人進入恍惚出神的狀態。

這支舞蹈據說能夠驅逐惡靈，以及治療疾病和不幸。儘管族群中並未存在已知疾患，這個儀式還是每一到兩週就規律地舉辦一次。比塞爾論證該儀式的真正用意在於其社交功能：「族群中所有成員努力地親自參與這項活動，這一事實說明了儀式具有強烈的精神和情緒功效。這支舞蹈可能是布希曼人生活最重要的凝聚力量，以我們尚未完全理解的方式非常緊密地將人們凝結在一起。」[1]比塞爾並不孤單；長久以來，人類學家將集體儀式描述成將社會凝聚的黏著劑，然而這個黏著劑的運作方式一直是難以捉摸的。為什麼集體儀式有助於增進團體凝聚性？讓這個黏著劑運作的成分為何，而它們又是如何組成並發揮黏接的特性呢？

這種儀式黏著劑沒有單一配方——文化儀式是相異而繁雜的現象，以各種不同的方式運作；但這種變化性並非無窮無盡，其運作方式也不需要保持神祕。一些心理學機制提供了一組基本元素，每個習俗都能透過這些元素的結合，進而形成不同形式和程度的社會黏著力。為了要理解這些不同版本的配方，研究儀式的科學家採用了解構的方式，一次檢驗一個元素。[2]

〇

就其本質而言，儀式的因果關係並**不透明**：它們所涉及的特定行動，與它們所聲稱的終極目的之間沒有明顯的因果關聯。如同我們在之前看到的，許多儀式的目的也不再是焦點，並且儀式往往缺乏一個完全的外在目的——某種程度上來說，進行儀式本身就是目的。但即使儀式是已知的最終目的，我們依然無法根據該目的推斷或預測儀式的內容。一場淨化儀式可能需要灑水、撒鹽、塗抹泥土、焚香、吹風、搖鈴、念誦或無數的象徵行動；而對一名觀察者來說，並不清楚這些行動如何能帶來淨化。對局外人來說，行為、意圖和結果之間的落差通常令人迷惑、看似毫無意義甚至滑稽可笑。然而，雖然因果關係的不透明似乎是個漏洞，實際上它對儀式創造出特殊且具意義的經驗來說，卻是至關重要的。

不同於與特定因果關係存在關聯的普通行動，儀式並不受這類期待束縛。因此，它們的內在運作仍舊是個謎。關鍵的是，這並不是某些工具性行動所涉及的那種謎題——亦即當我們使用工具，比如按下搖控器開關打開電視、使用微波爐，或是使用搜尋引擎輸入某些關鍵字時，我們啟動了一連串事件，而我們對事件背後運作原理的瞭解可能十分有限。若被要求說明這些原理，我們可能會語焉不詳地說些光線進入相機鏡頭，訊號通過電線或無線電波傳輸，螢幕上的像素或電力進入電視機之類的話。然而，我們對於這類事情的瞭解可能非常膚淺，對我們來說，整個程序中的許多步驟完全是神祕的謎題。儘管如此，我們預期每個步驟都能以普通的機械原理執行並與行動的結果有關，這中間的關聯只要透過努力學習就可以理解。相反地，儀式行動和結果之間的連結基本上無法知曉；我們對這些事並不期待能得到解釋，比如為什麼蓋房子時在地基中埋隻公雞可能可以確保建築的穩定或其中居住者的繁榮興盛。沒有為什麼，它就是可以。

這種因果不透明的特殊性，對我們看待儀式行動的方式有一個重要影響。[3]一般來說，人類的感知系統會迅速而自動地分析並詮釋人們的行動，讓我們能夠對其目標和意圖進行本能性的推斷。[4]這項能力是我們的基本社交功能，因為它通常在輸入最少的情況下就能幫助我們理解他人的動機、預測他們的行為。比如當我看到瑪莉打開冰箱，拿出一些肉和蔬菜、開始備菜時，我不需要別人告訴我她餓了或是她準備要煮飯用餐；我可以從她正在做的事推斷出這一切。我也不需要關注她一連串動作的每個單獨動作，因為這許多動作在更大目標導向的脈絡中都能被預測到——為了讓下一步驟發生，流程中每一步都是必須的。儘管沒有觀察到流程中的所有動作，我們的大腦也能夠輕鬆腦補。舉例來說，我們預期瑪莉會先將洋蔥削皮再切碎，她會先清洗蔬菜再調味，而不是反過來。此外，只要能夠完成工作，她動作的細節並不重要：不論她切洋蔥時揮動刀子十次或十二次，或者她用左手或右手開冰箱，那都不重要。

相對地，透過這種方式想要解讀儀式的目標和意圖並不容易，由於儀式的各個步驟並沒有任何明顯的因果關係，因此我們的心智無法做出同類型的推斷。舉**希臘魔法系統**（Greek Magical Papyri）為例，那是希臘羅馬時代在埃及出產的一系列古文獻，每個文獻都記錄了當時的咒語和儀式清單。這些文獻其中有一份按照其序列編號取名為PGM IV. 3172-3208，記錄一個召喚夢境的指示。要達到目標，施行者必須按下列步驟進行：

> 在夕陽西下之前摘下三根蘆葦。夕陽西下後，舉起第一根蘆葦，面向東方，念誦三次：「**Maskelli Maskello Phnoukentabao Oreobazagra, Rhexikhthon, Ippokhton, Puripeganyx**」，再接著讀出字母表上的母音，然後是「**Lepetan Azarakhtharo：我選你所以你可能會為我帶來夢境**」這番詞語。舉起第二根蘆葦，面向南方，重覆同

> 樣的步驟，只是將最後一部分換成 **Throbeia** 這個字。舉起蘆葦，開始旋轉；面向北方，然後西方，然後重覆第二段的步驟三次。接著舉起第三根蘆葦，念誦同樣的詞語，添加上「**Ie Ie** 我為了這樣的事情選你」。每根蘆葦上都題刻了這樣的詞語：第一個蘆葦是 **Azarakhtharo**；第二根蘆葦是 **Throbeia**；第三根蘆葦是 **Ie Ie**。接著拿出一盞沒有被漆上紅色的燈，裝滿橄欖油；拿出一條乾淨的布條，寫下所有名字；對著油燈輕念這些詞語七次。油燈必須面對東方，旁邊放著香爐，香爐中點著未切割的乳香。接著用椰棗樹的纖維將蘆葦綁成一個三腳架，將油燈放在上頭。你的頭上必須要戴著橄欖枝編成的花環。

面對這組行動，根本不可能做出我們在面對工具性步驟時所做出的同類預測。除了對夢境的口頭召喚之外，這些程序中沒有一個行為為其目的提供了任何一點線索。選擇使用蘆葦而非石頭，選擇使用非紅色的油燈而不是金質高腳杯，這些都沒有明顯可見的理由。此外，關於這些行動的順序，並沒有可辨別的邏輯：如果我們看到施行者舉著蘆葦旋轉，我們無法推斷這動作之前是在念誦程序詞，或是之後應該要接著是轉向北方。最後，因為我們不知道它們的內在運作邏輯，我們並不期待特定行動能夠以任何方式被替代或改變。咒語必須要被念三次，不是四次，也不是兩次。

確實，實驗顯示，儀式行動和普通行動被處理的方式不一樣。觀察非工具性（儀式性）行為時，每一個步驟都要當成獨特的行動來對待，而非作為前一個行動的邏輯性必然結果。關於知覺的研究顯示，當人們面對儀式性行為時，他們事實上看到的是許多不同的動作在進行。[5]雖然在料理的情境下，切菜可能被認為是單一事件，但在印度教祈禱儀式情境下切水果的動作，可能會被視為一系列不同的行動。舉例來說，刀子必須來回移動七次。因此，儀式引起的注意更多，也會以更詳盡的細節被描述。[6]換句話說，與普通行動相比，儀式行動本能上會被認為是**特別的**。

這點被卡皮塔尼（Rohan Kapitány）和尼爾森（Mark Nielsen）兩人展示出來，他們檢驗了人們如何評斷不同行動的重要性。[7]兩名研究者讓四百七十四名受試者觀看一名男子往杯裡倒飲料的不同影片。在其中一個影片版本中，男子的行動看似平常：拿起杯子，用布將杯子擦乾淨並倒飲料，然後察看杯子再把它放到桌上。在另一版本中，整件事被儀式化。雖然男子本質上操作的是同樣的任務，使用了幾乎一模一樣的動作，但部分動作被調整為因果關係不透明的行動：在拿起杯子後，他用布在杯子上揮舞而不碰觸到杯子，在倒飲料之前將飲料高舉，而在把杯子放到桌上前還向杯子鞠了個躬。

當研究者詢問受試者這兩杯飲料的物理特質是否一樣時，他們壓倒性地同意這兩杯飲料沒什麼不同。儘管如此，當被問到是否其中一杯是特別的時，他們都指向那杯以儀式化方式倒的飲料。這一點也不令人驚訝。我們生活中最重要的場合都伴隨著儀式，因此可以很自然地推斷，當儀式進行時，某個有價值的事物也隨之被標舉出來。果真，當被問及他們更願意喝哪杯飲料時，選擇那杯特殊飲料的受試者有三倍之多。就算人們說那些行動並未改變原物件，中間還是發生了一個重要改變：他們對於行動的覺知改變了，而這點反過來改變了他們對待該物件的方式。這些效應甚至在當研究者明確地將那些行為描述成儀式時變得更加強烈；當被告知這些手勢是一個在某個遠方地區，像是在加彭、斐濟或厄瓜多進行的傳統儀式之一部分時，受試者選擇特殊飲料的可能性為兩倍高。

卡皮塔尼和尼爾森的發現，強調了儀式的心理和社交效應間的一個重要連結。兒童發展研究顯示，從年紀很小的時候開始，人類就擅長學習工具性技能和文化慣例，這多虧了我們追求資訊的兩種不同策略的能力。心理學家將這兩種學習機制分別稱為工具性觀點和儀式性觀點。[8]使用工具性觀點，是讓我們識別並詮釋仰賴物理的因果關係，以達到諸如使用拖把把地清理乾淨、煮飯前切菜，或是一起合作建一艘船等特定目標的行動。另一方面，儀式性觀點讓我們識別並吸收文化慣例，像是焚香淨化房間、切水果獻供，或是聚集在一起進行集體祈禱。

慣例行為因果關係不透明的本質，顯示了這些行為是規範性的，具有社交上的意義。[9]我們本能地預期進行相同普通行動的人擁有同樣的目標：當一群人一起建造一艘漁船，可能是因為每一個人都擁有渴望捕魚這個單一目標。他們的行動僅是達到那個目的的手段。但當行動本身是目的的時，例如一群人共同建造一個儀式火堆時，可能是因為他們被同樣的文化規範和價值聯繫在一起。

心理學實驗記錄了幼兒的儀式性觀點。在一項研究中，十六個月大的孩童觀看兩個人一起進行儀式性行動的影片。那些行動包括了因果關係不透明的程序，像是將一個盒子在桌面上來回移動，一邊反覆用頭和手肘觸碰盒子一邊說「哦！」。影片中，有一半的時間裡，這兩個人在進行儀式後的相處似乎很愉快，也會對對方微笑；而在影片的另一半時間裡，這兩人似乎彼此帶有敵意，背對背站立，雙手交叉在胸前，皺著眉頭。研究者追蹤孩童的視線來判斷他們對影片的反應，這在兒童發展研究中是個常見的方法，因為兒童在看到意料之外或令人感到驚訝的東西時，觀看的時間會較久。最終發現，孩童預期那些進行同樣儀式的人（而不是那些進行不同儀式的人）在社交上是有關聯的，當這些人於影片中看起來處於社交孤立狀態時，兒童會感到驚訝，並盯著他們看得更久。[10]

如同我們在第二章所見的，兒童是傑出的模仿者。在澳洲、美國和南非的採集狩獵者社群中進行的發展性研究顯示，相較於進行工具性行動，兒童更願意模仿他們團體的儀式性行動，做得也更準確。[11]特別是在當被模仿的那些行動的目的不是焦點時，更是如此——也就是說，當他們缺乏一個明確目的時，模仿得更為準確。[12]兒童也期待其他人準確地進行規範性行動，當其他人沒有這樣做時會強烈地抗議。[13]出於某種原因，似乎我們在認知上以及文化上，已準備好採納那些我們周圍的儀式。[14]但為什麼會這樣呢？

當印度教徒參加儀式時，他們可能會接受**蒂拉克**（tilak 或 tilaka），一個在前額點上的標記，由祭火的灰燼、朱砂或其他粉末製成。對熟知背景的人來說，某人額上特定形式的蒂拉克，可能表示他們與特定印度教派或甚至是特定神廟的隸屬關係。同樣地，部分基督教教派的成員會在他們額上用灰塗上十字架的形狀，用以標誌大齋期的開始以及與復活節有關的儀式。其他儀式則包括了永久性的標誌物。舉例來說，當巴布亞紐幾內亞強布里（Chambri）的男性成年時，他們會用竹刀割自己的皮膚，企圖留下與鱷魚皮相似的疤痕。分享並炫耀這些象徵性的標誌物，不但讓參與者表達了他們的團體認同，事實上也主動形塑了團體認同，這多虧儀式利用了我們部分最基本的社交傾向。

社會心理學家泰弗爾（Henri Tajfel）對於人類可以有多麼看重群體再清楚不過了。在二戰期間，他以志願者身分加入法國軍隊，遭到納粹俘虜。他因為法語講得很流利，成功隱藏了他猶太裔波蘭人的身分，他因此被當成法國人而逃過一劫活了下來，但當他回到法國時，他發現他所有家人都在大屠殺中被殺害。曾是一名化學學生的他，受到這個經驗的影響轉而研究心理學，將他研究的重心放在偏見的研究上。

泰弗爾知道作為個人，形塑我們身分的一個核心是由我們所屬的各個社會團體所界定。身為這些團體成員的身分，在塑造我們個人認同和自我形象上扮演了十分重要的角色。然而，比起關注在團體中的個體上，泰弗爾認為研究個體與團體的關聯更為有趣。他的概念是：個體是一個團體的其中一部分，無論這團體有多微不足道。一九七〇年代早期，他開展了一項研究計畫，目標在於測試這種內建的歸屬需求的界線。他想要建立出足以引發歸屬感的最小條件。出於這個原因，這套方法被稱為**最小團體研究典範**（minimal group paradigm）。

有些團體的成員之間有著有意義的相似性。籃球隊的球員可能擁有類似的技能、體格和目標；日本人民可能分享著類似的文化和基因；而一群素食者可能不只在飲食偏好上相似，在他們生活的其他層面上也是如此。但若是由一點同質性都沒有的成員組成的團體呢？擁有紫色襯衫的人群？名字以字母E開頭的人？或是那些在四月二十一日出生的人？在那些人的想法裡，要產生團體這樣的概念需要些什麼？最終發現，需要的不多。

在一系列實驗中，泰弗爾和他的同事發現，即使是最隨機的團體標誌物，可能就足以讓人們感受到相較於局外人，他們與團體中其他成員有更多的共同之處。在一項研究中，他們給兒童看克利（Paul Klee）和康丁斯基（Wassily Kandinsky）創作的作品，讓他們選出自己最喜歡的作品。這兩名藝術家的風格大體相似，但受試兒童對他們的作品並不熟悉。在兒童做出選擇後，他們被分成兩組——康丁斯基組和克利組。事實上，分組是由實驗者隨機進行，與他們的美學偏好沒有任何關聯（畢竟，這些兒童並不知道那些作品是哪個藝術家畫的）。接著，當兒童被要求給予其他受試者金錢獎勵時，他們偏好把錢給跟自己同組的成員而非另一組的人。根據其他無意義特徵將人們分組時，也取得了類似結果：在螢幕上看見更多圓點的人相對於看見更少圓點的人；穿同樣顏色襯衫的人；甚至是根據擲硬幣而被分配到特定一組的人。這所有研究都引向同一結論：要感到附屬於一個團體的最低要求就是團體本身的存在。[15]

人類對團體認同的所需條件如此之低，是因為作為非常熱衷於社交的動物，我們嵌入在多重社交網絡中，仰賴這些網絡支持我們的生存和幸福。其中一些網絡定義狹窄，其成員很容易辨別；我們認識我們的親戚是因為我們和他們一起長大，因為我們使用特殊的親屬稱謂來稱呼他們，也因為其他家庭成員向我們確認他們與我們有關係。同樣地，我們認識我們的朋友，是因為我們花時間和他們相處，我們也有共同的興趣。但我們有部分的社會網絡覆蓋範圍非常廣，以致我們不知道這個網絡的全部成員，如我們的國家、我們的種族團體，或是那些與我們有同樣宗教或政治傾向的人。儘管如此，辨識那些成員是至關重要的。

地理學家戴蒙（Jared Diamond）在他的著作《昨日世界》（*The World Until Yesterday*）中解

釋了在某些案例中，認出團體成員如何成為一件攸關生死的事。在他進行田野工作的新幾內亞，許多當地族群和村落因有共同祖先而有所聯繫，無論其先祖是真實存在的還是只存在於傳說中，他們卻因為這個聯繫而形成大型部落中的不同團體。敵對部落會進行永不止息的戰事，所以偶然與陌生人相遇，除非能建立起彼此間的某種部落連結，不然就有可能出人命。通常，互不相識的兩人若在森林相遇，他們會花上好幾小時列出他們所有的親戚，並向對方解釋他們與那些人的關係，這是為了要找到彼此共同的祖先，藉此避免流血事件。

就算沒有部落戰事，屬於同一族群的人也會優先希望與同伴進行交易、聯繫和合作。在缺乏對特定個體實際瞭解和直接資訊的情況下，識別共通性的最佳方式就是透過他們的外表和行為，這個策略被稱為**表型匹配**（phenotypic matching）：與其他擁有複雜社會結構的動物類似，以個體與自己所屬群體的相似性為基礎，人類已演化出辨認相關個人的機制。這是一個非常有用的方法，因為基因型和表現型特徵往往相互關聯：那些在基因組成（他們的基因型）上相似的人，在可觀察到的特徵上往往也更相似，像是他們的外表和行為（他們的表現型）。因此，比起跟你看起來截然不同的人，認為一個看起來跟你很像的人更可能與你有關係，通常是合理的。

研究顯示，在我們決定要與誰互動以及如何互動時，我們經常利用這類提示。舉例來說，父母，特別是父親，往往會偏心長得跟他們更像的孩子。就算是陌生人，當他的面部特徵與自己更相像時，人們會對他們更有善意，也更願意幫助他們，即使這些人與自己並不相干。[16]這個表型匹配也延伸到象徵性的相似上；在模里西斯進行的一項實驗中，我們發現，當陌生人穿戴著與團體成員相符的象徵性標誌物時，人們會更信任那些匿名陌生人。舉例來說，當基督徒看見其他基督徒戴著十字架，或是印度教徒看到其他印度教徒額上點了蒂拉克紅點時，他們會認為那些陌生人更可以信任，並在一項經濟遊戲的實驗中給他們更多錢[17]。相反地，當他們看到團體中的成員戴著團體以外的象徵物，像是印度教徒戴著十字架，他們會對他們較不信任。

雖然我們不是唯一採用表型匹配來辨別潛在盟友的動物，然而，人類文化無與倫比的豐富程度，讓這個策略能以獨特方式延伸擴展。每一個人類社會都有獨特的表達形式，從語言和口音到著裝要求和化妝方式，再到藝術，以及想當然爾，儀式。因為這些表達在文化上都是獨特的，於是成了團體歸屬非常有用的指標：所有團體都會集體聚餐，但我們的團體可能在分享食物之間會念誦一段特定誦詞。每個人都專注於清潔，但我們的團體因為使用藍漆來確保純潔而脫穎而出。雖然這些提示有無限的變更方式，不過儀式之所以是獨特而強大的標記物，不只因為涉及抽象符號，還涉及了行為中的具體象徵。儀式因此提供了關於人類**行為**類型的線索，提示那些在某個領域有相似行動的人，也可能在其他方面有著關鍵的相似性。[18]

你是否曾疑惑，為何每個軍隊中的士兵都要花那麼多時間行軍（也就是單純地行進）？在古代，行軍操練是為了讓軍隊練習戰場上需使用的戰術部署。但在由長程投射武器稱霸的現代化戰爭中，一大群人組成隊形在曠野上行進，簡直就像是自殺任務。此外，就連空軍之類並不進行地面作戰的軍事部門也定期練習行軍。那麼，為什麼這個世界上最先進的軍隊持續使用這個古老的訓練體系呢？歷史學家麥克尼爾（William H. McNeill）在他一九九五年的著作《舞蹈、軍事操練與人類歷史》（*Keeping Together in Tim*）中提出了針對這謎題的答案：進行一致的節奏性活動能創造出士兵間的連結感。

麥克尼爾並不是這個話題的局外人。他是二戰退伍軍人，曾加入美國軍隊，在炮兵部隊服役三年。在他於德州接受基礎訓練時，他經常因為缺乏實戰訓練而感到挫折。他所屬營區設備短缺，僅有一架高射炮，而且還是壞的。在沒有其他事可做的情況下，軍官命令他們行軍好幾個小時，行軍本身變成目的，由傳統所主導，而非因為這個行動的必要性。「很難想像得出比這更無用的操練了，」麥克尼爾寫道。然而，他很快就理解到，儘管這項練習看似無用，士兵們卻不介意步調一致地昂首闊步。他也不介意。事實上，他描述這個儀式的節奏帶來一種興奮感，以及一種所有參與者共享的個人擴張感。「顯然，某種發自內心的東西在起作用；某種我後來總結為遠比語言古老，且在人類歷史上至關重要的東西在起作用。因之而起的情感，建構了社會凝聚力無限擴展的基礎，對任何聚集在一起、一起移動他們的大肌肉，以及有節奏地念誦、歌唱或高聲呼喊的群體而言都是如此。」麥克尼爾將這種內心感受稱為「血肉相連」，這是一種能讓各種類型的個體感覺到他們像是一個團體的情緒反應：那些一起移動的人產生了親密連結。早在現代軍隊以及其他正式機構形成很久之前，我們的祖先便使用行軍、音樂、舞蹈和儀式作為社會團結的基礎；而如今，我們使用各種社會技術*凝聚我們的社會。

近年來，不同領域的研究者為麥克尼爾的主張提供了不少支持。許多研究顯示，動作的協調增加了人際之間的和睦，促進親密關係的形成。在一項實驗中，史丹福教授威爾特姆斯（Scott Wiltermuth）和希斯（Chip Heath）發起了一系列校園內的團體散步活動。半數組別步伐一致地行走，而另一半則隨意行進。研究者發現，那些同步行進的人回報與他們同組的人有更深的連結，更信任他們，也更能合作。[19]其他研究則顯示，進行同步活動如念誦或舞蹈，甚至像是以同樣節奏彈手指這樣微不足道的任務，都能產生類似的結果。[20]

在一項於捷克進行的實驗室實驗中，同事和我探討了可能造成這些效應的部分機制。我們將一百二十四名受試者隨機分成三組，要求他們響應一段鼓聲節奏，做出一段已做編排的手部動作。[21]分在第一組的受試者單獨進行這項任務，另外兩組的受試者則與一名在另一個房間進行影片直播（又或者，他們只是被這樣告知）的夥伴搭配；事實上，那名「夥伴」是名被訓練來表演這段動作的演員，所謂的直播影片也不是直播而是預錄。這讓我們引入兩種配對方式間的差異：在其中一組中（我們稱為「高同步」條件），演員以穩定速度做出動作，不犯任何錯誤，更準確追蹤了受試者的動作。在另一組中（「低同步」條件），動作是失真的，演員對節奏的反應通常延遲或不同步，有時還會做出錯誤動作。你可以將這想像成和某個節奏感很差、有時還會忘記步伐的人一起跳騷莎舞。為了保險起見，我們使用動作感測器確認後，發現高同步條件配對的動作真比那些低同步配對中的動作更同步——實際上也真的是如此。

每進行一段實驗後，我們就用痛覺計這項記錄個人疼痛閾值的設備，對使用者施加機械性壓力直到他們感到疼痛為止。我們發現，高同步組中的人耐痛度更強，並且儀器顯示出他們身體的內啡呔／腦內啡分泌增加了。那些神經激素是內生性類鴉片系統的一部分，而該系統在調節行為動機上扮演重要角色，透過提升心情、減少不適和焦慮、增進自我尊嚴以及減緩疼痛來達到目的。另一個關鍵重點是，內啡呔也與社會親密關係的形成有關。當我們在其他人身邊時，內啡肽會創造出安全感、信任感以及融洽感，這就是為什麼進行最親密的人際互動時，包括身體接觸、性、玩笑打鬧、講八卦，內啡呔會急遽上升的原因。還有，在我們猿類親戚進行梳毛行為時，也是如此。[22]

不出所料，這些神經學上的差異與社交成果有關。高同步組感覺與他們的互動夥伴更加連結，也認為他們與夥伴之間有更多共同處；他們認為他們的互動更成功，相互合作的部分更多；他們回報更願意與他們的夥伴在未來的任務中合作。這些觀點也反映在他們的行為上；我們使用所謂的信任遊戲，讓受試者處於一個情境中，在這情境中，受試者必須決定是否信任另一人，將自己擁有的錢交給對方，並期待他們會有所回報。從實際意義上來看，這項任務能讓我們看到他們是否用行動來證實自己說的話，而他們確實如此：高同步組更為信任夥伴。比起其他兩組，在經濟遊戲中給予夥伴的錢多出三〇%。研究顯示了同步性在生物學、心理學，以及最重要的，行為層面都有著深刻影響。

由於我們的社交本能，我們有變得與他人行動協調同步的本能，特別是那些與我們親

* 譯注：社會技術是指各種改善社會關係和合作的方法和工具，包括溝通技巧、團隊建設、領導力發展等，能提升個人和組織的效能和效率。

近之人。[23]當我們觀察那些會模仿彼此行為的人們時，我們往往期待他們之間有某種社交連結。[24]朋友們會同時微笑和大笑，而敵人則可能會以皺眉回應他們競爭者的微笑。同一隊的球員可能會往同方向移動，而他們的對手則會試圖走向相反方向。我們的大腦如此擅於辨別那些情感和合作模式，以致它將那些推斷延伸到我們自己的行為上。當我們和其他人一樣行動時，我們認為我們自己和他們更為相似，也因此我們會更喜歡他們。這就是舞蹈、音樂、吟唱以及同時移動，會在集體儀式中如此常見的原因。

在每個社會中，儀式都是兒童常見的社交方式，而我們現在對它如何在兒童群體中運作，已有一些實驗性洞見，非常耐人尋味。德州大學心理學家文妮可（Nicole Wen）、赫曼（Patricia Herrmann）和勒加爾（Cristine Legare）將七十一名兒童隨機分組，分別給他們不同的徽章來灌輸他們團體意識。[25]在為期兩週的時間中，每組見面六次，在會面上會進行一個項鍊串珠活動。對其中半數的組別來說，這項活動是以儀式的形式呈現的：程序包括數個照本宣科、累贅的步驟，像是用珠子碰觸額頭、拍手以及使用特定色彩排列。另外半數作為控制組的人，僅被告知要製作某種項鍊，只需拿起珠子開始串就好了。儀式組和控制組都被告知說這是一種特殊的遊戲方式：「是這個小組的玩法！」但是當研究者探究受試兒童對於自己小組的歸屬感時，他們發現，相較於沒在儀式情況下進行同樣活動的兒童，那些用儀式化方式進行項鍊串珠的兒童，感覺到更強的團體內情感。特別那些儀式組中的人更不願意放下小組的徽章，也更可能選擇同組成員作為其他任務的夥伴。在相同基礎上進行的進一步實驗發現，參與團體儀式的兒童面對外來者會更小心翼翼，也更會去監測他們的行為。[26]

這揭露了一個關鍵點：當涉及建立團體歸屬感時，集體儀式包括了部分古老的技巧，像是使用象徵性團體標誌和行為的一致性。那些元素在社交生活的不同領域中似乎無處不在；運動員、消防員、護士和學童穿著同樣制服並互相配合，以達成他們的集體目標。這樣的情況促進了團體認同感和凝聚力。儀式並非達成團體歸屬感的唯一途徑，但由於它們在因果關係上的不透明性、象徵性以及形式化的特徵，儀式的團體凝聚效力超越了其他機制，以單純的工具性行動無法達成的方式強化了團體歸屬感。儀式是終極的最小團體典範。

儘管如此，最小團體僅僅是最小。戴上同樣徽章可能提供了一種相似性和歸屬感，但在缺少額外強化的情況下，這個連繫將不足以促進團體成員間的延伸合作。

話說回來，儀式的力量才剛剛開始。

○

道頓（Denis Dutton）是一名美國哲學家，因對藝術特有的煽動性觀點而聞名。他認為所有人類對藝術都有本能的鑑賞力，因而批判菁英主義的和炫耀式的表達形式。作為期刊《哲學與文學》（*Philosophy and Literature*）編輯，他創辦了「糟糕文學獎」，頒獎給矯揉造作學者所寫出，風格最糟糕、意義看似最深遠的廢文。一九八四年，他搬到紐西蘭並在坎特伯里大學（University of Canterbury）任教。在那裡，他發展出對大洋洲藝術的迷戀，特別是鄰近新幾內亞的部落雕刻作品。在閱讀了歐洲藝術史學者對這些工藝品的描述和分析後，他開始好奇他們的評價和那些實際製作出這些物件的人會做出的評價有什麼差異，因此他前往新幾內亞，在塞皮克河畔（Sepik River）一個名為 Yentchenmangua 的小村落進行民族誌研究。這個村落的雕刻文化仍然蓬勃發展。

道頓大多數夜晚都待在 Yentchenmangua 的男人屋裡社交。所謂的男人屋是一個大型公共草屋，是讓部落社群的男性聚在一起討論重要事務以及進行儀式的地方。一晚，他注意到團體的情緒低落，每個人似乎都心事重重。他詢問發生了什麼事。主人解釋說，鄰近地區的某些村落偶然間接待了觀光客，這為該地微薄的收入提供了令人歡喜的補貼來源。但沒人來參觀 Yentchenmangua，所以大家才這麼沮喪。他們可以做些什麼來吸引更多遊客呢？在一番討論後，他們轉向道頓，詢問他是否有對這議題有所幫助的任何想法。

在無法想出其他辦法的情況下，道頓將他腦海中想到的第一件事說了出來。他記得他曾在紐西蘭見證過一起由當地很擅長帶動氣氛的訓練員所進行的活動。「我不知道。你們何不試試……踏火？」他開玩笑地說。「你說什麼？」當地人好奇地問。他再度解釋：「點燃一堆大火，然後光腳踏過去。這一定會得到觀光客的注意！」他預期那群男人會對這個提議一笑置之，而笑聲會驅散夜裡別樣低沉的氣氛。但讓他感到驚愕的是，那群村民相當感興趣。事實上，每個人似乎都認為這是一個絕佳的主意。「你可以教教我們嗎？」他們眼睛睜得大大地問道。道頓此刻才理解到他可能說得有點過頭了。「嗯……可能吧。我們再看看。」他說著，期待轉移話題。但已經太遲了。「好的，那麼明天吧！」那群男人決定。

隔天一早，整村人都聚在了一起，圍成圓圈將他包圍住，等著他教學。

作為一名懷疑論者，道頓經常談到，與紐西蘭靈療者聲稱的相反，踏火有其物理上的解釋：煤炭是不良的熱導體，這表示與金屬等物相比，碰觸到煤炭時，熱傳導到皮膚的時間要更長一些，因此走在燃燒的煤塊上而不被燙傷是可能的。但理論是一件事，親身走在火上是另一件事。此外，他見過的踏火儀式太多，他知道這些活動經常會造成嚴重的傷害。當他幫助當地團體準備柴堆還有鋪煤時，還有當他本人帶著一群人踏火時，他害怕得要命。這真的可能會成功嗎？如果有人受傷了怎麼辦？如果**他**受傷了怎麼辦？

儘管他已經設想了最糟的狀況，但每件事都順利進行，沒有人受重傷。這次踏火被認為是一大成功，而且這起儀式的消息很快就傳遍了該區域。下一次踏火儀式舉行時，鄰近村落的人也來參訪觀看。當地人不允許其他村落的人參加，一結束馬上就用水撲滅火焰，免得外來者企圖模仿他們的操作。現在這是**他們的**儀式了。

到了要回家的時候，道頓問了 Yentchenmangua 的居民：「那麼，如果未來有人類學家拜訪你們的村莊，探尋踏火儀式的由來，該怎麼辦？你們會怎麼說？」「哦，簡單，」他們回答。「我們會說我們一直都是這樣做的。我們的父親這樣做，而在之前，他們的父親也是，終歸是我們的祖先向一名白人神明學習的。」

當地居民顯然瞭解，文化儀式的權威性來自傳統。這點很特別，因為不是所有古老的東西都被認為是比較好的。如果我告訴你我的手機已用了二十年，你不會做出它必定是台非常好的手機的結論。對某些事物來說，老舊不變代表著過時和被淘汰的。但是與電子用品不同，文化技術*是經過時間考驗的；一個從遠古就存在的儀式已被無數世代施行，證明了這個儀式對每一代人都大有裨益。與好酒一樣，這些習俗只會隨著時間推移而改善，這就是參與者經常堅稱他們的儀式未曾改變也不會改變的原因——就算它們經歷了更正和調整也是一樣。在每一個我研究過的社群裡，人們都告訴我，他們的習俗是世代傳承、未經改變的。即使我提出儀式的這一個或那一個部分是不同的，人們也會輕易忽視它，並認為那是罕見且不顯著的例外。「沒錯，我們過去用水牛獻祭，而現在我們用羊隻獻祭，但那僅是因為現在這附近沒有水牛了。」我在希臘時，有名女性如此告訴我。這種持續性非常重要，按照一貫的方式進行儀式，讓我們成為某種超越自己存在，不僅超越自己，也超越了整個社會，將我們與一個超越時空的社群連結在一起。

雖然這種團體成員的超越性可以透過文字傳達，但透過共同儀式的參與可以從更深層次感受到這個面向。這就是馬斯洛（Abraham Maslow）理解到的。馬斯洛是一名美國心理學家，他最出名的是動機理論，根據他稱之為人類「需求階層」的東西而來。他將這個階層以金字塔形呈現，最基礎的需求，包括食物、水、空氣、睡眠、性，位在金字塔最底端，代表我們物種生存所需的最基本需求。在更高的層次上，人們追求的是物質安全、安全感、愛、家庭、社會連結、他人的尊重以及自尊等人們會尋求的事物。當我們能夠充分回應這些需求時，我們會感到滿足。然而，要過上真正滿足的人生（以馬斯洛的話來說，是要達到自我實現），我們還需要滿足更高層次的需求。在金字塔上層，則包括某些崇高的追求，像是藝術、音樂、體育、教養子女、創造力等，往往是我們認為具有深刻意義的事物。至於在三角形上層的最頂端，馬斯洛放置的是人類對於超越的追求。在他的一次演講中，他提到自己開始理解儀式在實現那些超越性需求方面的作用。

身為大學教授，馬斯洛常會避開儀式性聚會，因為他覺得那純粹是浪費時間。但當他成為自己系上的系主任時，他開始必須參加年度畢業典禮——穿著教授袍，被同事和學生環繞，在這種充滿莊嚴和象徵意義的狀態中，他開始以新的眼光看待儀式，並體會到他是一支無止盡學者隊伍中的一員。參加馬斯洛那場演講的社會學家貝拉（Robert Bellah）以他自己的話語記錄說：「在這個隊列的很遠很遠處，在最開端，是蘇格拉底站在那兒……接著是史賓諾沙。就在他前頭的是佛洛伊德，接著是他自己的導師和他本人。在他之後無限延伸的，是他的學生和他學生的學生，雖然尚未出生，但可以預期一代會接著一代。」[27]

後來，貝拉回憶起馬斯洛的經驗如何讓他領會到大學的「真實本質」，是作為一個超越時空的神聖學習社群。

真正的大學既不是面對消費者社會的知識量販店，也不是階級鬥爭的工具，雖說實際的大學都涵括了這兩者。但如果大學不具有超越務實考量的基礎象徵性指標，並

---

＊　譯注：文化技術是指傳遞價值觀、社會規範和身分認同的方式，例如儀式、習俗、傳統等。它們在社會中發揮了強大的凝聚力和認同感，並且經過時間考驗的傳統和習慣具有權威和價值。

且與實務考量之間存在著不平衡的緊張關係，那麼它就失去它存在的意義了。[28]

雖然一般來說，傳統被認為很重要，但儀式有其特殊地位。在由柏克萊大學的史坦（Daniel Stein）所主持的一系列研究中，一群研究者檢驗了當傳統被改變時，人們會如何反應。[29]他們發現這類改變會引起道德上的憤怒，因為這被認為是對神聖團體價值的冒犯。舉例來說，兄弟會成員表示，對於說出信條或念出創辦者姓名之類團體價值的忽略是錯誤的，他們會對忽略這些的新成員表達憤怒和感到失望。另一方面，面對違背較不儀式性的傳統，像是錯過註冊日或是學習時間等，反而沒那麼生氣。當他們在依照其儀式化程度來為這些活動進行評分時（舉例來說，活動的重覆、累贅和嚴格不變程度多少），研究者發現評分與受試者的道德判斷相對應：活動越儀式化，當它被忽視或省略時，越容易導致人們生氣。

在另一項研究中，研究者詢問美國人對於更動國定假日日期的感受。受試者被告知去想像政府決定「將該假日的慶祝活動提早一週」。這並非前所未聞的事，一九三九年小羅斯福總統頒布總統公告，將感恩節提前一週，好讓消費者在延長的聖誕消費季中花更多錢。這引起一片嘩然。多數美國人強烈反對這項被稱為 Franksgiving 的改變，許多州甚至拒絕執行這項命令。也因此，這項研究的受試者對於改變國定假日的提議表達了類似的譴責，一點也不令人驚訝。但不是所有假日都是平等的。不論是與宗教相關或是一般國定假日，只要是與儀式有關（舉例來說，像是聖誕節、感恩節和新年）的更動，所引起的憤怒是較不儀式化假日（比如哥倫布日、勞動節或喬治華盛頓誕辰）的兩倍之多。人們並不僅僅認為這些改變很擾民或不便，而是認為這在道德上極為惡劣。進一步研究和測量顯示，就算是微小改變，像是改變聖餐食物的單一成分，就足以引起譴責，甚至會讓人們因為團體成員無法維護團體儀式傳統，而產生想對他們進行懲罰的動機。

儀式透過使用團體成員的象徵性標誌、喚起連續性概念、協調想法和行動，以及創造具有意義的經驗，讓人產生了團結的感覺，能夠將個體轉化成社群。但由於這些感受會與特定行動和事件綁在一起，它們的效果可能是短暫的。光憑這些，可能還不足以形成能確保強大且持續連結的社會凝聚力。要創造那些連結，儀式還需要有額外的機制。

二〇一一年，心理學家亞特金森（Quentin Atkinson）和人類學家懷特豪斯（Harvey Whitehouse）細查了人類學紀錄，以檢驗全世界各種類型的儀式背後的模式。他們使用了位在耶魯大學的全世界最大民族誌檔案庫——人類關係區域檔案（Human Relations Area Files，HRAF），為來自七十四個文化、六百四十五個儀式編纂了系統性的數據。這些檔案包含了範圍廣泛的儀式操作，從非洲阿贊德人（Azande）的占卜儀式，到北美洲黑腳部落血腥的成年儀式。[30]然而更仔細地檢視後，揭示了這種分歧性並非無邊無際的。事實證明，全世界的儀式大多主要仰賴於兩種基礎策略中的一個，來增加它們的效用。

其一，儀式以高頻率進行——每月一次、每週一次甚至一天數次。這些儀式一般而言並不特別或刺激。其二，儀式進行的頻率較低但在情緒上密集豐富（一年一次，一個世代一次或甚至一生一次）。[31]這似乎是儀式的兩個極端相反的文化吸引力：一個以重覆為中心，另一者仰賴刺激。雖然每天都有新的儀式誕生，但大多很快就被遺忘。然而那些存活得夠久足以成為習俗的儀式，往往是這兩組當中的一個。[32]

這個分布與懷特豪斯描述為集體儀式兩種基本模式的說法一致。他所稱的兩種基本模式是**信條的**（doctrinal）和**意象的**（imagistic）。每種儀式模式分別製造出截然不同的經驗，並為社會凝聚提供了一條獨特的路徑。

要確保連結的持久力，方式之一是透過經常性地應用社會凝聚劑，這能夠填補任何裂痕，而每疊加新的一層，都有助於這個連結的強化。無論是基督徒的主日彌撒，穆斯林的週五祈禱或是猶太人的安息日，所有主要宗教都明確規定出定期的集體崇拜。而定期舉行儀式的做法同樣適用於世俗世界；在美國，大多數學童的一天都從朗讀「宣誓效忠」（Pledge of Allegiance）開始，而體育活動的開場都會先唱國歌。在軍隊裡，士兵每天都以升降旗典禮開始和結束一天。而許多公司會舉辦一週結束的紀念活動，像是週五酒吧日。這些都屬於懷特豪斯所謂的信條式儀式。這種慣例對於強調共同身分和意識型態一致的團體來說尤為重要。集體象徵（十字架、旗幟、企業標誌或公司紀念品）的規律展示，則作為相似性和一致性的反覆提醒，有助於鞏固群體的社會身分。定期舉行團體習俗和重述團體信念讓成員內化了團體慣例，並確保團體的核心價值將被忠實地記憶和傳播。

甚至，這類重覆的儀式讓辨識真正的成員，並發現背離正統的行為也變得容易。儀式行動的特徵是嚴格不變，必須以極度的準確性進行。因此，進行一項繁複儀式的知識只能透過重覆執行而來。由於經常執行，那些儀式動作成了經驗豐富的參與者的第二本能，他們幾乎能自動地執行儀式。而這些動作對於可以被輕易辨認出來的外來者來說，仍然是神祕難解的。光是跟著他人的引導和示範並不夠。如果你第一次參加異國文化的宗教儀式，你可能會對你應該如何行動感到迷失。你周圍的每個人都能輕鬆不費力地進行動作，明確地知道該坐在哪裡，何時該屈膝、起身、鞠躬或吟唱，如何與其他成員互動，以及儀式每一段落何時開始何時結束。如果這種狀況曾經發生在你身上，可能會讓你感到不舒服，因為很明顯地對現場每個人來說，你並不屬於那裡。而那在某種程度上就是重點。

加強儀式黏著力的另一種更強烈的方式是引入催化劑，一種能與其他成分相互作用而強化儀式的能量，因此能產生更堅實、緊固效果的催化劑——即所謂的超級黏著劑。藉此，部分儀式不需仰賴高頻率地舉行，而是仰賴宏偉的排場和強度，以在其實行者間產生刺激感和重要性。[33]

舉英國國會開幕大典為例，這是一年一度標誌每年英國國會會期開始的儀式。在這個繁複的儀式典禮中，包括了女王乘坐金馬車離開白金漢宮，並在皇家近衛騎兵的護送下抵達位於西敏寺的上議院。女王的皇冠則搭乘自己的馬車，由不同批馬運送。它被放在一個軟墊上，與一把古劍和一頂帽子一起交託給世襲的國家官員。威爾斯親王則透過單獨的隊伍抵達，女王的兩根黃金權杖也是。數百名官員穿著鮮豔，一整日站立並行進，偶爾還鞠躬。在那些官員按照程序一一揮舞無數白杖、黑杖、銀劍和金權杖後，女王穿著皇家禮服現身。這套服裝包括了國家禮袍，一件五．四公尺長的紅色天鵝絨斗篷，尾端由四名兒童捧著，上頭裝飾的珠寶預估價值超過五十億英鎊。女王在黃金高台上就位，接受身著儀式禮服的上議院成員和炫耀著假髮的最高法院法官的歡迎。她的演講稿被放在特製絲袋中，由御前大臣跪著呈上。在這場演講結束後，國會成員才能開始討論公共議題。

並不只有國家級儀式才如此壯麗輝煌。在我們的個人生活中，我們也會以炫麗的儀式來標誌人生最重要的時刻。從成年和結婚等個人里程碑，到感恩節、聖誕節或光明節的家族聚會，與這些時刻相關的儀式總是充滿華麗的裝飾。感官刺激是個基本元素。這些活動的豐富性和戲劇性將平凡和普通事物變成了非凡的事物，喚醒我們所有感官。它們包含了光線和色彩、音樂、歌唱舞蹈、食物和焚香的氣味，以及鈴聲和口哨聲。這所有元素啟動了我們如何評價、理解事物和情況的相關心理過程。參加一場華麗儀式，就如同我們腦中有一股微小聲音在跟我們說：「注意，記住這個時刻，因為正在發生某件重要而且有意義的事。」這個時刻越重要，儀式就越盛大。彷彿那些時刻被設計來提供一種重要感。這就是為什麼那些缺乏直接普遍合法性的領導者，往往會比選民透過民主選出的領導者舉辦更多的公共炫耀儀式。大型遊行和閱兵在專制政權下最常見，而就算在歐洲某些國王或女王沒有實權的國家，他們慶祝國王登基典禮時，也遠比擁有實權的總理或總統的就職典禮更盛大。

奢侈的儀式喚醒所有感官，創造特別的時刻。盛大慶典甚至令人敬畏。但更重要的是，這類儀式提高了人們對儀式期盼的標準，使它們更令人難忘。

如果你問一名天主教徒參加彌撒的情況如何，他們可能會描述彌撒中**通常**發生了什麼事，而不是描述他們參加過的任何一場特定的彌撒。果不其然，他們可能會回憶起儀式程序的種種細節。這是經常重覆的額外好處：給了我們稱為**語義**（semantic）記憶的東西。雖然熟能生巧，但情感激發帶來的體驗卻很特別。參加意象式儀式能創造出難以忘懷的經驗，成為自傳式自我的一個核心部分。這些是那種對個人意義重大的回憶，被稱為**情節**（episodic）記憶。

若要瞭解語意記憶和情節記憶的區別，可以想像你正走過一片長滿高草的草原。你走的每一步都會將草壓在腳下，在你身後留下可見的痕跡。如果你在散步結束後想要找回去的路，你可以跟著你的腳步沿原路返回。但一旦你離開之後，草便會慢慢彈回原狀，幾天之後你散步的蹤跡就再也無法追尋了。然而，如果你每天都照著同一條路徑散步，一次又一次踏出同樣步伐，你就會開拓出一條更持久的路徑。在足夠時間下，你反覆的行動會在草原上創造出一條明確界定的路徑。由於這條路徑是足跡累積的結果，它不能成為你進行的任一次特定散步的證據。語義記憶形成的方式即類似於此。每次經驗在我們大腦中激發出一條特定神經模式。大多數時刻這個模式很短暫，但只要這個經驗被重覆，這個模式就變得越發牢固。激發大腦神經元串聯在一起。

再來，想像你正在跨越同樣的草原，只是這次你不是走路，而是開一台推土機。推土機壓過土壤，在上頭留下痕跡，所行之處的所有植物都被連根拔起，在草原上碾壓出一道深深的溝痕，留下持久的道路，好幾十年都能持續追蹤，就算植物都長出來也一樣。這與真正特殊的經驗對我們大腦造成的效果類似。單一事件能夠創造出一條足夠強烈的神經模式，在未來多年內都能夠詳盡地被啟動。極端儀式不像通用的模式，在我們的回憶中會保留鮮明的影像——因此以「意象式」（imagistic）一詞命名。

情節記憶通常與特殊且情緒化的刺激有關，甚至包括創傷性的事件——瀕死經驗、孩子的出生，或是你看著你的房子燒個精光的時候。這些是轉變性的經驗，因為它們形塑了我們的敘事性自我，那是我們作為個人對於自己身分特有的感知。

從希臘和西班牙的踏火傳統到印度教徒進行的身體穿刺儀式，從美國大學兄弟會欺負新鮮人的種種折磨，到全世界軍事團體和準軍事組織都進行的艱鉅入會儀式，極端儀式能製造出轉變性的經驗，將團體成員連結成團結的團隊。極端儀式是懷特豪斯所謂意象式類型的特色，因為那些對個人意義重大的經驗是與其他參與者同享的，所以他們的回憶同時是私人的也是團體的，因此個人以及個人所屬團體之間的界線會變得模糊。透過創造一種只有那些經歷過嚴峻考驗的人才能理解的獨特經驗，意象式儀式鍛造出一個新成員的內圈，成員間分享著強大連結。懷特豪斯將此描述成一種親密感——家庭成員經常一同經歷人生的苦難，而那些共同分享的艱難扮演了關鍵角色，使得家庭成員之間變得更加親密。經歷一個創傷性儀式也有類似效果，因為它創造了共同經歷，觸發親屬關係（kinship）這個心理的概念。這也可能反映在人們用來指稱這些事件的共同參與者的稱呼上，他們常稱之為「兄弟」或「姐妹」。

意象式儀式為參與其中的人提供了獨特經驗，對於實行它們的團體有著深遠影響。但由於它們激烈的本質，當它們作為科學研究對象就成了獨特的挑戰。雖然人類學家長久以來一直推測它們具凝聚力的潛力，但這個潛力一直難以得到科學的證實。因此，我們對於最古老、最有效的社會技術的理解，以及我們因而能利用其力量的潛能一直都很有限。但隨著人文科學領域的跨學科研究的迅速發展，我們能夠以嶄新方式研究這些儀式，從而對其本質獲得迷人的洞察。

# 5 歡騰

## Effervescence

我父親帶我去看我人生第一場足球賽時，我大概八歲。我說的不是美國的那種足球。我說的是體育之王。以全球層面看，就受歡迎程度、金融和社會影響力而言，再也沒有其他任何運動能與足球匹敵

為了占個好位置，我們提早了兩個小時到達。我們城市最受歡迎的隊伍即將要贏得年度總冠軍，我們知道體育館一定會人山人海。體育場沒有指定的座位，事實上，根本就沒有座位——只有一排排水泥階梯，依照先來後到的順序占位。只要花上幾塊德拉克馬*，就能從街頭小販手上買到長方形保麗龍充當坐墊。令我驚訝的是，坐墊似乎是在比賽開始前使用的。當主隊進入足球場上，人們都興奮地跳起來，同時將他們的坐墊丟向空中，之後就不再坐下了。比賽的大部分時間，我父親一直試著把我舉高，這樣我才能看到場上賽況。但那對我來說並沒那麼重要。最有趣的部分是看台上發生的事。

四萬名球迷整齊畫一地穿著黑白兩色加油服，形成一個驚人的景觀。當裁判吹響第一

* 譯注：希臘貨幣單位。

聲哨音，體育場就好像被一陣電流穿過。數千支燃燒的煙霧棒出現了，似乎莫名其妙冒出來，狂熱的球迷一邊上下跳動，一邊揮舞煙霧棒，並且同聲高歌。體育場在一片厚厚的紅色煙霧籠罩下，看起來就像是在展示壯觀的火山熔岩秀。球賽開始才幾秒鐘，就必須暫停幾分鐘直到煙霧散去。接下來的九十分鐘，球迷從未停止歌唱。每個人都知道歌詞，他們不僅僅唱出那些歌——他們更活出那些歌。彷彿由某個看不見的指揮帶領，他們以令人意想不到的節奏一致地跳動，聲嘶力竭地大叫。所有群眾就好像變成了一個具有生命的獨立整體。就在那天，我成了終身球迷。

類似的場景每個週末都在全球各地數千個體育場中發生。從許多面向來看，它們都與一些最原始的人類儀式相似。人類學文獻中充滿了相似的觀察。高喚醒儀式似乎總能激發群體的熱情，而這種集體共同的強大能量和情感，讓群體效應超越了個體總和的影響。我們在第二章提到的社會學家涂爾幹認為，集體儀式能夠激發個體情緒狀態趨於一致，進而產生獨特的經驗，這個現象稱為「集體歡騰」。在他一九一二年的著作《宗教生活的基本形式》（*The Elementary Forms of the Religious Life*）中，他用以下文字描述那些參加高喚醒集體儀式所經驗到的特殊興奮感和團結感：

> 聚在一起這樣行動，對人們而言是非常強大的刺激物。個人一旦被聚集在一起，一種彼此之間的親密感就會產生電流，迅速地將他們帶到一個令人驚訝的興奮高度。每一種情感表達都在沒有干擾的情況下，與容易受到外界影響的意識產生共鳴，且每一種情感彼此都互相迴響。初始的衝動在每一次迴響時被放大，就像是範圍越來

越大的雪崩一般。

這是許多人可能都經歷過的事。如果你曾在演唱會上與數千名觀眾一起跳動，全身起雞皮疙瘩，那就是集體歡騰。如果你曾因為一大群遊行者整齊吟唱而覺得敬畏、深受啟發，甚至感動落淚，便是經歷了涂爾幹提到的那種感受。至於我，每次回國都不會錯過重回那個體育場的機會。每一次我去到球場，當我加入合唱時，我仍舊能感受到我脖子背後的毛髮直豎。

在我進行民族誌研究的過程中，我常看到我所研究的社群在重要的集體活動期間變得活力充沛。然而，參與者卻經常發現他們的經驗不尋常到難以描述。「言語無法形容，」一名年輕男子告訴我。我可以證實這點：如果你從未去過我家鄉隊伍的主場體育場，我可能無法向你傳達那種氛圍。該如何描述這種感受，使得科學研究變得極具挑戰性：要如何研究一種同時被群體中每一個人共享的內在狀態？該如何測量情感的一致性或團結感這樣的東西？

人類對聚集的需求是很原始的。從史前的狩獵採集者到現代的城市居民，各個社群中的個人在各種情況下，往往必須一大群人聚在一起，才能進行讓他們得以超越自己平凡存在，感受成為一體的共同情感。是同一種原始衝動驅使我們的祖先在一萬二千年前，走上好幾週的路，就為了造訪哥貝克力石陣。由於那個時代不存在任何城市，那些朝聖者構成了史前最大的人類集會。也因此，自文明的開端，最盛大的集會一直都是儀式性的。

一九五三年，估計有三百萬人在倫敦參加了伊莉莎白女王二世（Queen Elizabeth II）的加冕典禮。一九九五年，大約五百萬名天主教徒聚集在菲律賓馬尼拉的黎剎公園（Luneta Park），參加教宗若望保祿二世（Pope John Paul II）在世界青年日主持的彌撒。一九八九年在德黑蘭，超過一千萬人參加伊朗伊斯蘭共和國國父何梅尼（Ayatollah Khomeini）的葬禮。儘管如此，那些集會在全世界最大的宗教朝聖活動面前都相形見絀。在伊拉克，超過三千萬名什葉派穆斯林，蜂擁而至位於卡爾巴拉（Karbala）的伊瑪目侯賽因神廟紀念他的殉道。而在印度，印度教的大壺節朝聖每十二年會在四條聖河河畔舉行，吸引了大量群眾參與。二〇一九年，估計有一億五千萬名信徒在印度北方邦（uttar Pradesh）的阿拉哈巴（Allahabad）參加慶典，讓這成為人類歷史上最大的聚會。參加這類活動的經驗幾乎不可能在實驗室中複製。

然而，這不僅是規模的問題。集體儀式特別難在實驗室中研究的另一件原因，是因為它們一般都與特定背景相關。它們在預定的時間展開，並且發生在特殊地點，從路旁的神龕到耶路撒冷哭牆再到印度恆河。它們需要特定人物的出現，無論是作為主持人或是參與者，或是需要特定物件。

最後，集體儀式經常牽涉到情緒上的激發以及痛苦、有壓力或甚至是危險的活動，包括自殘、耗費全身體力和凌辱行為。試想由大洋洲國家萬那杜（Vanuatu）彭特科斯群島（Pentecost Island）島民所進行的陸潛儀式；這項儀式經常被認為是高空彈跳的先驅，需要從三十公尺高的木塔上跳下，以頭下腳上的姿勢衝向地面。唯一保護陸潛者不受致命撞擊的，是兩條綁在他們腳踝上的樹藤。樹藤必須被精準測量，好讓每名陸潛者落下時，頭剛好刷過地面而不讓他們的脖子被折斷。陸潛是一種豐產儀式，意圖確保地瓜豐收，但因為僅允許男性參加，這也被認為是一種年輕男孩的成年禮，參與者的年紀最小的只有七歲。而在實驗室中，是無法嘗試這種活動的。

確切地說，儀式的個別成分能在實驗中複製，而且這樣做通常很有用。舉例來說，研究者檢驗了重覆行為、同步動作、象徵性標誌物或是生理喚醒等等的效用，那些元素中每一種都可能對於儀式經驗貢獻其獨特之處，而它們全都能在受控設定下提供測量的結果。雖然我們透過研究麵粉、水或酵母的特性可以學到很多，但如果我們有興趣瞭解麵包的製作過程，除非我們關注那些成分在烤箱中的互相作用，不然我們無法達成目的。

那麼，我們該如何在那種種限制的情況下研究集體儀式呢？或許我們應該另闢蹊徑思考。田野和實驗室研究法都各自提供了許多可取之處，然而它們兩者的結合往往能產生最強大的洞見。這概念很簡單：與其將參與者從他們所處的背景中抽離，將他們帶到無菌的實驗室中，為何不把實驗室搬到田野，從而將參與者放回背景當中呢？

我初次涉足這個混合方法，是在西班牙村落聖佩德羅曼里克。該村莊是一個在西班牙東北部卡斯蒂利亞—萊昂（Castilla y León）自治區的小型農業社群，更常見的名稱聖佩德羅，是當地人使用的簡稱。該村莊從遠古時代就有人居住，當時凱爾特利比亞（Celtiberian）部落漫遊在這塊土地上。雖然該地區這些年來見證了許多征服者來來去去，聖佩德羅卻始終享受著獨立，這是因為其偏遠位置和條件惡劣的崎嶇地勢，除了牧羊以外不適合其他生計。但正是由於羊隻和羊毛貿易，它在中世紀繁榮起來，也成為強大牧羊業主組織──梅斯塔（Mesta）──的一部分。在最鼎盛時期，該地有四個教區，超過四千名居民。這個村落現在仍存留著中世紀城牆遺跡、一座城堡和幾間教堂作為昔日榮光的回憶，但從那時起很多事都變了。

索里亞省（Soria）現在是歐洲人口最少的區域之一。在該省分裡，聖佩德羅的六百名居民組成了最小的自治市。村裡狹窄的鵝卵石街道，圍繞著紅瓦頂石屋。白天時，大多數居民都在鄰近鎮上或當地火腿工廠工作，因此街上大多空無一人。工作日晚上，主廣場上的幾間酒吧和餐廳競爭著零星幾位顧客，只有當在鄰近城鎮就學的青年週末返家時，生意才會好一些。除了這些店家以及一間公營體育中心以外，周邊地區幾乎沒什麼娛樂活動。然而，每年有一段時間，聖佩德羅會成為整個地區關注的焦點。

每年六月，聖胡安節（festival of San Juan）會持續一週。透過抽籤選出的三名年輕女孩被稱為**蒙迪達斯**（móndidas），她們是節慶的焦點人物。她們和家人一起領頭遊行，吟誦詩歌，主持餐會和迎賓活動。節慶也包括音樂會、舞蹈、公共演說、宗教儀式和主廣場上的賽馬。但其中一件事脫穎而出、成為歐洲各地都沒有的最壯觀儀式──夏至當日，數千位的遊客會湧入這個小村落，為了觀看一群當地男女光腳進行踏火儀式。

隨著時間流逝，這個節慶的起源已難追溯，有些人認為踏火是凱爾特利比亞部落遺留的儀式，又或者那些蒙迪達斯代表著羅馬女神克瑞斯（Ceres）的異教祭司（克瑞斯是代表農業和豐收的羅馬女神）。其他人則認為，蒙迪達斯紀念該地區歷史上一段悲劇時期的終結。根據傳說，西班牙北部的基督徒每年被迫向哥多華（Córdoba）伊斯蘭酋長國的摩爾人（Moors）進貢一百名處女。每一年，聖佩德羅都會貢上三名女孩，直到一場虛構的西元八四四年克拉維霍戰役（Battle of Clavijo）中，阿斯圖里亞斯（Asturias）的拉米羅一世（Ramiro I）國王打敗了摩爾人，終結了這可怕的代價。沒人知曉傳說之中是否有任何真實性，但當地人很喜歡這個傳說。

我第一次拜訪聖佩德羅時還是名研究生。為了我的博士論文，我一直在研究希臘和保加利亞的踏火儀式，所以當我發現在西班牙也有類似習俗時，我非得進行調查才行。一些西班牙民俗學家曾在默默無聞的當地雜誌刊登過該主題的文章，除此之外，當時幾乎沒有任何關於聖佩德羅和當地儀式的資訊可以取得，因此我真的不知道該期望什麼。踏火儀式於當地仍是件大事嗎？還是已成為消逝中的傳統，只剩下幾名老人在進行，就像保加利亞的踏火儀式那樣？還有人知道這儀式嗎？

我很快就清楚瞭解到，踏火儀式在這裡依然是件大事。村莊的旗幟和標記上最醒目的圖案是踏火者和三個**籃子**（cestaños）——那是遊行中由蒙迪達斯攜帶的裝飾花籃。好幾間當地店鋪標示出 Paso del fuego（也就是西班牙文中的「踏火」）或 La Hoguera（意指「柴火堆」）諸如此類的名字。店鋪和酒吧貼滿了該儀式影像的海報和日曆，當地居民的客廳裡擺著裱好的相框，上頭的照片是他們親身參與的影像。在一個人口不超過六百人的村莊，甚至特別建出一座大到足以容納三千名觀眾的石頭露天劇場，來接待每年來參加儀式的人。當地人稱這座建築為 el recinto，單純地指稱「會場」。很明顯地，沒有必要指明這個場地是用來做什麼的；劇場中心的泥土地和石頭看台之間被金屬圍籬區隔開來，地上還覆蓋著深色的焦痕。

我一提到踏火，聖佩德羅人就熱切地告訴我跟過去表現有關的故事。雖然儀式每年都一樣，對每個人來說總有某幾年有特別意義：他們第一次參與、他們被燙傷的那次，或是他們揹著某個重要的人踏過煤炭的那次。任職超過二十年、當地即將退休的市長表示，他會要參與這一年即將舉辦的踏火儀式，那也是他職涯的高光時刻。「不僅因為我將最後一次監督整個活動的準備，」他說，「也因為今年我要揹女兒過火。」每個人都強調這項傳統極具重要性。參與其中讓他們感覺「非常聖佩德羅」，他們一再告訴我，聖佩德羅沒有這項儀式就不再是聖佩德羅。他們談到成為這項傳統監管人的驕傲感，並表達了他們對明年和以後再次參與儀式的熱切期望。當被問到這項儀式對他的人生有多重要時，一名男子告訴我：「以一到十分的量表來評論重要性的話，這會是二十分。」其他幾個人甚至說這是他們生活中唯一一個最重要的場合。

這個節慶的準備工作在前幾個月就開始了。期待感隨時間逐漸升高，最終爆發出一股歡欣和興奮感。當節慶結束後，這股繁忙的活力還會持續好幾週，在這段時間中，節慶的每個微小細節都會成為討論和仔細檢視的話題。接著，會出現懷舊的酸甜滋味。在接下來幾個月中，人們會津津有味地回想著他們在節慶中的記憶，並期待能再次度過那些時刻。關於踏火的談話經常伴隨著嘆氣、出神的眼睛和憂鬱的微笑。

當我詢問聖佩德羅居民踏在燃燒木塊上的感受是什麼時，人們描述說有種令人極度興奮甚至到狂喜的能量貫串在他們身上，此時會感到自己與觀眾合為一體。「這是一種無法用語言表達的感受。在場有數千人，但你們感覺像是一體，」他們這樣說。雖然沒人能確切地表達為何要進行這項儀式，除了這是一項傳統以外，但他們的評論經常提到其衍生影響：「你感覺自己是村莊的一部分，這是一種歸屬感，成為團體的一分子，」一名女性告訴我。

這聽起來與涂爾幹所稱的「集體歡騰」現象非常類似：在高喚醒儀式背景下，參與者之間分享的興奮感，造成他們的情感狀態趨於一致，並在他們之間建立起強烈的社交連結。但是，一個世紀以來，雖然人類學家一直在談論、書寫、教導這個概念，卻始終沒人能證明其成因。因為，該如何去測量踏火儀式進行時的情緒一致性和團結感這樣的事呢？

完成博士論文之後，我得到在奧胡斯大學的一個研究職位，在一個稱為 MINDLab 的認知科學機構工作。在那裡，我開始與另一名年輕研究員舒約特（Uffe Schjødt）討論我的民族誌工作。他剛剛在宗教心理學方面取得博士學位。由於他曾使用大腦造影科技來研究祈禱，舒約特對於集體儀式造成情緒一致性的想法非常能接受，認為應該可以在人類的生理上偵測到這種一致性。後來，在同一機構裡，我們遇到研究生孔瓦林卡（Ivana Konvalinka），她是一名生物工程師，正在做測量兩人之間動作協調性的實驗，而我們對於在現實生活中測試她的方法感到興趣。我們一起組成一個團隊，設計了一項計畫來研究情緒的一致性。我們的計畫專注在自律神經系統的啟動上，因其在製造主觀情緒經驗上扮演了重要角色。

如同我們在第三章看到的，自律神經系統為身體提供情感調控功能，能釋放荷爾蒙以調節情感。當中的交感神經系統參與提高警覺度和激發身體行動的部分，副交感神經系統則參與了讓身體冷靜、幫助身體放鬆的部分。這兩個神經系統一起控制了大量無意識身體功能的改變，像是心跳、血液流動、呼吸和流汗。如果你對情緒喚醒的身體指標感興趣，自律神經系統一個很好的出發點。

在過去，想要在踏火等儀式中測量自律神經系統的活動是不可能的，因為這樣做會對儀式造成嚴重干擾。但幸運的是，近來穿戴式偵測器的發展讓記錄現實生活環境中的生理反應變得可能，不需揹著笨重的設備跟著目標對象跑，也不用把電線弄得到處都是。心率檢測儀現在又輕又不引人注目，能夠舒適地藏在衣服下，不被任何觀察者看到。這項科技如今廣泛可得而且價格合宜；事實上，很有可能你在閱讀本書時，手腕上就戴著類似的東西，就像我在打字時也已戴上我的一樣。不過在當時，這是一項高端科技，主要是專業體育團隊或軍隊在使用，很明顯超過我們當時的薪資水平。我們計畫要在比工業烤箱更高溫的環境下使用這些監測器，這表示從另一個機構租借設備也不是可行的選項。

我們向紀爾茲（Armin Geertz）和羅普斯多夫（Andreas Roepstorff）求助，前者是一個宗教、認知和文化研究團體的領導人，後者是MINDLab管理者。我們清楚表明了我們的計畫——前往聖佩德羅，當人們光腳踏火時在他們身上放置心率監測儀。安德烈仔細聆聽後沉思許久，說：「這是我聽過最瘋狂的研究想法，」在短暫的停頓後他補充說：「就這麼辦。」

當這時刻終於到來時，聖佩德羅看起來十分熱鬧。建築都重新粉刷過，陽台上裝飾著旗幟，花草也種植了起來。居民從鄰近森林砍下三棵大樹，儀式性地將它們分別運回村莊。這三棵樹上裝飾了緞帶、氣球和燈籠，被放在巨大的花盆裡，用來標記蒙迪達斯的住家所在。這些屋子的大門終日敞開，路過的人會被邀請進入吃個點心。擔任蒙迪達斯的女孩和她們的家人滿心驕傲，一整天接待家中進進出出的大批客人。他們提供了多到似乎吃不完的西班牙火腿和紅酒，那是該地區的兩種特產。當天稍早我已吃過東西，這真是失策，因為主人堅持我一定要品嘗每道菜，還特地在我用餐時緊盯著我。我因為拿掉火腿白色的脂肪層遭到責備，他們告訴我那是最棒的部位，也是最健康的。我不得不順從他們的要求。

村裡的鵝卵石街道人潮湧動。住在都會地區的聖佩德羅人請了幾天假回來參加節慶。遊客來自全國各地，有些甚至來自海外。在那個人口稀少的地區，方圓數公里內的住宿老早就被訂光了，許多人來這裡就是為了慶典那天。鄰近地區索里亞開到當地的巴士一般是一週運行六班，現在每幾小時就發一班車。遊客的車輛一路停到村外很遠的地方。大多數活動集中在村裡兩個廣場上，以及與廣場相連的窄小曲折巷弄間。酒吧和餐廳裡擠滿了顧客，那些找不到位置的人還有行動餐車的選項。小販架設起不同的攤位和桌面，販賣帽子、太陽眼鏡、聖像和紀念品。

夜晚以一場由蒙迪達斯帶領、伴隨市政樂隊和鎮上官員的遊行揭開序幕。遊行隊伍從主教堂抬著聖佩德羅和聖母馬利亞的聖像，到一個名為烏米利亞德羅（Humilladero）的禮拜堂。於此同時，一群男人開始準備柴堆；他們使用兩噸的橡木創造出一個小房間大小的木堆。點燃後，火堆製造出超過十五公尺高的火焰，看守者根據經驗精準地幫烈火計時，木頭會花上好幾個小時才燒到底下鋪好的木炭，而那層就是為了午夜的踏火活動準備的。

至於我們，委婉地說，在這般異常興奮的活動中進行研究並不容易。現場環境給我們很大的壓力，而每一件可能會出錯的事都出錯了，但這就是現實生活實驗的本質。幸好，一切事情最終按步就班進行，我們設法發完我們帶去的心率監測器，讓踏火者和活動觀眾戴上設備。事實上，最後我們的設備甚至不夠給所有志願者配戴。

回到村裡，群眾開始往市政廳聚集。有個樂隊在演奏，每個人都盛裝出席。那些準備踏火的人在脖子上戴著一圈紅色領巾。當踏火的時刻臨近，可以看見他們臉上充滿了期待。他們已經等待這晚等了一年了，只要再過幾小時他們就可到達最高點。

當時刻到來，我的一位當地朋友握住我的一隻手，另一位朋友拉著我的另一隻手。我此刻成為大型隊伍的一部分，而隊伍開始移動了。我知道留在隊伍中很重要，因為這讓我能夠直接前往被圍住的場地。我打電話給在會場的同事，確保他們已經找到一個能夠拍攝儀式的好地點，因為我知道會場已是人山人海。當地人也知道這點，所以提早到達會場，但許多遊客應該會進不去。

隊伍很快就到了山頂，後面跟著大批人群。幾分鐘後，我們跨進了會場圍欄的大門。踏著樂隊的節奏走入會場中心，並被數千位觀眾歡迎，這實在令人內心澎湃。對於踏火者來說，這一定是難以承受的壓力，他們知道所有目光現在都在他們身上。燃燒中煤炭排出了一條長長的火堆步道，烘烤了整個會場。光是盯著這個火堆，就感覺像是把臉塞進烤箱裡一樣。我們的高溫計（用來測量極度溫度的工具）顯示了煤炭表面在熔化前是攝氏六百七十七度。我看過全球各地無數場踏火儀式，但沒有一場的火勢像這一次一樣猛烈。當群眾的情緒越來越熱烈，踏火者則越來越肅穆。這並不令人驚訝：他們即將要光腳踏在溫度高到足以熔化鋁的表面上。

由於煤炭的溫度如此之高，許多人都猜想當中可能有些作弊技巧。事實上，並沒有任何特殊準備。沒有油膏或藥物，沒有祕密。在過去，有些人認為當地人因為光腳在田野裡工作，腳上長滿不尋常的老繭。就算這個可疑的說法一度為真，今日的狀況也已非如此。現在大多數聖佩德羅人光腳走路的頻率不比城市居民的平均頻率高。其他人則懷疑他們的腳受到汗水或水的保護，一直保持濕潤。但其實活動會場的地面是緊實的土壤，在經過火烤後會完全乾燥。此外，在那個情況下把腳弄濕其實是個壞主意，因為木頭可能會刺穿腳底造成嚴重傷害。是因為煤的不良傳導性以及接觸的時間短暫，才讓人們可能因此得以不被燒傷。

但**可能**並不表示每個人都能毫髮未傷地完成。就算是最微小的凸起或是煤炭表面的不平整都可能造成腳起水泡。而一塊小石頭、一片金屬物或任何火中的外來物，也都可能會造成巨大的危險。如果你移動得太慢，你的腳會開始被炙烤。但走得太快，你會更陷進炭堆中，讓情況更糟。這就是為什麼那些驚慌失措、試圖用跑的人經常會以被燙傷收場。專注是關鍵點：最微小的失誤或猶豫都可能造成嚴重受傷，更不用說在整個社群面前丟臉了。

當音樂停止時，踏火者脫下鞋子，最後一次聚在一起討論待會兒跨火的順序。在踏過木頭的過程中，他們每個人背上都會揹著另一個人，一般都是他們親愛的人。三名蒙迪達斯會是第一組被揹的人。午夜時分一到，喇叭聲響起表示時間已到。沉默籠罩全場。

亞歷杭德羅（Alejandro）是所有踏火者中年紀最長也最有經驗的人，他有幸成為第一名踏火者。他站起身，走向其中一名蒙迪達斯，那是他的孫女。亞歷杭德羅已七十五歲，孫女還比他高整整一個頭。當她爬到他背上時，瞬間他似乎掙扎了一下、然後試圖站直，就像試著平衡一具上重下輕的疊疊樂遊戲一樣。每個人都屏住呼吸。幾名男人上前檢查他是否需要幫助，但他以一個嚴厲的姿勢將他們打發走。

喇叭聲再度響起，時候到了。會場一片安靜。亞歷杭德羅轉向待在他背上的孫女，叫她要抱緊。他長吸了一口氣，盯著火堆看了幾秒，集中精神。然後他抬起頭，鼓起勇氣，踏出第一步。他以堅定不移的決心踏過燃燒中的木頭。他頭抬得高高的，看起來大膽熱情，像一名與高熱戰鬥的戰士。當他到達煤床的另一頭時，群眾間爆出一陣叫喊，示意女孩從他的背上下來。兩人擁抱在一起，而他們的家人一下子就驕傲地加入這個團體擁抱。

那天晚上幾十組人一個接著一個地穿越了煤炭步道。他們重重地踩下每一步，就像是試圖要熄滅凶猛的火焰，每踩下一步，在他們身後都揚起一小陣火花。人們經常將這描述成他們想要掌控火焰、顯示無所畏懼的企圖。他們可能是向群眾展示這點，但重要的是，他們也在對自己展示。看著同一堆火，我站在更遠的地方感受它的偉大，我只能讚嘆這有多麼望而生畏。要處理這種期待，踏火者經常畫十字架，手持幸運符冥想或祈禱，試圖清除他們對所有其他事物的想法。踏火的過程只持續幾秒鐘，但感覺上就像一輩子。踏火者表示，這就像是用慢動作移動一樣，進入某種心流當中，讓他們能夠察覺到自己的每一步和每一個動作。在那時，他們說，你的腦中沒有其他事物，沒有其他想法，只剩下你和火焰。然後一切結束，該是慶祝的時刻了。

每當有人成功踏過，一開始的恐懼和焦慮便被一陣寬慰、歡欣和驕傲給取代，親友們紛紛衝上前去擁抱那組踏火者和他背上的人。有經驗的男人帶頭，背上揹著成年人，可能是伴侶、父母、子女或其他親愛之人。女性和新手踏火者緊接在後，有些人揹著孩子，有些人獨自行走。一名叫費南多（Fernando）的年輕男性原本計畫在當晚揹著他的女友踏火，但他們幾天前鬧翻了，她並沒來參加，似乎他就只能自己進行了。但輪到他時，他轉向他的父親，向他伸出手。父親臉上瞬間充滿光彩和喜悅。當費南多面帶嚴肅表情勇敢地完成踏火時，他父親幸福地微笑。[1]在這短暫的路程結束後，父親從兒子背上下來，兩個男人緊緊擁抱在一起。

在最後一名踏火者跨過煤炭後，群眾蜂擁進入圍起的會場中，每個人的心情都交融在一起。樂隊再度奏響音樂，他們開始往山下移動。此時已是凌晨兩點，但大家都太過興奮到不想回家。接下來要舉辦的派對，是那種只有西班牙人知道該如何舉辦的派對。人們在街上唱歌跳舞直到黎明，啤酒和紅酒源源不斷地被呈上，一桶桶都是人們早就為此時而儲存在車庫中的。在一片興奮中，我們大多數的受試者都已忘了他們還戴著我們的心率監測儀。

當我們看到初步分析時，我們知道我們發現了某些真正不平凡的東西。[2]首先，我們的數據顯示，在踏火期間，人們心率模式之間的同步性特別高。這很驚人，因為他們做的事截然不同。如果他們是跟著同樣旋律跳舞，進行一模一樣的活動，那我們會預期這種協調結果會反映在他們的身體數據上。但任何一個特定時段中，當中只有一個人在踏火，其他人不是站在一旁等著輪到他們，就是坐在看台上，或是剛結束踏火而到處移動。然而，這種同步性在儀式進行時，比一天當中其他時間都要強，甚至比每個人一起行進或是同時跳舞時都要強。

這種生理的同步性常會在大腦的「鏡像神經元系統」中被觀察到。觀看他人使用鐵鎚時，我們的大腦會啟動我們自己實際使用鐵鎚時的區域。有沒有可能是人們的心率中也同樣存在某種版本的鏡像反應呢？如果我們僅去檢視生物識別數據，我們可能會這樣想。但一一檢視社會背景後，就會看見一個關鍵細節：這種感情的同步性並不是不加選擇就發生的。這個效應在踏火者之間很強烈，甚至擴展到現場的當地觀眾。然而，我們在當地人和外來者之間並沒有發現這種同步性。對那些從其他地方來到村裡的好奇觀眾來說，這是一個奇觀。但對當地人來說，他們從情感上認知到這是具有紀念意義的重要活動。

當我們畫出受試者的社會網絡，也就是每一名受試者的親友清單，以及他們對這些人際關係強度的認知時，這個社會組成變得更加明顯。我們發現，當兩個人之間的社會親近性越強，他們在儀式中情緒喚醒模式的同步性就越大——大到只要檢視兩個人的心率有多吻合，就能預測出兩人之間的社會關係。[3]成對友人和親戚也顯示他們在激發（喚醒）模式上明顯相似，就算還沒有進行任何數據分析，光從圖表上就能清楚看出。我們的樣本中有一對雙胞胎顯示出幾乎相同的心率，就算當中一人坐著，另一人在踏火也是一樣。當地觀眾與踏火者之間也保持著緊密的一致性。相反地，與當地踏火者毫無關聯的外來觀眾，他們的情緒喚醒模式則與當地人看不出關聯。這不僅是人類大腦自動移情反應的案例，還是一個基本的社會現象。

儀式在情緒喚醒上的社會面向也被神經科學研究記錄下來。札克（Paul Zak）是克萊蒙特研究大學（Claremont Graduate University）的經濟學家暨神經科學家，專研人類親密關係連結的神經化學，這為他贏得「愛博士」的暱稱。在他位於南加州的實驗室中，札克和他的同事發現，當人們展現信任和信用時（舉例而言，轉錢給某人以期盼回報），他們的大腦會產出較大量的催產素——這種在社交連結上扮演重要角色的神經激素。這種激素在生產和哺乳時會大量分泌，創造出一種平靜專注的注意力，幫助母親和她們的嬰兒連結。性交時這種激素也會快速增加，幫助增進性愉悅的同時也創造了共情和喜愛，促進伴侶之間產生連結。

當札克和他的團隊透過鼻腔噴霧劑給人們施予催產素泡液時，他們變得更慷慨，對他人也更信任。接受催產素噴霧的伴侶有更多的眼神接觸，展示出更多一致性，覺得對方的存在更讓人感到安心。在實驗室得到這些效果後，札克迫切地想要調查它們在現實生活中是否也有同樣效果。他透過一封婚禮請柬得到了機會。

英國科學作家傑德斯（Linda Geddes）最出名的寫作是關於懷孕和育兒的文章。她出版了數篇關於催產素在連結戀人以及父母和他們子女之間影響的文章。這讓她對這個被她稱為「擁抱分子」的催產素，在婚禮這類情感性文化活動背景下有什麼作用產生好奇。由於當時還沒有這類研究，她決定志願充當白老鼠，而哪有比她自己的婚禮更好的場合呢？

傑德斯連絡了自己多年來的報導對象札克，詢問他是否有興趣幫忙她婚禮的賓客進行血液採樣。札克當然對血液採樣感興趣：人們常稱他的研究為「吸血鬼經濟學」是有道理的。他打包了一套西裝、一台離心機、充沛的乾冰，以及許多注射器、採血管和黏性繃帶（如果你是札克的話，這是典型的行李），飛到了德文郡（Devon）。在那裡，他從參加婚禮的代表性親友身上採了兩輪血液樣本，一次在儀式之前，另一次則是緊接在交換誓言之後。這讓他得以測量這個高度情感化的儀式對於催產素濃度的影響。

檢驗結果證實了札克所預期的：儀式會造成催產素濃度飆升，但這個飆升高峰在每個人身上並不相等。與我們對西班牙踏火者的研究相似，催產素濃度可以依社會相關度來預測。新娘本人的濃度增加最多，緊接著是新婚夫婦的父母、新郎，再來是其他親近親友，最後是部分較不親近的朋友。根據札克的研究，「催產素的增加與該事件的情感參與強度成正比。」[4] 這些效應可能是婚禮為何是所有儀式中最古老的一個的原因，因為它們幫助新婚夫妻與他們的姻親以及他們新的大家庭建立連結，創造出不僅象徵意義上的，更是在化學分子層面上的親屬關係連結。如同涂爾幹將集體歡欣的存在理論化時已指出的，其功能「不僅創造了情感，更將那些共享情感者帶入一個更親密也更活躍的關係中」。[5]

當我讓聖佩德羅居民觀看他們自己的數據時，他們既著迷又驚訝。儀式隔天，我請他們預估自己在儀式各個不同部分的情緒喚醒程度。無一例外，他們全都聲稱踏火時是他們當天最平靜的時刻。事實上，他們當中有些人提出要打賭下注，說這個感受能從我們的數據上看出來。因為已經瞥過數據，真要和他們打賭並不公平，因為我已經知道在踏火時，他們全都出現了極高的情緒喚醒程度，就算與跳舞或在遊行中跑步上山相比也是如此。他們的心率經常超過一分鐘二百下。對他們大多數人來說，這已超過醫學建議的安全程度：踏火帶來的壓力，已足以帶給他們心臟病。

這開啟了一些耐人尋味的問題：為什麼踏火者所感覺到的個人經驗（或更準確地說，記憶）是幸福平靜，而事實上他們的心臟卻跳到一分鐘二百下呢？我們並不知道。但這個生理學（我們身體的內在運作）和現象學（我們生存的經驗）之間的尖銳差異顯示，當我們單單仰賴一種方法時，我們就有失去全貌的風險。只有透過各種方法的結合，我們才能意識到像這樣的謎題。如果這些不同方式都指向同樣結論，那麼我們就能對我們的發現更有信心。但如果不是，我們將能夠提出新的更有趣的問題。科學知識就是這樣進步的。

另一方面，同步性的數據對聖佩德羅居民來說似乎完全說得通。幾個月後，我們一得到對數據的初步分析結果，我就跟他們分享了幾張簡單的曲線圖，那些圖片展現了在儀式當中他們的心率與他們所愛之人多麼地一致。看到那些影像，人們都同意地點頭。許多人用「共振」（resonancia）來描述那些圖片對他們來說代表了什麼。我發現這很有趣，因為這剛好是我們為要分析手上的生物測試數據，諮詢一群物理學家所使用的專業名詞。我們的踏火者指著圖表說：「我告訴你，很難表達在儀式中我經歷到的感受。這就是我感受到的。我們的心臟變成同一個。」

我的人類學研究有很大一部分著重在踏火儀式上。我研究在不同情境下的踏火儀式，我的博士論文就是關於希臘安納斯特納利亞（Anastenaria）的踏火儀式。[6]好幾年來，只要我以這個主題進行演講，聽眾提出的第一個問題當中一定有「你自己有參加過嗎？」然後引起我的一大段解釋，說明為什麼在研究的特定環境下，這對我來說不是一個可行的選項。這種情況直到我在二〇〇九年於模里西斯島上進行田野工作時才出現變化。

一抵達當地，我的伴侶（現在是我的妻子）和我在海濱村莊彼蒙特角（Pointe aux Piments）租了一間公寓。從窗戶，我們可以看到在當地海灘旁由水泥磚和波紋錫板建成的小型印度神廟上的落日。神廟的正式名稱是大迦梨女神廟（Maha Kali Mata Mandir），是一間貢奉母神迦梨女神的寺廟。寺廟中間是這名狂暴神祇的雕像，她的四隻手上分別握著一根三叉戟、一把血腥寶劍、一顆斷頭和一個製成碗狀的骷髏，裡頭盛著切斷頭顱流出的鮮血。待在模里西斯的前幾個月，我大多數的時間都花在寺廟周邊。早上我會坐在對街的小餐廳裡喝杯茶，趁信徒進入寺廟祈禱、進行獻祭時觀察他們。整天下來，神廟是尋找訪談對象的最佳地點，因為它是該地區唯一一個舉辦重要活動的場所。而到了晚上，我會在寺廟參加各種儀式，以便有機會詢問關於那些活動的更具體問題。

與其他母神的寺廟一樣，大迦梨女神廟會組織一年一度名為**踏火節**（Thimithi）的踏火儀式。這項儀式已在印度最南方的坦米爾那都邦（Tamil Nadu）進行超過二千年。如今，全球各地無數的印度社群都會進行這項儀式。傳說這與一名叫作黑公主（Draupadi）的年輕女性有關，她經常被認為是迦梨女神的化身。她出生於獻祭的火焰中，是擁有無與倫比魅力和美貌的公主，也是個狂暴有力量的女性。然而，幸運並沒有站在她這邊。在一場嚴重的誤會後，她發現自己嫁給了般度族的五兄弟（Pandavas），他們是般度王的兒子。當他們的表親俱盧兄弟（Kauravas）和他們爭奪王位時，黑公主在繼承戰爭中被抓，過程中飽受折磨。她的五個兒子被殺害，在般度兄弟輸掉擲骰子比賽後她被綁走，承受了各種羞辱和被玷汙的企圖。在幫助她丈夫們戰勝俱盧兄弟後，她經受了火的試驗：為了證明她的貞潔和虔誠，她踏過火焰，最終毫髮無傷，因此誕生了踏火節（Thimithi）儀式，用以紀念她的故事。與黑公主一樣，踏火節的參與者承受了許多艱辛，以自身經受火的考驗為高潮，據說黑公主會保護他們，把燃燒的木頭變成鮮花。

隨著儀式舉行當日的靠近，我花上大部分的時間觀察儀式的準備，與信徒和寺廟管理人員談話。某天早上，當我在鄰近樹林訪問一名女性時，我注意到幾名男士在寺廟前進行激烈的討論。他們時不時看向我的方向。最終，寺廟主席帕克什（Prakash）站起身來示意我靠近點。我便上前去。

「迪米崔，」他以正式的方式說，「我一直在想，到目前為止你在我們村莊住多久了？」

「有幾個月了。」

「你一直花時間與我們相處，跟我們一起用餐，參加我們的祈禱。」

「沒錯，」我說，不確定發生了什麼事。

「你現在是我們的一分子了，」帕克什宣布。

雖然我聽到這話感到很光榮，但我確信他們叫我來不僅是為了讚美我。

「嗯，我不想假裝自己是個當地人，」我說。「我來這裡向你們學習你們的生活方式和你們的習俗。」

帕克什切入主題。「那麼，」他說，「你也該參加踏火。」

在西班牙，這項儀式是聖佩德羅人的標誌，僅自豪地保留給那些與當地社群有血緣關係的人，因此沒有任何外來者能被允許參加。在希臘，安納斯特納利亞的踏火儀式一代傳承一代，因此傳統上僅由來自儀式創始地區的祖先，也就是今日保加利亞地區的人們進行。[7]近幾十年來，部分外來者被允許參加，但這是一個漸進性且需要小心處理的過程，需經當地年長者仔細審查。要成為一名安納斯特納利亞人，必須要經歷個人啟示，一般是透過夢境或幻象的形式產生靈性上的蛻變，建立起個人與聖者的關係。此外，成為一名安納斯特納利亞人是一項終身承諾，人們可能會因為我進行一兩次踏火儀式後，沒有每年回來參加而感受到失望或被背叛。簡言之，我並沒有預期到帕克什的邀請。

我盯著他看了一會兒，試圖瞭解一下狀況。他的話中有種輕鬆的語調，然而現在他點了點頭，暗示他的話是認真的。每個人的眼睛都轉向我。

我禮貌地拒絕了邀請。這是很大的榮耀，我解釋，但這是**他們的**習俗。我不是模里西斯人或印度教徒。我只是一名外國人類學家，到這裡來進行研究。因此對我來說，重要的是觀察並記錄這項儀式，那將是我首次在村裡親眼目睹踏火儀式的舉行。

「好吧，」帕克什說，看起來被逗樂了。「如果上帝想這麼做，那你就會做的。」

「相信我，帕克什，上帝不會想讓我去踏火的。」我回答。

踏火節當天，人們很早就忙了起來。清晨時分，踏火者和他們的家人在附近的特里奧萊（Triolet）鎮上開始集會進行祈禱和淨化儀式。他們穿著傳統服飾：女性穿著紗麗長裙，而男性裹著圍腰布（dhotis），大多是亮黃色的。他們當中許多人帶著銀盤，上面裝著鮮花和食物獻貢給女神。幾小時之後，他們組成了一支遊行隊伍，隊伍在我們村莊的主要道路上蔓延了四公里，一路到達海邊的寺廟。我跟著一起走，觀察、照相並用我的錄音機錄音。遊行持續了好幾個小時，信徒們光腳步行在炙熱的柏油路上，在每個十字路口都停下來跳舞。許多人看似進入了恍惚狀態，當他們隨著鼓聲和吹奏樂器的樂聲搖擺旋轉時，發出痛苦的喊叫。在我們抵達神廟的時候，我已經筋疲力盡，因為熱帶陽光而有點脫水。神廟前方挖出的淺溝裡滿是燃燒中的煤炭，周圍的地方都用繩子圍了起來，將踏火者與群眾區分開來，就像是把劇場舞台和觀眾隔開一樣。所有人都聚在火堆之前，而我感受到緊張的氣氛。

當人們一個接一個跨過火焰時，我目不轉睛地看著。第一個要跨過煤炭的人是神廟祭司，接著是帕克什和其他神廟工作人員。再來是剩下的所有人。我被允許站在被繩子圍起的區域，近距離觀察並記錄這次儀式。踏火者踏下的每一步都會有火花從木頭上飛出，我對此印象深刻，我嘗試用相機捕捉這些瞬間。一名活動人員一度提議我應該要更靠近火堆一點，這樣我才能拍到更好的照片。確實那是更好的點位。蹲下來後，我開始拍攝他們。男人、女人、甚至小孩都參與了，每一次有人踏火，群眾都會吟唱「Om Shakti」，這是對神聖母親的呼求。

我注意到一名小女孩，大概只有九歲或十歲，排在隊伍裡。她非常緊張，一直看向她父母，而她的父母試著鼓勵她。當輪到她面對火焰時，她的雙腳僵住了，似乎怕得不得了。然而在那時無法選擇後退，因為那會是對迦梨女神的侮辱。一名男子抓住她的手臂拉著她前進。她奮力抵抗，開始哭泣、亂踢並尖叫。帕克什過來拯救了她。他揮了揮手示意男子站一邊去，對著女孩的耳朵低語。接著他舉起了女孩，帶著女孩踏火過去。她的父母似乎鬆了一口氣，雖然還花上一段時間才讓她停止哭泣，但人們似乎對此並不擔心。很快地，我看到更多兒童，甚至是嬰兒被揹著踏過火焰。我對人們的面部表情感到著迷，從恐懼到決心，從痛苦到幸福的表情都有。我試圖用我的相機捕捉這些情緒。我所有的專注力都放在鏡頭上，因為太專心了，以致沒注意到我身旁正在進行的小小密謀。

片刻之後，我感覺肩膀被拍了一下。我的眼睛從鏡頭上離開，抬頭望去。是帕克什示意我站起身來。我遵照他的指示站起身來，然後看向他，等待進一步的指示。「轉過身來，」他說。當我轉身來，突然之間發現自己正站在火堆前，整個村莊的人都看著我。帕克什笑著說：「現在你會知道火堆是什麼感覺了。」在那當下沒有什麼可做或可說的，拒絕的話代表侮辱我的東道主，並在整個社群面前丟臉，可能也會對儀式造成干擾，因為接下來的踏火者已排在我的身後等候。我唯一來得及做的就是說：「請幫我拿著相機。」

如此措手不及其實也有好處。由於之前看過類似儀式中人們的心跳，我知道那往往只在踏火前才會飆高。然而，我的踏火儀式來得出其不意，並不存在令人感到壓力的焦慮感，我好奇在這樣的狀況下心率監測儀會測出怎樣的結果。或許，與西班牙踏火者一樣，我可能會在不自覺的狀態下達到心率最高峰。這可能是為什麼那幾秒鐘會讓人感覺如同幾分鐘一般的原因。時間慢得如同蝸牛似的。我的注意力變得高度集中，隨著我踏出第一步，我立即感受到高溫的激烈凶險。我曾在其他踏火儀式中測量過煤碳的溫度，我知道溫度可能在攝氏四百到八百度之間。但我不知道實際踏在這麼熱的表面上是怎樣的感覺。

我感覺其中有一步特別疼痛，我馬上就知道我被燙出了水泡，但我試圖表現出一點也不痛的樣子——至少人們在事後是這樣告訴我的。稍早之前，我見識到火花在其他踏火者的腳下。我猜想我腳下也在發生同樣的事，但我避而不往下看。我保持著面向大眾，雖然我沒有真的特定看著某人。就像是聖保羅民眾所描述的，我感覺到感知變得特別敏銳，但於此同時，一切都是模糊的。當一切都結束時，群眾歡呼聲起，我感覺到一陣興奮感以及一股驕傲感，就像是我按照自己的意願選擇了去踏火一樣。

當活動結束時，許多人過來問我問題。他們想要知道我經歷了什麼，這一切的感覺如何，又是什麼讓我這麼做的——就像我在訪談中通常會問人們的那類問題。我誠實回答了，解釋說我真的沒有計畫要這麼做——事實上，是某些當地人說服我經歷這一切的。但這個經歷非常刺激，幾乎令人感到狂喜。我感覺到腎上腺素在我體內狂飆，一股亢奮感強到足以持續一整天，甚至到後面幾天。再次回顧我的經驗時，我對此感到驚訝，這麼短暫爆發的一次性活動，是如何製造出如此強大而持久的情緒。

雖然我自己的經驗一定與當地人的不一樣，不過，參加那場踏火儀式幫助我一窺參與這類儀式的強烈情緒。這類儀式為其參與者帶來的恐懼、驕傲、興奮和歡欣等種種情緒之間的急遽轉變，是我的研究對象常提及創造獨特經驗的關鍵。就算只是一名外來者，我也淺嘗了一小口那些連結效應的滋味。對我來說，這象徵了我在我所研究的社群中被接納。而對當地人來說，這象徵我願意和他們做一樣的事，就算是在火上行走這種牽涉安全問題的事情上也是一樣。那天比以往任何時候都要讓我離他們更近。事實上，多年以後，我仍與當中許多人保持連繫。當我去模里西斯時，儘管是在該國的其他地方進行研究，也總是會去拜訪他們。如果對像我這樣的外來者都有這麼大的影響，那麼對於社群中的常住成員來說會有怎樣的結果呢？

○

我的踏火經驗讓我想起自己在聖佩德羅進行的另一項研究，我在該研究中檢驗了踏火者對自己踏火表現的回憶。[8]在那項研究中，我們發現，雖然每個人都留下了鮮明的回憶，但那些記憶的細節卻很模糊。人們記得中心事件，亦即他們自己踏火了，還有那給他們帶來的感受。他們描述他們的興奮、熱忱和恐懼。「這種感受如此強大，」一名年輕男子表示，「非常嚇人，但同時也令人敬畏。」另一人則說：「我興奮到感覺自己在漂浮。」然而，除了這些情緒之外，他們記得的東西寥寥無幾。當我問他們關於活動細節，像是誰坐在他們旁邊、他們和誰說話，或是他們踏完火之後去了哪裡等等，他們對這類事情一點記憶也沒有。也沒有人記得曾與我說過話。「我想……你昨晚沒在場，對吧？」當中許多人這樣說。事實上，我全程面對大眾，身著亮黃色襯衫，靠近每一名踏火者詢問他們問題。

這種感知窄化現象，與心理學家契克森米哈伊（Mihaly Csikszentmihalyi）所稱的**心流**（flow）相似——那是一種全心當我們投入一項行動時，我們的心智將所有周邊細節過濾掉，好讓我們無條件地全神貫注於該經驗的心理狀態。[9]這類「最理想的」經驗經常被稱為「自成目的」，這表示人們不需要任何外部動機或正當理由來追求它們——行動本身成了目的。與這些經驗共通的，是失去時間感、完全專注於當下到其他事都不重要的程度，以及一種受到激勵和毫不費力的感受，如同被水流帶著走一樣——這就是「心流」一詞的由來。這種忘我的超凡玄妙感受，存在於某些最具意義人類活動的核心。

契克森米哈伊提到了心流和集體歡騰之間可能存在著關聯，但集體歡騰沒有心流那麼簡單。雖然心流能在集體環境中被經驗，它的核心卻是一種個人現象。戰鬥機飛行員、運動員、棋手、音樂家和其他藝術家，經常把心流描述成一種全心投入的狀態，在那種狀態下，自我與行動變得難以區分。許多人甚至可能在進行手工藝或愛好、進行性行為的過程中，或是運動時經驗到類似的狀態。我們生活中部分最具意義的時刻是能引出心流的活動，而且確實也存在不少能獨自完成的儀式經驗能誘發這種感受，包括祈禱、冥想和持咒或是曼陀羅創作等重覆行為。但這些經驗與其他超越性經驗的共同處，在於過程中自我意識是被**限制**的，甚至降到消失的程度。在行動中自我變得沒那麼重要和明顯，這被視為一種幸福。甚至，從這許多例子中可清楚看出，心流狀態並不需要情緒喚醒。

相較之下，集體儀式似乎創造了一種更崇高而截然不同的經驗。在這些儀式中包含了強烈的情緒和心理喚醒，而且至關重要的是，這種情緒喚醒在參與者之間會共享並共同經歷。隨之發生的情感交流營造出一個動態系統，當中每個個人的經驗都受到其他人經驗的影響和放大，像是一千條溪流匯集成一道比任何單獨一溪流要更快、更強大的河流。當這種互動式的流動出現時，自我感覺被擴張，個人會經驗到與超越性的團體合一的感受。

涂爾幹設想集體歡騰是同步情緒喚醒的新興特質，創造出的效果大於各個部分的總和。對他來說，是整體定義了部分，而不是反過來。單一的神祕主義者會在自我中尋求上帝，集體儀式則為參與者創造出在團體中尋找自我的條件，而讓他們經驗到成為一體的超越感。透過與其他團體成員分享他們的行動和情感，參與者感受到一種強烈的連結，直至「我」與「我們」之間的界線開始模糊。就如同我的研究對象告訴我的，「現場有數千個人，但你感覺大家合為了一體」。這是一種真正狂喜的感覺，創造出意義和一種集體的目的感，激發出個體重複體驗這種經驗的動機。[10]

涂爾幹強調集體歡騰對早期人類社群的原始意義。透過定期集合在一起進行情感性儀式，社群成員能夠鍛造出一股強烈的集體認同——一種他所謂的「集體意識」。透過如同合而為一的行動和感受，成員之間更有可能如同合而為一般去思考。這些經驗如此強大以致被認為是神聖的，這是為什麼涂爾幹認為宗教本身源於這類集體儀式所生的獨特感受。

二〇一六年一月一支艾莉雅（Aaliyah）和阿姆斯壯（Benjamin Armstrong）在紐西蘭舉辦婚宴的 YouTube 影片在網路上迅速竄紅，幾小時內就突破兩千萬次瀏覽量。這支三分鐘的影片中有許多出席者一起表演哈卡（haka）這種傳統毛利人的儀式舞蹈。這種團體舞蹈非常激烈，包括有力的同步動作，像是搥打胸膛和大腿以及重跺地面，並伴隨著猛烈的姿勢和大聲而有韻律的喊叫。一場成功的哈卡舞表演據說能引起「ihi」——一種讓人毛髮直豎的興奮感，現場的表演者和觀眾會同時經驗到。

這場表演由新郎的伴郎籌畫，目的是向這對新人的波里尼西亞傳統致敬。在影片中，可以看到新郎的哥哥帶領一群伴郎伴娘進行表演，讓新郎新娘感動落淚。不久之後，新人和許多賓客都加入表演。在這套舞蹈的最後，舞者汗如雨下、氣喘噓噓，並且筋疲力盡，情感也深受觸動，彼此親切地擁抱，見證了這項儀式的連結效果。

單看這支影片，人們可能會感到驚訝。哈卡舞一般被當作戰舞表演，並意圖讓表演者充滿攻擊性，在戰鬥前讓敵人膽怯。就算沒有戰事，紐西蘭部分軍事單位依然會進行這種舞蹈的操練表演。更有名的是，這種舞蹈被紐西蘭國家英式橄欖球隊黑衫軍成員拿來在每一場比賽之前於對手面前表演，作為力量的展現與對對手的威嚇。當我造訪紐西蘭時，我參加了一場相關活動，一群毛利人整齊地舞蹈，面對整群觀眾（我也置身其中）搥打胸膛、跺腳、發出如雷的喊叫聲，臉上帶著嚇人的表情。但這並不是戰舞；哈卡舞不只用來傳達對於對手的攻擊性，也展現對朋友的好客歡迎。在不同場合下，它可以被用來對尊貴賓客表達崇敬、標誌重要活動或是歡迎訪客。

這項毛利傳統的雙重本質並不獨特。Hosa 是伊拉克南方什葉族阿拉伯人進行的戰舞。當中包括了同步性的動作和吟唱，據稱能製造出一種興奮狀態，作為戰士面對敵人前的情感激勵。但同樣的儀式也會在開心的場合表演。當海珊（Saddam Hussein）訪問該部族的領地時，他們表演了 hosa 來對他致敬。為什麼同樣的儀式既能讓人感動落淚，也能引起對他人的敵意呢？

集體儀式是強大的社交技術，能夠刺激、提升並聯合個人而形成有凝聚力的團體，甚至鼓舞他們創造神話、宗教和進行其他有意義的追求。但是，與所有技術一樣，它們的用途可好可壞。如果僅談論歡騰的高貴層面而不承認它也有促進不和的可能性，那就有所偏頗了。情緒性儀式經常被抹上意識形態色彩，被用來灌輸狂熱以及對外來者的敵意。只要想想納粹遊行、國家主義者的示威活動，或是宗教狂熱者和足球流氓的集會這類經常會走向黑暗的歡騰，便可想而知了。

〇

我在青春期晚期時，曾和一名朋友一起前往雅典看足球賽。我們到的早，於是決定探索一下該區域。我們走了好幾個小時，突如其來地，我感覺有人從後方打了我的頭。在我理解到底發生什麼事之前，我發現我自己倒在地上，有一群人開始打我。我承受著四面八方的拳打腳踢，其中一人用的還是高爾夫球桿。這不僅是要嚇嚇我而已；他們試著盡可能地對我造成傷害。當我試著保護我的頭部時，我擔心有人可能會拔出刀來——在這樣的情況中，持刀傷人是常見狀況。沒人對我說一句話；他們也沒必要說。我立刻就知道這次攻擊的原因是因為他們不喜歡我圍巾的顏色。他們是另一支球隊的球迷，甚至不是當晚我們對上的隊伍，他們在街上巡視，趁機挑釁試圖見血。

我的救援來得出奇不意。相當偶然地，另一群球迷，這次穿著正確顏色，剛好往這裡走來。我朋友跑向他們，大叫著向他們求助。由於這群人人數較多，攻擊我的人跑了。我還記得的最後一件事是看著他們被追著跑，我的盟友對他們丟擲石頭和啤酒瓶。

在世界的許多地方，這樣的場景相當常見，部分體育粉絲對他們支持的隊伍感情太過深厚，以致他們願意冒生命危險或是威脅他人的生命來保衛榮譽。球場內外都經常發生雙方球迷間的衝突。甚至有成群球迷會不遠千里跋涉，通常還是到其他國家去和他們的敵人在街頭幹架。在許多例子中，他們赤手空拳攻擊對手，也有的使用煙霧彈、石頭、高爾夫球桿甚至槍枝。二〇一九年，塞爾維亞球隊，游擊隊足球俱樂部（Partizan）的球迷俱樂部領導人，在一場如同現代版部落戰事的行動中，於貝爾格勒（Belgrade）市中心遭人槍殺。事發不久前他才剛出獄，入獄原因是因為謀殺一名到貝爾格勒觀賞兩隊比賽的法國土魯斯隊球迷。他在街頭被處刑似乎是一場復仇之舉。

從許多方面來看，體育狂熱愛好與宗教、國家主義或其他意識形態形式沒有不同。在這樣的背景下，大多數體育狂粉只是模仿他們父母和同儕的愛好，或單純支持他們所在區域受歡迎的隊伍。一開始雖然只是隨機偏好，或只是對傳統的堅持，後來也能轉變為深刻的意識形態承諾。在體育場館、廟宇和集會中進行的歡騰儀式，便是讓這種轉型發生的催化劑。

確實，在一項於美國進行的研究中，我們發現當體育粉絲在場館中觀賽時，他們的情緒反應有著一致性，他們的心跳比那些在電視上看比賽的對照組更同步。那些在體育場館中的人也回報擁有了更具意義和變革性的經驗，這形塑了他們的個人認同，他們也表達了對粉絲社群更多的忠誠度。這些參與的連結效應，既不是個人情緒喚醒也不是比賽的產物。更準確地說，而是與這種情緒喚醒在團體中共享的程度相關。[11]

當然，足球之所以如此受歡迎，還有許多其他理由存在。但讓某些球迷把他們的對手看成不共戴天仇人的這種極端忠誠度，只有透過在看台上發生的集體儀式才能創造出來。從來都不存在沙發馬鈴薯足球流氓。當它失控時，儀式的力量可能是致命的。

無論如何，這個結論在沒有檢驗行為證據前可能不夠成熟。我開始研究極端儀式，希望對它們的社會效應有更多學習，也就是它們在強化參與者連結方面的作用。人類學家的洞見、心理學調查、生物學測量和神經科學數據，都同意這些儀式創造了共同情緒喚醒，從而產生團結的感覺。我自身的參與也讓我一窺集體儀式的情緒效應。但是，除了我自己的直覺之外，我仍舊缺乏具體證據說明這些效應真的轉化成更多的社會凝聚。這類激烈的儀式事實上真的有能夠改變人類行為的力量嗎？我們要如何發現？

# 6 強力膠

## Superglue

在巴西亞馬遜雨林深處，一群薩特雷—馬威（Sateré-Mawé）族的年輕男孩緊張地等待著他們的成年禮。長者們準備了一雙由棕櫚葉和鳥羽製成的手套；男孩們必須經歷的考驗則包括戴上這雙手套幾分鐘。這實際上沒有聽起來那麼容易。數小時之前，長者們從樹林中抓了一百隻子彈蟻，裝在一根中空竹節裡帶回村中。這些大型螞蟻擁有超大的鉗狀上顎，能輕易咬穿皮膚。然而牠們真正具威脅的部分在於另一端；牠們有毒的螫刺會分泌讓人麻痺的神經毒素，據說是所有昆蟲叮咬中最為疼痛的。昆蟲學家施密特（Justin O. Schmidt）親身嘗試了各種昆蟲的攻擊，以此創造了施密特叮咬疼痛指數，他描述被子彈蟻螫咬就像是「在燃燒的木炭上行走，腳後跟還插著三寸長的釘子」。有其他人表示被咬一下感覺就像是被槍擊中一樣（因此得名子彈蟻）。

為了應對這種凶猛的節肢動物，巫醫將牠們浸到一杯攪碎的腰果樹汁液中，這會讓牠們暫時失去意識。接著，這些螞蟻會被織進手套，讓牠們無法逃脫，而螞蟻的螫刺朝向手套內緣。螞蟻甦醒後，巫醫還會對牠們吹煙霧，以此刺激牠們。於是當那些參加成年禮的男孩將他們的手放進手套裡時，憤怒的螞蟻便會開始螫刺他們。

這會立即造成劇烈的痛苦。毒液使他們的手腫脹而麻痺，男孩們會無法控制地流汗和顫抖。隨著巫醫在男孩間傳遞手套，每個男孩都被咬了好幾百次。長者會帶著男孩們跳舞來幫助他們分散注意力。但隨著時間過去，被螞蟻叮咬的效果只會變得更嚴重。那些參加成年禮的男孩會發高燒、長水泡、產生幻覺並感受到一陣陣灼人的疼痛。在委內瑞拉，這種螞蟻被稱為螞蟻24（'ant 24'），暗指被叮咬後會承受長達二十四小時的折磨。這種疼痛是如此難以承受，據說曾有男孩想切除自己的手來終止疼痛。然而，這還只是這場嚴峻考驗的開始。要成為一名戰士，每個男孩都必須經歷這個儀式不只一次，而是二十次。

子彈蟻成年禮看起來或許很極端，但薩特雷—馬威族人並不孤單。在民族誌紀錄中充斥著各種創傷性儀式，這些儀式經常包括大量的壓力和痛苦，使它們被稱為「恐怖儀式」。人類學家喜歡對大多數事情抱持異議。考慮到這點，「這些習俗有助於維持社會秩序」的概念很少產生爭議，就似乎格外令人詫異了。然而，儘管有這樣的共識，想要證實這個主張的嘗試直至不久之前都還非常稀少。這並不是因為缺乏興趣。如同我們先前所見，集體儀式，特別是極端性的集體儀式，研究起來並不容易。不出所料，科學性測量這些儀式效應的早期嘗試僅局限於實驗室中。

一九五九年，社會心理學家艾倫森（Elliot Aronson）和米爾斯（Judson Mills）邀請了六十三名史丹福大學的女學生參與一個性心理學的討論團體。要成為該團體的成員，她們首先必須要完成一項「尷尬測試」。參與者被告知，這項測驗的目的是要確保她們在面對團體討論中的部分敏感話題能感到自在。事實上，這些測驗被做為一種入會儀式。

測驗內容包括在團體的其他學生面前進行一項閱讀任務。部分女性被隨機指派到一個「溫和尷尬」的情況，她們被要求閱讀一串與性相關，但不會讓大多數人感到不舒服的詞彙，像是「處女」、「娼妓」或「愛撫」。其他人則被指派到測驗的「嚴格」版本，其中包括一系列像是「相幹」或「雞巴」等粗俗語彙，以及對性行為詳盡描述的色情敘事段落。在完成該任務後，受試者會聆聽該閱讀團體會議的一份錄音，該錄音刻意設計得相當無聊，內容是一群無聊的講者就鳥類的次要交配特徵進行漫長而沉悶的討論。整場討論充斥著枯燥的語言，而講者時不時停頓良久，還自我重覆以及前後矛盾。以艾倫森和米爾斯的話來說，這是「可想像到的最沒意義又不有趣的討論」。

在這場討論過後，受試者被要求依照不同特性來給該團體及成員評分，指標特性包括她們覺得對話的有趣程度，以及團體成員聰明和吸引人的程度。結果顯示，溫和入會儀式的組別與那些沒有任何入會測驗就加入討論的控制組成員提供的評分結果沒有不同，但嚴格入會儀式的組別卻給予該團體及其成員更多稱讚。雖然所有團體都參與完全一樣的活動，那些經歷更激烈入會儀式的人會認為該活動更有趣，也認為她們的同儕更可親。

在一九五〇年代末期的美國社會脈絡下，女孩總是被教育成對性相當拘謹，甚至將其視為禁忌話題，要在一群觀眾面前進行這項任務，對那些學生來說必定是相當丟人的事情。事實上，有一名參與者在看到她要讀的詞彙時，立刻起身離開房間，退出實驗。然而，這項口語任務無法與那些在部分真實儀式中包含的激烈身體和情緒喚醒相提並論，後者有時包括了疼痛、身體上的傷殘或是心理上的創傷。

幾年後，兩名加州大學河濱分校的心理學家決定加碼。傑哈德（Harold Gerard）和馬修森（Grover Mathewson）進行了一個類似的實驗，但他們的實驗中包括了一個更令人焦慮的入會儀式。取代令人感到尷尬的詞彙，他們使用電擊來對團體中不幸的志願者造成疼痛感。當時是一九六六年，那時大多數大學尚未建立起如何對待研究對象的道德規範，所以這類實驗方式並不罕見。實驗結果與艾倫森和米爾斯的實驗一致。在參與團體之前接受電擊的受試者，會對團體及成員表達更正面的感受。此外，那些接受更強烈電擊的人，會比那些接受電擊程度較輕微的人給出更高的評分。

這些經典實驗為那些會造成嚴重傷害的儀式提供了相關的洞見。不過，雖然實驗者將他們的實驗操控稱為「入會儀式」，實際情況其實與現實生活中的儀式少有相似之處。雖然完成任務與獲得閱讀團體的成員資格有關，但這些團體與人們在日常生活中所遇到的意義深厚的社交互動大相逕庭。更重要的是，對於所屬團體的正面態度，只在足以引起實際行動時才顯得有意義。雖然這些實驗有效地為研究者指出正確的研究方向，但來自實際儀式的證據仍舊十分稀少。

○

科學研究包含了一系列對比。我們會比較干預前後發生的事；會把接受一種治療方式的人，與接受另一種治療方式或是沒有接受治療的人相互比較；我們會比較在不同時間發生的事，或者在不同群體中發生的事等。實驗室的人造環境提供了設計和操縱這些差異的機會，因為實驗者控制了受試者所接觸（以及沒有接觸）的事物，以及他們被允許（以及不被允許）做的事情。

當我們離開實驗室，進入現實世界之後，我們便放棄了大多數的控制。我們可能不再能夠隨機將個人安排成不同組別，或是操縱他們所身處的環境。這表示我們必須以不同方式來處理研究設計。我們不再自己創造那些條件，而必須嘗試去找到它們自然發生的例子。以我的目的來說，這表示我需要尋找一個由同一文化群體的成員進行，且強度從單調到極端各異的儀式脈絡。

我做了一張潛在田野地點的清單，並開始搜集相關資訊。每個地點都展示了獨特的挑戰和機會，所以選出最合適我的研究地點並不是個容易的決定。人類學研究只要是在有人類社群的地方都能發生，無論社群大小，從亞馬遜雨林到國際太空站都可以。雖然飛到太空中不是個選項，但在地球上仍存在著許多可能性。我開始根據對研究計畫至關重要的不同因素來縮減我的選項，僅留下那些有可能讓我的田野實驗執行的自然狀態。在排除大多數地點後，我終於找到一個似乎完全符合我所有條件的地點：馬達加斯加東岸外八百公里的一個熱帶小島。

模里西斯只比美國最小的州羅德島一半大一些，位在廣大的印度洋中間，在世界地圖上很容易就被忽略。有些人知道它是度度鳥的故鄉，那是一種體型很大的、不會飛的鳥類，在人類活動出現後很快就在島上滅絕了。還有許多人從未聽過這地方。無論如何，這是一個小而獨特的地方。

模里西斯是世界上最後一個成立的主權國家。在其簡短的歷史裡，它陸續成為荷蘭、法國和英國的殖民地，直到一九六八年才獨立。獨立之前的行政單位起初引入數以千計來自馬達加斯加、莫三比克和非洲其他不同地區的奴隸，以耕作甘蔗田。在奴隸制廢除後，有甚至更大量的契約勞工從印度、中國和亞洲其他地區遷徙至此。所有那些種族團體的後裔組成了一個真正的彩虹國家，居民說著多重語言，進行多種宗教傳統。這種多元性讓模里西斯成為一個研究儀式的理想地點，你可以在幾公里內找到所有主要宗教的廟宇，各自舉行著不同的儀式慶典。

模里西斯最迷人的儀式是由坦米爾印度教徒於十九世紀傳入。坦米爾人是原生於印度南部和斯里蘭卡北部的種族，已有數千年歷史。除了他們的起源地之外，有超過數百萬人居住於全球各地的移民社群中。這些社群使用全世界最古老的語言坦米爾語，並維持著各式各樣的古老傳統，包括那些真正令人感到興奮的習俗，像是踏火、爬劍山和身體穿刺。

這些儀式中最壯觀的，便屬於大寶森節卡瓦帝遊行（Thaipusam Kavadi）。這是一個漫長且痛苦的朝聖旅程，用於敬拜印度神祇穆魯干（Murugan），他是濕婆和雪山神女的兒子，雪山神女是母親女神的轉世，迦梨女神也是。這項儀式在坦米爾曆十月「**泰月**」（Thai）的滿月時分舉行，是大寶森節的高潮，也是坦米爾社群最重要活動。

雖然這項儀式的起源已經失傳，但傳說這個節慶是在紀念穆魯干從他母親手上接過神矛的時刻。惡魔蘇拉巴曼（Soorapadman）曾誘騙濕婆給他神力。在唱誦他的讚美一千年之後，這個惡魔得到了濕婆的祝福，如此一來，除了濕婆自己的孩子之外沒人能打敗他。然而，濕婆並沒有孩子，這表示蘇拉巴曼現在事實上是不死之身。因此蘇拉巴曼有膽量去執行一項邪惡的計畫，在兄弟的幫助之下，他俘虜了地和天，綁架了神祇，逼祂們為奴。神祇們向濕婆求助，安排祂與雪山神女相識並成婚。兩者的結合造就了穆魯干的誕生，他領著一支神軍對抗惡魔，戰事相當激烈，持續了六天，但穆魯干最終占了上風，使用他母親賜予他的長矛給予敵人最後一擊。蘇拉巴曼懺悔不已，祈求穆魯干饒他一命，他將會永遠侍奉祂。穆魯干滿足了他的願望，將他變成一隻孔雀，永遠當祂的座騎。為了慶祝穆魯干的勝利，大寶森節卡瓦帝的參與者會用象徵室穆魯干長矛的針刺穿自己的身體，並帶上以孔雀羽毛裝飾的貢品。

大寶森節卡瓦帝遊行由數以百萬計坦米爾印度教徒在世界各地舉行，從南非到澳洲，從部分歐洲和北美地區到印度洋、太平洋和加勒比海的各個島嶼上，是世界上最古老、分布也最廣的極端儀式。這個節慶時長數日，包括一系列的活動。當中最特別便是**卡瓦帝祭舞**（*kavadi attam*），舉行時信徒會以尖銳物品穿刺他們的身體，肩上揹著沉重的卡瓦帝（*kavadi*）加入長長的隊伍，走到穆魯干神廟。人們經常是因為向穆魯干許下了誓願而參與這項儀式。信徒可能會請求穆魯干滿足其特定願望，像是從疾病中痊癒、升職或是讓他們的孩子考試順利。其他人則是因為已達成願望而來還願，感謝神祇保佑他們獲得祝福。但也有許多人是基於社會因素而進行這項承諾。

當我向他們問起為什麼要參加卡瓦帝祭舞時，人們通常會以傳統和團體感作為他們參與背後的原因。「我們是坦米爾人，這是坦米爾人要做的，」他們會說，「這是我們的傳統。」一坦米爾人解釋說，他們從小就看別人參加，所以他們就想著有天他們也要參加。其他人則歸因於他們的祖先：「我們的父輩這樣做，他們的父輩也這樣做，所以我們接著他們的腳步。」

大寶森節在模里西斯是公定假日。那天，無論你在島上的哪個地方，都會注意到似乎有某件大事即將發生。島上各個角落，大大小小超過一百個神廟都會開始組織遊行。這些遊行中最小型的可能只吸引到數百名朝聖者，但較大型的甚至會吸引到數千人，每場遊行都是真正的盛會。其中有個地方特別突出。那是一座名為 Kovil Montagne 的神廟，位於卡特勒博爾納鎮（Quatre Bornes）前衛峰（Corps de Garde）山腳下的一座山峰，俯瞰著整座島嶼，西邊是印度洋，東邊是中央平原。這裡是模里西斯最早開始籌辦大寶森節慶典的神廟，距今已有一個世紀的歷史。今日，這裡成了大寶森節的主要朝聖地，吸引來自全國甚至海外的崇拜者前來朝聖。

大寶森節慶典在神廟升起那面象徵準備活動開始的旗子後正式展開。旗上描繪著穆魯干的象徵物：長矛和孔雀。隨著大寶森節逼近，信徒每日會以牛奶和薑黃水為穆魯干神像沐浴，為其打扮並飾以鮮花。他們會在家中進行額外的祈禱。禁食肉類、酒精，以及禁欲來淨化自身。有些人睡在地板上，有些則避開微小的日常愉悅，像是看電視、聽音樂、運動、吃甜食或喝汽水。他們會花好幾天搭建他們的卡瓦帝：那是一個由木頭或金屬為框架的可攜式祭壇，精心地以聖像、鮮花、椰樹葉和孔雀羽毛裝飾。他們會在遊行中把卡瓦帝揹在肩上，在數小時的路程結束後將其獻給神明。

大寶森節當天，黎明時分，穿著紫紅色或暗黃色傳統長袍的朝聖者聚集在附近河邊。在親友的陪伴下，朝聖者揹著卡瓦帝，沿著河濱有秩序地列隊行進，驕傲地向每個人展示自己的卡瓦帝。朝聖者的遊行從在河流淺水區進行淨化儀式開始。他們使用薑黃沐浴，接著換上腰布，用聖灰塗抹身體。在印度教信仰中，每條河流都是神聖的，因為它們在象徵層面上都與恆河有關，所以沐浴可以同時潔淨身體和靈魂。他們向穆魯干和他的母親雪山神女祈求保佑，祈禱他們有力量和勇氣面對接下來要發生的事。

很快地，這片寧靜被淒厲的哭喊聲給打破了。在信徒進行朝聖之前，必須承受痛苦的身體穿刺。穿過舌頭的針象徵了——也強加了——沉默的誓戒，這樣的限制會持續直到他們抵達神廟為止。部分女性會出於同樣目的用圍巾把嘴綁住。然而，大多數男性會承受多個部位的穿刺，包括將數根針刺在臉頰和額頭上，或將數百根針穿過整個身體，或者在身上穿過鉤子，掛上鈴鐺或檸檬。針是銀製的，並且有著葉片狀的頂端，就像穆魯干的長矛。即使身上扎滿了針，他們也會將這些針以整齊有序的方式排列，在背上、胸前、手臂和腿部形成美麗的對稱圖案。

我曾問一名剛從神廟下來的青少年穿刺了幾根針。他年約十五歲，看起來筋疲力盡，但一直帶著驕傲的微笑。「五百，」他以不流利的英語說道。我看著他，不敢相信我聽到的答案。我可以看到他的兩頰上有兩個巨大的疤痕，而他的胸前和手臂上也有好幾十個刺傷的傷痕，但沒有他說的那麼多。「你是說五十根嗎？」我問。「不是，」男孩堅持，「五百！」我想著這一定是語言不通的問題，所以我用破爛的法語再問了一次，「五十？五零？」「不，」他回答，清楚地說出每個字。「五，百。五—零—零。」說完他接著轉過身來，讓我看他的背部——像篩子一樣，每一寸都被刺穿了。

在進行穿刺的過程，哭喊聲在人群中此起彼落。那些經歷身體折磨的人肯定處在痛苦中，然而那些看著兒子、丈夫或兄弟遭受折磨的女性才是尖叫得最大聲的。這種同理反應也是疼痛儀式很重要的部分。如同我們在西班牙踏火儀式中所看到的，社會連結強化了情緒感染。當朝聖者經歷疼痛時，他們所愛之人也會間接感受到他們的痛苦，當他們共享彼此的感受時，整個社群彼此的連結就變得更加緊密。

不可否認，就算對外來者而言，這也不是一個能夠輕鬆觀賞的奇觀。長年以來，我已經看過研究團隊中的許多學生和成員在看到人們遭穿刺時感到不適、流淚或崩潰的場景。雖然隨著時間過去，接受這件事對我來說變得比較容易，但每當我看著某人被長針刺穿臉頰時，還是會感到胃部一陣翻湧。我經常得借助相機才能去觀看這些場景：鏡頭提供了一種距離感。

許多參與者甚至更進一步，用與掃帚柄一樣粗、長達幾公尺的巨大金屬棒刺穿臉頰。這些金屬棒的長度和重量需要兩手才握得住，它們的承載者必須要咬住金屬棒，以免棒子撕裂臉部。好像做到這樣還不夠似的，有些信徒會在穿過背部皮膚的鉤子上綁上鎖鏈來拖拉馬車。這些馬車是卡瓦帝的超大型版本，看來就像是有輪子的神廟，上面帶有豪華裝飾，載著等比例尺寸的雕像或呈現神話場景。有些馬車有多層結構，高到必須用竹桿把空中的電線抬起來才能讓馬車穿過。我曾看過一名男子用他皮膚上的鉤子拉著一台十八個輪子相連的馬車，而他就像拉動火車的火車頭一樣。我還看過有人拉著一座由金屬片打造的山丘模型，頂端有尊穆魯干的雕像，雕像被山坡上活生生的植物給包圍——據傳說，穆魯干是山區的主人，這便是為何祂的神廟往往蓋在山邊。

當所有人的穿刺都完成了，信徒們便會集結，往穆魯干的神廟沿路進行遊行。他們如穿牛軛般，將他們的卡瓦帝放在肩上，直到抵達目的地前都不會將其放下。「kavadi」這個字在坦米爾語中的意思是「負擔」，似乎相當切合其義。這些卡瓦帝的結構可能有三公尺高，重量可能超過五十公斤。每個卡瓦帝上都有一尊穆魯干像，載著食物貢品和裝滿牛奶的銅罐，待他們抵達神廟後，就會用來供奉神明。據說穆魯干會保佑牛奶不變餿。整場遊行的路徑六公里，朝聖者一路赤腳前進。有些人會為自己增加額外的困難，像是穿著以尖釘製成的鞋子來走這段路。就算不穿鞋，這也不是件輕鬆的事，瀝青在熱帶正午陽光的炙烤下熱得灼人。對像我這樣不習慣赤腳行走的人來說，光是走一步都痛苦萬分。

遊行隊伍移動得很緩慢，卡瓦帝神轎總是在隊伍的最前方：抬這座神轎被視為極大的榮耀和祝福，這項任務每年都由不同的人進行。神轎後面的人們分別扛著一尊孔雀、一尊穆魯干雕像、一把金矛、一根木頭權杖和一根林伽——濕婆神的陰莖狀象徵物。一組樂手為控制遊行行進的節奏，演奏著長型管樂器吶音管（nadhaswaram）和桶狀的桶鼓（thavil）。每當群眾經過十字路口，便會停下來進行驅逐惡靈的儀式——如同在許多文化中那樣，交叉路口被視為兩界交界的空間，經常有靈魂和其他黑暗力量造訪。每一次他們停下，樂聲就會加快，朝聖者隨之起舞，跟著旋律搖擺依然揹負重荷的身體。隨著音樂的節奏漸快、音量漸強，許多人似乎進入了恍惚狀態，雙眼翻白，兀自旋轉著。有人喊叫出聲，引發一鼓席捲群眾的情緒感染，讓人們一個接著一個開始顫抖、打轉，彷彿對身邊發生的一切失去知覺。當他們快要失去控制時，陪伴他們的家人會輕柔地觸碰他們，幫助他們重拾對周遭的感知。不久之後，音樂慢了下來，遊行繼續進行，直到下一個十字路口。

遊行持續以這個步調前進，花上好幾個小時才會抵達終點。然而，就在朝聖者疲憊又脫水地到達目的地時，最吃力的部分才剛要開始。要進入神廟，他們必須揹著他們沉重的負擔走上山。這表示爬上二百四十二階由黑色火山岩製成的階梯，而階梯在太陽整日的曝曬下變得灼熱。到了此時，許多人已瀕臨崩潰邊緣，但每個人仍努力撐到最後——幾乎每個人。

在我數年參加大寶森節的經驗中，只遇到一次有人無法完成朝聖。那是一名男子，年約四十幾歲，揹著一個巨大的卡瓦帝爬上山。當他開始攀爬時，我注意到他似乎虛弱且力竭，每走幾步，就需要休息很長一段時間。他一手抓著扶手，另一手撐著肩上的卡瓦帝。他的家人看起來很擔心，當中有人提議在他恢復力氣前，暫時幫他拿著他所揹負的負擔。但他搖搖頭，繼續緩慢且痛苦地向上爬。很快地，他又停了下來。他彎著腰，單膝跪地，好讓背上的卡瓦帝保持平衡。他的同行者開始乞求他接受他們的幫助，但對他而言這不是一個選項。那是他的負擔，他必須自己肩負。他們苦勸他按照自己的步調前進，事實上他不得不如此。

他以那個姿勢停留了幾分鐘。但當他試著再度起身時，他卻做不到。他再休息了一會兒，然後重新試了一次。兩名男子撐著他的腋下，幫他站起身來，但他很快又跪了下去。他好幾次嘗試站起來卻做不到。他抬起頭，望向神廟的眼神帶著明顯的絕望。他已經如此靠近終點了——就差幾步！他撐過了穿刺，經歷了一整天的遊行，在烈日下負擔著卡瓦帝的重量。他甚至已經爬上大部分台階。但此時他已付出所有，再無剩餘。當他終於允許同行者將他背上的負擔取下時，他慨然慟哭。他帶著挫敗與慚愧的神情坐在原地，看著他的卡瓦帝在沒有他的情況下抵達神廟。

不久後，我看到他離開神廟。我試著和他說話，但他稱言不便而離開了。

大寶森節卡瓦帝活動為我提供了設置自然實驗環境的理想條件。在這個節慶的脈絡下，同一社群的成員進行一系列儀式，在儀式中扮演不同角色，參與程度也各不相同。這表示我們有可能比較這些因素在自然脈絡下如何影響人們的態度和行為。

每天晚上在神廟都會舉辦集體祈禱，參與者會坐下來進行幾小時的唱誦。這項活動沒有任何激烈的身體或情緒張力，與卡瓦帝所需的最高喚醒有著尖銳對比。根據人類學家對於儀式社會角色的理論，問題浮現了：參加高強度儀式，會讓人們變得更親社會嗎？

話說回來，不是每個人都暴露在等量的痛苦中。有些卡瓦帝很小，有些很巨大；有些信徒只有單一穿刺，而有些人穿了數百回；雖然那些針和鉤每一個都很疼，但在臉上穿一根棍子又是另一回事。因此我的另一個問題是：那些經歷更多疼痛的人，會比那些經歷較少的人更為親社會嗎？

最後，在朝聖者揹著他們的重擔時，他們的家庭成員也會在整趟路程中走在他們身邊，卻沒有進行那些痛苦活動中的任一項。如果這些儀式真會產生親社會的效應，這種影響也會延伸到他們身上嗎？

在行為科學中，一項最常用來測量親社會行為的方式稱為「經濟遊戲」。經濟遊戲是牽涉到參與者（在這種脈絡下通常稱他們「玩家」）之間金錢交易的實驗，這些交易會受到實驗者所制訂的特定規則所約束。在這些任務中最常見的就是所謂的獨裁者遊戲：玩家會獲得預先給定數量的金錢，然後被告知他們可以選擇按自己的意願保留部分金錢，然後把剩下的錢交給另一名玩家。這讓研究者得以衡量每個人對他人的慷慨程度。

經濟遊戲的主要優勢在於風險是真實的。實驗參與者可以給出實際的金錢，也可以把錢留在自己口袋裡。這相當關鍵，因為當研究者要求人們回報他們的態度和行為時，他們的答案並不總是與他們實際上想做的一致，特別是回報那些在所屬社群中會視為正向、在特定社會中會得到讚美的特質時。無論是有意還是無意，人們往往會誇大在社交上具吸引力的特質。因此，經濟遊戲透過要求人們進行會造成重大損失的交換來解決這個問題。與其檢視人們**宣稱**他們願意給出多少錢，不如檢視他們**實際上**會給出多少錢呢？

在最近幾十年，透過這類遊戲，我們已經瞭解到許多與人類本質有關的事物。舉例來說，長久以來，許多經濟理論盛行一種觀點，即人們受到將效用最大化的純粹欲望所驅使，會根據理性以及狹隘而自私的成本效益計算來進行決策——這樣的決策模型被稱為**理性經濟人**（*Homo economicus*）。然而，當研究者開始使用行為實驗來檢視人們如何做決定時，他們發現理性經濟人只存在理論架構中；在現實生活中，我們的本能、情緒、無意識偏見和社會預期，經常以各種方式影響我們的行為。

儘管有其價值，形式化的經濟實驗卻有個主要缺點：它們對參與者來說可能是陌生而令人困惑的。因為這些實驗是去脈絡化的，與人們在正常生活中會遭遇到的情況並不相像。畢竟，你什麼時候遇過有人在路上攔住你，給你十元、然後詢問你是否想要分給匿名的陌生人呢？

為了在研究中避免這種隱憂，我們使用一個人們在現實生活中更常遭遇的活動來包裝這個任務：慈善捐款。我們邀請人們參與我們的研究，付給他們二百盧比的參與費——在那個脈絡下是一筆可觀數目。接著，我們跟他們說明有關慈善捐款的事，他們可以自行決定要從參與費用中支付多少來進行慈善捐款。為了確保他們有足夠選項，我們以二十元硬幣的形式給予他們這筆錢，這樣有效創造了零到十的量表，來衡量慷慨的程度。

這個計畫增加了研究的現實性，但也製造了一些我們預期之外的挑戰。要進行這樣的實驗，我們需要取得數千枚硬幣。事實證明，這比我所預期的要困難得多。取得這麼大一堆硬幣的唯一一個明顯的場所就是銀行。問題在於基於某些原因，當地沒有一間銀行願意換這麼多硬幣給我們。當慶典逐漸逼近，卻仍無法獲得所需數量的硬幣時，我們的研究團隊開了一次會：我們同意特殊情況需要特殊手段。由於搶銀行不是個選項，所以我們決定前往唯一手頭上可能有這樣一筆現金的地方：賭場。

在那裡，我們的要求還是受到出納的懷疑，他向經理回報了我們可疑的行為。經理禮貌地告知我們，賭場只為顧客提供兌換服務。我們無法換得硬幣，雖然如果我們有興趣的話，他們還是很歡迎我們留下來賭博。當我們在賭場四處閒逛時，我們看到一台吃角子老虎機會吐出二十元硬幣給贏家。此外引起我們注意的，是機器上有一個寫著「大筆兌換」的按鈕，供玩家將投入的錢換成硬幣。這個兌換功能是否也會換出二十盧比的硬幣，而非鈔票、代幣或兌換券呢？我緊張地將一張千元盧比鈔票插入機器。我開玩笑地說，就像每個人都會想出一套自己的好運儀式——有人會親吻吃角子老虎機，也有人交叉手指許願——我則向穆魯干祈禱。當我按下按鈕時，所有人屏住呼吸。隨後機器接連發出五十個金屬響聲，聽在我們耳裡彷彿天籟。那晚終了，我們終於把硬幣都準備好了。

在大寶森節當天，我們早早抵達神廟。寺廟委員提供一間位於山腳的接待室，讓我們在那裡把設備準備好，靜待活動開始。我們知道當群眾到達後，一切都會變得混亂。直到最後一批信徒離開神廟前，我們只有幾小時的空檔來招募參與者。

沿著階梯爬上山丘頂端後，朝聖者排成一列，將他們的卡瓦帝放下，一個個進入神廟向穆魯干獻上貢品，並由祭司幫他們取下身上穿刺的針。許多人在踏進神廟時突然淚流滿面，被歡欣和寬慰所淹沒。在完成試煉後，他們便從另一頭走下山丘，往出口行去。

我們的研究助理就駐紮在出口這一側，邀請他們參與研究。我們會領那些同意者進入接待室，給他們一份簡單問卷，讓他們評量朝聖經驗的痛苦程度。完成調查後，我們會感謝他們的參與並給他們補償。然而在他們離開建築時，研究團隊聘請的一名演員會上前詢問，他們是否願意將剛賺得的錢捐一些給當地一個慈善團體。他們會拿到一個信封並被帶進一個亭子裡，讓他們在全然隱私的狀況下將他們的捐款放進募款箱中。每一個信封上都標有我們隱藏的密碼，好讓我們在不影響匿名性的前提下與每名受試者的問卷進行配對。

為了與其他情況下進行的捐款進行比較，我們在不同脈絡下進行了同樣的程序。稍早幾日，我們在同一間神廟，為同樣節慶舉辦的集體祈禱活動後招募受試者，而在大寶森節過後幾週，我們在另一個非宗教地點、離開任何儀式脈絡的情況下，收集控制組的數據。所有的受試者都住在同一個小鎮上，都參與了大寶森節的慶典。由於他們是隨機招募的，因而他們在行為上的差異，理論上會與他們參加的特定活動有關，並排除了任何個性特點或是人口分布特性的影響。

分析數據，我們發現控制組的受試者（沒參加任何儀式的人）會將他們賺得金錢的平均二六％捐給慈善團體。這樣的數字相當可觀，考慮到他們本來可以將整筆錢都留給自己時更是如此，不過這與人們在實驗室中進行獨裁者遊戲時的典型分配比例接近。相比之下，那些參與集體祈禱（低強度儀式）的人明顯捐出更多：平均約為四〇％。更甚者，參加卡瓦帝儀式的受試者捐的金額幾乎是前者的兩倍，平均捐款比例達到他們賺得的七五％。在進行痛苦儀式後，人們將他們賺到的四分之三捐給了慈善團體。

事實上，當我們檢視疼痛和捐款的關係時，發現一個明顯的正相關性：信徒在儀式中經歷的疼痛越多，捐給慈善團體的錢就越多。但這項儀式的親社會效應並不僅限於那些第一手經歷到疼痛的人。那些在遊行中陪同儀式參與者的人也給出了相當的捐款。他們在自己的親友身旁，看著他們接受穿刺，在他們揹負卡瓦帝時走在他們身旁支持他們、為他們哭泣。這麼做的同時，他們也間接經驗到他們的犧牲。他們不僅與直接參與者產生了同樣的感受，也表現出與直接參與者類似的行為。在卡瓦帝祭舞當日，整個社群都變得更慷慨了。

在研究中，我們僅專注於我們能夠在這場儀式中測量的面向。不過我們也可以直接親眼觀察到其他親社會性的表現。大寶森節當天，整個當地社群彼此連結。當遊行通過鎮上時，人們經常打開家門，不僅為了觀賞遊行，也是為了提供幫助。他們會拿出水管和水壺，將卡瓦帝揹負者的腳弄濕，以減緩他們光腳走在炙熱柏油路上的劇痛，並用毛巾為揹負者擦去額上的汗水。他們也會照顧陪伴著揹負者遊行的數千人，設置桌子和臨時篷頂，為他們提供茶點、水果和一小段遮陰。在神廟裡，志願者花上整天時間打掃、跑腿、煮飯並在遊行結束當晚免費供應給每一個人，所用的材料也來自數以百計的捐贈。那晚每個家庭都會精心製作一種稱為七道宴（Sept Cari）的傳統餐點，包括七種不同的蔬菜咖哩，與米飯、木薯製成的甜點和其他數種點心及飲料一起放在香蕉葉上。當地人會驕傲地邀請親友和陌生人一同享用這些餐點，社群中最富有的成員甚至可能一次宴請數百人。每次我參加卡瓦帝活動時，我都受邀參加數個這樣的盛宴。他們的邀請是如此真誠而堅持，以至於我最後經常享用不只一次晚餐。

對外來者而言，像是大寶森節卡瓦帝遊行這樣的極端儀式可能令人費解。然而，正是這種磨難的強度，造就了他們親社會效應的基礎。共享痛苦所鍛造出的強烈連結，或許是幫助早期人類社群在面對戰爭、掠食者或自然災難等生存威脅時齊力合作、克服分歧的一個革命性適應手段。這也是何以我們總在生存威脅中發現人類最非凡的合作案例。

人類學家麥昆（Brian McQuinn）加入了一群對抗利比亞獨裁政權格達費（Muammar Gaddafi）的反抗軍。麥昆在田野工作中理解到，這些男人彼此間形成的關係，與他們和親近家人之間的關係一樣緊密，甚至更加強烈。他收集來自整個軍營的數據後發現，那些和敵軍進行直接武裝衝突的前線戰士，與其他沒直接暴露於戰場中的後勤支援如技術和醫護人員相比，鍛造出更強烈的連結。這些連結如此深刻，以至於這些戰士往往願意為保護同袍而犧牲生命。雖然他們之間並沒有血緣關係，但這些軍人會以兄弟情誼來表達對彼此的情感，且經常回報他們和同袍之間的連結，比他們和自己親人的關係來得更深。在描述那些情緒時，他們會解釋這種上戰場的經驗存在著某些外來者不能瞭解的感受。他們知道自己和同袍共享了這種私密經驗，正是讓他們彼此間擁有獨特關係的原因。

以越戰老兵萊利（Robert J. Reilly）少校的話來說：

> 承受戰鬥最強的動力……是同一隊或同一排成員間形成的連結。這種凝聚力是士兵唯一最重要的支柱和激勵。簡單來說，士兵會戰鬥是為了他們小單位的其他成員而戰。……大多數人不會為了崇高理想冒生命危險……但他們會為了他們有凝聚力團體的成員這麼做。

與此相似的，在二戰期間曾任中尉的哲學教授葛雷（Jesse G. Gray）這麼說道：

> 無數士兵或多或少心甘情願地死亡，不是為了國家、榮譽、宗教信仰或其他抽象的高尚目的，而是因為他們理解到如果為了挽救自己的性命逃離職守，會讓他們的同伴陷入更大的危險當中……不是為了什麼主義，不是國家主義，甚至也不是愛國主義，不是這些人類透過被規訓操控而生的情緒，而僅僅是為了袍澤情誼。對團體的忠誠是戰鬥士氣的本質。……能夠保持並強化這點的指揮官，知道所有其他心理或身體的因素都遠遠難以比得上這點。

本質上，極端儀式似乎模擬了這些情況，使之獲得親社會性的好處。與其等到戰爭或其他災難發生，許多社群會透過主動提供強大的儀式經驗來激勵社群成員。而效果確如預期——那些經歷強烈集體儀式的人所表達的情緒，經常與那些軍隊士兵表達的情緒相似。如同一名參與這類儀式的年輕男子告訴我的：「第二天，你在街上看到另一個人，你知道你們一起參與了這項儀式，你們之間有了連繫，現在你和他之間有了一種不同的關係。就算那人是你的敵人，當他與你同在時，他就成為了你的同志，你的兄弟。」這種與其他成員深刻、無條件的認同，形成了一種特殊的連結。

在大多數案例中，要成為一個社會團體的成員，需要在個人認同（作為個人，我們對於我們是誰的感覺）以及社會認同（我們與其他團體成員間共享的東西）之間進行某種交換。我們屬於個人認同的自我以獨特的生命經驗構成，在我們生命中的那些關鍵時刻形塑了我們的個性。相對地，集體認同一般基於更抽象的概念、理想和信條——舉例來說，關於一個人的國家或宗教——以及關於其他團體成員的普遍化論述。因此，在這兩種自我之間可能存在一種液壓般的關係：要啟動一個人的集體認同，需要對他個人認同的自我進行抑制，反之亦然。當我認為自己是個希臘人時，我不會去想到我的個人經驗或特點。更準確地說，我喚醒的是那些在我腦海中意圖代表希臘性的典型特徵：它可能是國旗、地圖上國土的輪廓、歷史文化的面向，或是其他各種經年累月形成或學習的種種關於希臘精神的事物。在這種認同中，我不會去想我與特定幾個人的特殊關係紐帶，我的父母、我的姐姐和我的友人。這些關係更可能在我想到我的個人認同自我時啟動——他們對我來說很重要，但不是對所有希臘人來說都很重要。

社會認同的抽象形式是社會化的結果。透過定期參與團體活動，暴露於其信條、習俗、象徵和傳統之中，我們開始將自己感知為社會的有機成員，與其他成員分享一系列基因的相似性和興趣。透過鼓勵個人接納、效忠於一個抽象社會秩序，可使複雜且通常還有異質混雜的成員團結在一起。白宮稱之為教義的那種高頻率低喚醒儀式，已經足以鞏固他們的團結。宗教團體的規律集會、軍隊每日的升旗典禮，以及公司的每週快樂時光（weekly happy hour），全都是為了讓團體成員在貶低個人自我的同時，強化這種集體自我。

意象式儀式與前述那些活動不同。透過讓參與者經歷與團體成員共享的特別經驗，它們同時啟動了個人認同與集體自我。對於一群一起經歷儀式的人來說，它形成的記憶既標誌了他們個人的敘事自我，也在他們腦海中代表了這個團體。讓一群參加成年禮的新成員產生連結感，不在於他們學到的教義：真正首要的，是他們在儀式中體驗到的共同經驗。與其壓制他們的個人感知，意象式儀式讓他們的個人自我更為突出，同時也讓這種個人自我與他們的社會自我顯得更加難以區別。

心理學家稱這種個人與團體的整合感稱為**認同融合**，這個詞彙反映了人們的個人認同與集體認同混合在一起的感覺。研究者設計了不少方式來測量它。舉例來說，透過口語調查的形式進行，要求回應者表達他們對於諸如「我是我團體的一份子」、「我的團體讓我變得強大」以及「我就是我的團體」等陳述的同意程度。另外也有一個方式，以兩個圓圈形成的圖解作為視覺幫助，其中一個圓圈代表個人，另一個圓圈代表個人所屬的團體。研究者會要求回應者透過擺弄兩個圓圈間的距離遠近，來描述他們如何看待自己與他們所屬團體間的關係。某些感覺與他們所屬團體完全融合的人，甚至會將兩個圓圈完全重疊在一起，讓自己與同儕間沒有區別。

當人們與團體高度融合時，他們不僅會將自己和團體抽象地等同起來，甚至會開始將自己與團體中的個別成員等同，他們彼此之間建立了個人性的聯繫——無論是想像的或是實質的，團體中的其他人彷彿也成了自己的骨肉一般。他們不再是非個人團體中的其他成員，而是成了共赴戰場的弟兄姐妹。研究顯示，在高度融合的認同狀態下，個人會將他們所屬團體面臨的威脅視為對他們自己的個人冒犯。當一名團體成員的夥伴遭到威脅，他們展現出的情緒反應和家庭成員面臨威脅時會產生的反應相似。與非認同融合的個人相比，他們更願意幫助他們的同志，為團體價值戰鬥，就算這代表了代價高昂的犧牲也是一樣。他們也表達了更多為所屬團體戰鬥、赴死的意願。意象式儀式可以形塑這種強力膠般的效果。

人類學家柴特林（David Zeitlyn）在喀麥隆研究馬必拉族（Mambila）的成年禮儀式。每年都會有一群年輕男孩被帶進森林中一處被稱為jere的圍地，那裡只有男性可以進入。他們會進行一項儀式，儀式中包含祕密宣誓以及全身塗抹泥巴。在他們被引導進行這項儀式時，他們不會注意到有名男子躲在黑暗中，戴著一個巨大面具打扮成惡靈。他會出其不意地衝出來攻擊男孩們。被驚嚇的孩子會四處竄逃，而成人會將他們抓住，把他們丟回去面對怪物般的惡靈。

無法成功逃過面具人、逃離jere的兒童，形成了一個歇斯底里的小團體，他們試圖鼓起勇氣，逃離攻擊。兒童們顯然被徹底嚇壞了，儘管年紀稍長的男孩在先前必定有過數次類似的經驗。……成年男性會站在一旁大笑，或是站在門口幫助面具人，在面具人粗暴對待一名男孩時抓住其他試圖趁機溜走的男孩。一名男孩怕到直接衝過圍籬。而其他人在試圖這麼做時被抓住了。

在進行田野工作的幾十年過後，柴特林與一隊合作者回到喀麥隆去檢驗這些成年禮在形塑集體連結上的效應。他們對近四百名馬必拉族男性進行調查，當中近半數年少時參加過成年禮儀式，另外半數則沒有相關經驗。他們發現，那些經歷過這場嚴峻考驗的人與他們的社群更融合，並回報更願意為保衛他們的團體而戰鬥、犧牲。縱使距離成年禮已過了幾十年，這樣的經驗對他們的團體認同卻留下了不可磨滅的印記。

儀式作為強力膠的暗示和它們的表面意義一樣廣泛：意象式儀式能幫助打造具有高度有凝聚力的團體，無論好壞。在強調包容性的脈絡下，它們可以成為形塑一致性的重要媒介。舉例來說，我們在模里西斯調查參加大寶森節卡瓦帝活動的人們時，發現這項儀式是全國共同慶祝的節日，經常會有其他宗教社群的人參加，並以相對平和的方式共存。在這樣的場景中，我們發現參與儀式也增加了人們對於國家的團結感：在進行疼痛的儀式後，參與者對於自己國家的驕傲感有所提升——他們更加認同自己是模里西斯人。然而，於此同時，他們也更加傾向於把其他的當地團體視為模里西斯人。有趣的是，這項判斷根據那些團體在大寶森節卡瓦帝活動的參與程度而有所不同。不意外地，他們視他們自己的團體，印度教徒，為最具有模里西斯國族性的人，接下來是經常參與慶祝活動的基督徒，最後則是較少參與的穆斯林。

相比之下，在面對外在團體威脅（無論是實際的還是想像的）的社群中，這些儀式也能刺激敵意以及對暴力的支持。舉例來說，一項在巴西進行的研究發現，那些和他們支持隊伍認同融合程度更高的足球球迷，更有可能對敵對隊伍的球迷施加身體暴力。而在一項針對西班牙囚犯進行的研究中，研究者也發現那些與他們宗教團體更有融合感的囚犯，更有可能進行恐怖主義行為。

至此，我們對極端儀式的心理機制和連結效應進行了部分的檢驗。不過，透過西班牙和模里西斯的發現可以顯示一個補充面向，而這對儀式的社會效果來說至關重要：極端儀式的連結效應不僅作用在群體和第一手經驗創傷性磨難的個人之間，在正確的情況下，這種連結甚至能延伸到整個社群上。為了進一步調查這種作用如何發生，我們會探索儀式的象徵特性如何讓它們成為強大的溝通手段——從個體**之內**的思想，轉向不同個體**之間**的作用。

# 7 犧牲

## Sacrifice

一八六〇年，達爾文在一封給同事格雷（Asa Gray）的信中寫道：「無論何時，一看到孔雀的尾羽，就讓我感到不適！」達爾文的壞情緒來自孔雀華麗的尾巴提出了一個困難的謎題。根據他的演化論，那些更能適應環境的個體更有可能生存、繁殖，而將造成它們勝利的特點遺傳下來。隨著世代發展，那些有用的特徵就會變得更常見，而較沒用的特徵則會被淘汰。這便是我們稱為**物競天擇**的過程。

生物身上的大多數特徵，即便極端，也會具有明顯的實用性。獵豹的長尾巴可以用來幫助平衡，協助牠在高速轉彎時控制方向；蜂鳥拉長的鳥喙讓牠能從管狀的花朵中吸取花蜜；豪豬的長刺幫助牠嚇退掠食者。但孔雀長得離譜的尾巴如何能幫助牠適應環境？孔雀的尾巴長達兩公尺，被巧妙地稱為「拖裙」。這樣的尾巴會在飛行時增加阻力，為它的負載者帶來額外的重量，使牠更加不靈活且更顯眼而容易被掠食者看見。這樣的負擔怎麼會在演化的過程中被留存下來呢？

達爾文認真思考了這個難題，他最終想出了解答：**性擇**。要找到答案，他必須考慮那些沒有長尾巴的孔雀，即雌孔雀。如果這個物種的雌性發展出對雄性特定特徵的偏好（像是有更大獅鬃的獅子或是更鮮艷羽毛的鳥類），更樂於接受擁有該特徵的雄性的求偶，那麼那些擁有更誇大版本特徵的雄性便更有可能成功交配。又因為擁有這些華麗裝飾的雄性更受歡迎，那些偏好與牠們交配的雌性，就更有可能孕育出性吸引力強的兒子，增加牠們傳播自己基因的機會。甚至雌性也會將自己對長尾巴的偏好遺傳給女兒，讓這個循環延續下去。很明顯地，如果雄性發展出對雌性華麗尾巴的偏好，相反的情況也會發生。如此一來，華麗羽毛和對這種特徵的偏好會共同形成一個反饋迴圈，導致對於這些具性吸引力特徵的選擇過度強化，即使這些特徵一開始沒有任何直接的實用性。

不過，以色列生物學家札哈維（Amotz Zahavi）注意到，這些生物的特徵無論是生理上的或是行為上的，都在溝通上扮演了重要角色。札哈維調查了許多類似的例子，其中一項是在某種羚羊上觀察到的特殊習性。當非洲瞪羚看到捕食者時，牠們經常會進行被稱為四腳彈跳的動作：牠們垂直地反覆跳躍，將四腳同時高舉在空中。這種行為乍看之下似乎很令人困惑。如果瞪羚看到獅子，那麼牠最佳的行動方針應該是低趴在大草原的高大草叢中，以期不被獅子注意到，或是轉身逃命。在饑餓的捕食者眼皮底下進行體操表演可能是最糟的想法了，就算捕食者先前沒有看到瞪羚，現在也無疑注意到牠了。

對觀察者來說，四腳彈跳就算不是自殺性的，也是一種很奇怪的行為。事實上，部分動物行為學家認為四腳彈跳只有一個目的：吸引捕食者注意力，透過個別瞪羚的自願性犧牲，為種群裡其他成員換取逃跑的機會。畢竟，瞪羚的這種行為就像是在嘲弄獅子，刺激牠發動攻擊。如果這種奇特行為的目的不是透過挑釁來自我犧牲的話，還能怎麼解釋呢？

然而，這種無私的犧牲假說有一個重要的限制條件——由於最無私的瞪羚會是最先被獅子吃掉的個體，而那些逃跑或趴低的瞪羚更有機會傳播牠們的基因，長期下來，這樣的習性不會在種群中順利保存。因此，就算部分瞪羚確實會進行無私的自我犧牲，演化壓力最終也會淘汰這項行為。此外，如果四腳彈跳的目的是要給其他團體成員逃跑的機會，那麼個體應該要在周圍有更多瞪羚時這麼做。但實際上，瞪羚**更**有可能在單獨面對捕食者時四腳彈跳。我們要如何解釋這種古怪的行為呢？

在札哈維研究瞪羚以及其他許多物種的捕食者—獵物互動時，他發現這個謎團有一個非常不同的解釋方法。在仔細觀察並量化數千起獵人和獵物的相遇後，他發現這種華麗的展示並不會讓瞪羚更容易受到獅子攻擊。相反地，進行四腳彈跳的瞪羚實際上比較**不**常被捕食者攻擊。同樣地，他也觀察到雲雀在被獵鷹追逐時經常會歌唱。在高速追逐中，小鳥需要耗費所有肺活量來進行衝刺，唱歌這種浪費能量的行為似乎毫無益處。儘管如此，獵鷹卻往往會放棄這些在追逐中歌唱的雲雀。

這個證據讓札哈維提出一種主張：這樣的展示看似不理性，但其功能在於對捕食者傳達有關個體素質的重要信號，而這些素質是捕食者難以透過觀察發現的。透過自我阻礙，這些動物事實上展現出了牠的強大而非脆弱，因為只有最強壯的動物能負擔得起這樣奢侈的資源揮霍。札哈維稱之為**不利條件原理**（handicap principle），以此解釋透過不必要的消耗，來展示個體強健程度的生理或行為特徵演化。

如果你向某人發出徒手鬥毆的挑戰，並聲稱你可以把一隻手放在背後讓他，便向對方傳達了你對於自身優越體力的強大自信。這種信號的代價十分高昂，因為虛張聲勢可能會導致嚴重傷害，使得在戰鬥技巧上虛張聲勢的較弱個體承受比強壯者更大的損失，畢竟後者更有可能勝任這項任務。基於這個理由，你的對手在接受挑戰之前可能會三思。畢竟，如果你願意在和人打架時設下一個如此嚴重的阻礙，必定表示你非常強壯——或者非常瘋狂，這可能也是有效的遏止因素。

在某些體育運動中也可以看到類似的原則。舉例來說，在特定馬術比賽中，跑得最快的馬匹必須佩上更重的載重，讓牠們與跑得較慢、佩上較輕載重的馬匹相比具有劣勢。那些對於競爭者素質不熟悉的人，只要根據阻礙的大小，就能辨別最佳的賽馬。因此，阻礙物成為一項可靠信號，展現出難以透過外在觀察發現的潛在素質。

在大自然中，這類可以同時為接受者和傳播者提供益處的信號一定會逐漸形成。因為一頭健康的成年瞪羚通常能跑贏或擊敗任何一隻大貓，所以捕食者最好將力氣集中在較年幼、年老或受傷的瞪羚上。對捕食者來說，絕大多數捕獵的嘗試都不會成功；在非洲草原無情的高溫中，每次交鋒都會造成能量的大幅耗費，讓捕食者和獵物都精疲力盡。大貓通常需要好幾個小時來讓體力恢復，以進行新的一輪狩獵，所以無計畫地追捕抓不到的目標會有挨餓的風險。透過這種溝通，不只是獵物，捕獵者也省下了許多不必要的麻煩。

甚至其他接受者也可以從這類信號受益。舉例來說，同樣物種的成員能利用這些提示，來判斷潛在配偶的健壯程度、潛在競爭者的體力，又或者在社會性物種中，用來判斷潛在同盟的價值。

確實，人類也能透過使用代價高昂的信號獲益，這點在儀式領域中格外明顯。舉行公開儀式經常包括了可觀的花費。而儀式參與者最常見的花費，是以時間和能量投資的形式展現。這種花費可以根據人們在做什麼（舉例而言，朝聖可能耗時耗力）以及他們可能犧牲的機會（也就是說，人們耗費在儀式上的時間和心力**能**做些別的什麼）這兩方面來設想。時間是有限的，參與規律儀式活動是累積的。如果你每個週日早晨都上教會，那麼終其一生，你的生命會有整整一年是在教堂裡渡過的。這些時間原本可以用來從事其他各種活動，像是工作、追求伴侶或是照顧子女。

此外，大多數儀式涉及金錢上的花費，這可能包括旅行、購買特別服裝或其他必須品、進行物質供奉或是組織盛大筵席。部分儀式甚至包括了身體上的風險。進行踏火、握蛇或自殘，會對參與者造成顯著的危險，包括身體上的傷害、感染，在極端案例下甚至可能死亡。正是由於這些花費，讓儀式成為可靠的信號。

儀式可以藉由其花費帶來部分效用，這種說法的一個知名案例是由太平洋西北部不同原住民族所進行的「誇富宴」（potlatch）。誇富宴是一種由社群中富有且勢力強大者在重要場合中舉辦的奢華筵席，其理由可以是嬰兒的出生或命名，或是首領將權力傳承給長子。在這些筵席中，主人會將貴重的禮物贈與參加者——「potlatch」這個詞彙在欽諾克語中的意思正是「給予」。

從歷史上來看，這些誇富宴經常上升為部落首領間的全面競爭；他們會用盡一切努力給出比對方更珍貴的物品，甚至直接把那些珍貴物品丟進火中燒毀。這類珍貴物品包括昂貴的獨木舟、毛皮、織毯以及「銅盤」——只有上層階級能以昂貴的進口銅製造的裝飾性盤子。在極端案例中，甚至會將整座村莊焚燒殆盡，村裡的奴隸也被一併犧牲。那些能在誇富宴比對手揮霍更多資源的人，會獲得當地階級地位和職位的提升，而那些敗下陣來的人則經常陷入破產和羞辱之中。

一八八五年，加拿大政府發布了對誇富宴的禁令，因有關當局認為這是一種違背基督教樸素道德觀的浪費行為，也害怕財富的重新分配和破壞會危害資本主義價值觀。恰是基於同樣原因，誇富宴被二十世紀的馬克斯主義團體譽為非市場經濟的範例。在一九五〇年代，一份在法國具重要地位的前衛出版品便以誇富宴一詞作為其名。這份刊物無法透過購買取得，而是只能透過贈予傳給下一個人。

諷刺的是，誇富宴已刻印在現代資本主義和消費主義社會中：上層階級公開揮霍資源、展示他們的財富，以此彰顯並聲明他們的力量和社會地位，這可以是購買設計款式的新車、昂貴繪畫等奢侈品，或者進行奢侈性的服務消費，如使用私人飛機或捐款換取命名權等。這種策略便是社會學家范伯倫（Thorstein Veblen）所描述的「炫耀性消費」。在進行看似沒有任何實用性的花費行為時，炫耀性消費者有效地透過他們的金融資本換取社會資本。他們這麼做的理由，恰恰是因為他們購買物品的價格，很難用理性為其附加的實用性進行辯護：路易威登四千美元的手提包不會比一個一般的手提包更實用，而在市區開一台千萬跑車不會比開一台大約六十萬、更寬敞也更安靜的平價車更快到達公司。

在購買這類奢侈品時，消費者實際上也是在用錢買特權；不過，為了要將金融資本轉換為社會資本，他必須先將這種花費公開化。同樣地，要評估一名首領的相對財富，唯一方式便是觀察他公開使用財富的能力。只有非常富有的首領負擔得起破壞珍貴銅器的代價，所以破壞銅器可以作為一個首領擁有龐大財力的可靠象徵。

代價高昂的儀式有助於解決不少與社會生活有關的問題，這種溝通方式可讓參與者獲知那些重要卻難以用其他方式衡量的特質。任何有性生殖的生物都必須面對的一項重要問題，就是選擇伴侶。這之所以會成為問題，是因為某些最受歡迎的特徵並不總是那麼容易觀察。這些特徵包括諸如健康、生育能力和身體素質等生理特質，還有伴侶擁有多少物質和社會資本，以及諸如忠誠、慷慨和遵守社會價值等性格上的特質。在人類歷史上，許多不同儀式都能提供我們關於這些受歡迎特質的線索，幫助我們解決這個問題。

舉例來說，許多傳統儀式本質上就是精心設計的求偶展示，直接與尋求配偶相關。這些儀式經常包括舞蹈或進行困難甚至危險的壯舉，以作為展示勻稱體態、協調性、力量和耐力等強健特質的絕佳方法。在西非沃達貝部落（Wodaabe）的牧民間，**格萊沃爾舞**（gerewol）便是一場用來選擇伴侶的競賽。連續幾個晚上，年輕男性會在臉上飾以彩繪，身著鮮豔服裝和閃亮珠寶，在整個社群的觀賞下連續跳數小時的舞蹈。觀賞者會就他們的外表、技術和耐力進行評論。在競賽結束當晚，年輕女孩便會選出最佳表演者，邀請他們共度良宵。

同樣地，馬賽人的**阿杜木**（adumu）儀式（經常被稱為「跳躍舞蹈」），是年輕戰士成年禮（**eunoto**）的一部分。在這種舞蹈中，年輕男性會輪流盡其所能地跳高多次，同時維持直立的姿勢——這是一項極耗體能的任務。整個社群都會集合起來觀賽，讓舞者有機會在他們潛在的新娘面前展示他們的力量和耐力。同樣地，祖魯族和史瓦帝女孩的成年禮蘆葦節（Umhlanga）中，包括一種「高踢」表演。這是一種在數個非洲部落中流行的傳統舞蹈動作，舞者需要盡可能地將腿踢高，經常會把腳高舉過頭。這樣精巧的動作需要相當好的柔軟度，是健康、強健和生殖力的可靠象徵。

除了展示身體的實力和技巧，儀式也提供了展示美貌、品味和財富的機會。在歐州部分地區和美國，上層階級的嫁齡女孩會透過一個被稱為元媛舞會（debutante ball）的儀式，正式以女人的身分被介紹給上層社會（進行她們的**初登場**）。雖然近幾年這些儀式的特性可能有所改變，但傳統上元媛舞會與紅鶴聚集在一起跳舞尋找配偶的求偶場景有著同樣的目的。

這些活動中，最知名的便屬於國際元媛舞會，每兩年在紐約的華爾道夫飯店（Waldorf Astoria hotel）舉辦。參加者盡是各種社會名流和重要人士的後代，諸如政治人物、百萬富翁和皇室成員等。這場活動的事前準備可能要花上一整年，女孩們會挑選她們的禮服，並參加舞蹈和禮儀課程。活動前，她們還會參加單身漢早午餐，在曼哈頓最高級的單身漢俱樂部結識富豪成員。舞會設在大宴會廳，為了這個場合，會場會換上金色和粉色裝飾。女孩們穿得宛如新娘，在男伴（一般是在單身漢早午餐選中的）護送下走進宴會廳，一個接一個地在賓客前遊行（「展示」）。接著，她們會與幾名男性參加者跳舞和談話，並在當晚就她們的外表、舞蹈技巧和儀態接受評價。由於該活動需有邀請函才能參加，且參加費用接近某些人一整年的收入，所以潛在追求者能夠確保參加的男孩女孩都來自富有且人脈廣的家庭。

雖然元媛舞會一般只限菁英階層參加，不過類似的傳統廣布在許多文化中。在美洲，**十五歲舞會**是女孩十五歲生日時舉辦的慶祝活動。這個成年禮結合了天主教和原住民元素，原初目的是適婚女孩介紹給當地社群。這場成年禮儀式也包括某些成年女性才有的特權，像是化妝、穿戴珠寶和高跟鞋、除腿毛和拔眉毛，以及被允許約會。在美國和加拿大，許多女孩會在一年後經歷一項類似的儀式「甜蜜十六歲」生日會。這些儀式的許多面向就像是婚禮的預演，女孩們會穿得像新娘一樣，在男性護花使者的陪伴下搭乘豪華禮車來到會場，並花整個晚上跳舞、歡迎賓客和收禮物。

無論是貴族階層的元媛舞會還是一般大眾的十五歲舞會和甜蜜十六歲派對，都是為服務同樣的目的而設計的儀式。對主人來說，舉辦這些儀式的益處在於營造一個在一大群潛在伴侶面前展示自我的機會，她們可以藉機以美貌、優雅和健美來吸引伴侶。這便是為什麼富有家庭經常透過各種方式來增加觀眾，像是訂下更大的活動場地、付錢在報紙上刊登公告、聘請專業人士籌辦，並公布女兒十五歲舞會的線上影片。這些儀式對賓客同樣有益，它們傳達了有關主人家特質的重要資訊。女孩整個晚上都會成為焦點，在群眾面前跳舞，讓人們能夠仔細審視她的每個動作。

舞蹈在求偶儀式中無處不在，不只因為它創造連結，也因為它允許觀察者判斷舞者的生理強健程度。優秀的舞者被認為更具吸引力，並且研究顯示，舞蹈中最具有性吸引力的動作在男性和女性身上各有不同。

一群英國心理學家錄下了女性舞蹈的影片，使用3D動作捕捉科技創造出數位化身，讓臉部特徵和其他個人特徵無法被識出。他們接著向二百人展示那些動畫，要求他們評價每名舞者的素質。結果顯示，優秀女性舞者的關鍵動作是擺動的臀部（與生殖力直接相關的獨特女性特徵）以及大腿和手臂的不對稱動作，這些動作可提供有關健康和肢體協調性的暗示。相反地，最性感的男性舞蹈動作與展現力量和支配性有關，像是上半身的動作和豪邁的姿態。

當然，美學偏好在不同文化間通常存在很大的差異，舞蹈動作尤其如此。但也有研究顯示人們對於何種動作最為性感有著跨文化的共識，在比較美國人和韓國人，以及德國人和巴西人的研究中，都發現了相關的證據。

除去美學偏好，在選擇長期伴侶時，有部分最重要的特徵是最難以觀察到的，那便是性忠誠、家庭價值和其他符合社會期許的性格特徵。關於這方面，代價高昂的儀式也可以對潛在終身伴侶的交配價值提供有用的資訊，因為這些儀式顯示了個體對於社群獨特習俗和價值的接受——透過承擔儀式花費的意願，表明了個體希望成為團體優秀成員、擁護團體道德標準的決心。確實，根據一項在紐西蘭進行的研究發現，儀式參與者的數量和生育率具有統計上的相關性，顯示那些參與更多儀式的人可能更適合作為長期伴侶。

當然，儀式花費是否能提升個體對於配偶資質的觀感，終究是個經驗問題。為了找出這個問題的答案，我和同事們在模里西斯進行了一項實驗。我們為一些當地年輕男性製作了約會簡介，並將簡介拿給一群未婚年輕女性觀看，要求她們對每一份簡介進行評分。評分的依據是她們有多大意願同意與該名男性約會，以及該名男性有多適合成為一名丈夫。她們不知道的是，我們小心操控了簡介內容，創造了三種不同的情況。雖然這些男性的頭像和其他個人細節保持一致，但我們改變了簡介的背景圖像，以此傳達他們儀式習慣的相關資訊。

在第一個情況中，圖像僅包括通用的主題，像是風景或抽象藝術作品。在第二個情況中，圖像給出這名男性會規律參加公開儀式的印象，例如一張神廟的照片，或是在前額有一抹香灰或朱紅顏料的蒂拉克標記——印度教徒在各種儀式中都會獲得那種標記。最後，在第三個情況中，我們特別展示這名男性曾參與大寶森節卡瓦帝祭舞這項代價高昂而且包括大量疼痛和折磨的儀式，例如一張遊行的照片，或是一座儀式參與者所背負的卡瓦帝照片。利用這些差異，我們想要瞭解儀式如何影響這些男性作為配偶的價值。除了未婚女性之外，我們也將簡介拿給一群父母觀看，要求他們替女兒進行類似的評估。也就是說，我們詢問他們讓自己的女兒和這些男性進行約會的意願，以及這些男性是否有合適的潛力成為一名好丈夫。

透過這項實驗，我們發現儀式參與在評估男性作為配偶的價值上扮演了相當重要的角色。對女性和她們的父母來說，那些更常參與儀式的人被視為更佳伴侶，特別是婚姻伴侶。雖然對於潛在的新娘來說，儀式類型並沒有太大差別，但父母明顯更偏好那些會進行更高代價儀式的男性。無論評估者的年齡、教育程度或宗教虔誠程度，他們都認為儀式參與者有更好的資質。儀式不僅是配偶資質的重要預測因素，而且投入那些儀式的精力越多，得到的評價就越好，從而使那些參與痛苦儀式的人更受歡迎。

父母的評估之所以重要，是因為家庭在選擇配偶時扮演的歷史角色。特別是在模里西斯印度裔中，家庭在個體選擇配偶時扮演了非常重要的角色，無論是透過提出建議、審查對象或是徹底獨斷地決定後代要和誰結婚。當然，與世界大多數地方一樣，這點在模里西斯已經快速地發生轉變，越來越多年輕人有選擇自己伴侶的權利。不過在人類歷史上，婚姻在大多數社群中總是扮演一種建立家庭間策略聯盟的方式，每個家庭都對他們後代的生殖選擇有著重大影響力，而對有利於文化認同的儀式實踐施加龐大的選擇壓力。

儀式有溝通社會重要資訊的功能，可幫助解決超越家庭局限的社交困境。任何人類團體的生死存亡都必須仰賴其成員間的持續合作；在小規模社群中，合作通常不容易發生問題，因為在這樣的社群中，大多數個體有遺傳上的關聯性，可以進行更為個人化的互動，並且每個人的利益多少是一致的。在這種情況下，對團體好的行動對個體來說通常也是好的。但隨著人類社群開始變大、變複雜，集體行動就會變得更有挑戰性，因為這樣的群體越來越容易被搭便車的問題所影響。

試想一個居住在一小塊土地上的延伸家庭。幾個世代以來，這個家庭的成員一直圍繞著中央一大塊院子生活，與他們的父母同住，直到成婚，而婚後會直接在父母家隔壁或對面建築自己的房子。因此，這小塊地上的所有五十名成員全都有血緣或姻親關係，與祖先、手足、堂表親、姑姨叔舅和姻親共享一塊土地。這是人類大多數歷史上最常見的模式，直至今日這種模式仍是世界上最典型的生存安排之一。

想像一下，有天晚上，有兩名盜賊闖入了其中一家試圖搶劫。屋主的表親看見他們爬進窗戶，於是叫來他的兄弟，一群人圍著那間屋子直面入侵者，與他們肉搏，收回那家人被搶走的財物。透過幫助他們的表親，這群男子也促進了自己的利益，因為在未來如果相同的情況發生在自己身上，他可能也會需要表親做出同樣的行為來幫助自己。此外，他們與親戚的關係越好，在他們需要財務幫助時就有越強的安全網。加上維護他們的表親，也意味著同時保護他們的姪子女，而後者與他們有部分相同的基因。這是一個雙贏的局面。

現在想像一下，這群表親中有一人入伍了。有一天，敵國向他的國家宣戰，不久後他接到前往戰地的開拔令。當他必須作為營部一員面對敵軍時，他有兩個選擇：他可以試著當個英雄，衝上前線，冒著生命或致殘危險去保護同袍；他也可以趴低身姿，躲藏在人群中，小心身後，期待其他人能夠勇敢到足以為團體贏得勝利。他該選擇哪一組行動方針呢？

在後一種場景中，合作明顯是對團體來說最好的行動。如果所有士兵協調彼此的付出，展現勇氣，他們就可以贏得戰役。如果每個人都膽怯地逃跑，他們所有人都可能會死。但如果團體夠大，就算當中有幾名成員叛逃，團體還是能夠獲得勝利。只要有足夠的軍人做好本分，集體目標就仍舊能被完成。問題在於，在任何團體中，從單一個體的角度看，最好的行動方針就是逃跑，並期待其他人會合作戰鬥。這麼一來，他們自己不用冒任何個人風險，就能享受集體努力的成果。

這類合作問題在人類團體中太常見了。稅款對每個人都有益，但對任一公民來說最有利的行動方針是自己不用繳稅，同時享有國家的保護以及由其他納稅人贊助的公共福利和基礎建設等利益。最終，合作者的付出大於他們理應付出的份額，而讓背叛者搭了便車。

在其他情況下，合作可能包括了實施限制。當所有團體成員可取得的資源有限，經常會造成所謂「公共池問題」（common pool problem）的情況。舉例而言，比方說，有一群漁夫仰賴一座池塘維生，讓我們假設池中的魚足夠每個人都捕到。事實上，就算有幾個人拿了超過他們應有的額度，魚群仍有足夠的數量可以自行恢復。但如果太多人過度捕魚，魚群最終會耗盡，讓每個人都挨餓。這種問題通常被描述成「共有財悲劇」（Tagedy of the commons），它形成了一個從任何團體的角度來看都真正悲劇性的情況：雖然每個團體中的每個成員都可以從合作中獲益，但對任何一個成員最有益的行動方針卻是退怯不合作。因此，如果每個人或者大多數人僅依據自己的利益行動，那麼所有人都會成為輸家。考量到賭注如此高昂，合作的兩難凸顯了一個重要問題：由不相干個體組成的團體要如何避免搭便車者的剝削？

〇

二〇一八年，馬丁尼茲（Joel Martinez）刺傷十五歲的帕斯（Irvin de Paz）致死，被波士頓聯邦法庭判處四十年監禁。由於檢察官取得了馬丁尼茲誇耀自己犯行的祕密影片，這個案件證據確鑿。但這場謀殺與個人恩怨無關，馬丁尼茲之前沒遇過他的受害者。他取走男孩性命僅僅是為了成為「野蠻薩爾瓦多人」（Mara Salvatrucha，又稱 MS-13）的一員——一支惡名昭彰的犯罪幫派。

這個幫派的入會儀式是兩階段的考驗：第一階段，候選人必須進行一次處決，無論是殺死一名敵對幫派成員、一名警察或任何一個不受幫派領導者喜愛的人皆可。若通過第一階段，下個階段則是被稱為「加入」（'jump in'）的儀式：幫派成員在入會者身邊圍成一圈，連著十三秒給他一頓暴揍。不幸的是，馬丁尼茲的「加入儀式」也被錄下了。影片中幫派領導者慢悠悠地數到十三，於此同時，數名其他成員把他揍到倒地並隨意踢他。老大數完數後，走過去將他扶起，抱了抱他，以一個大大的微笑宣布：「歡迎來到 Mara，小兔崽子。」

MS-13 的入幫儀式並不獨特。全球各地的犯罪組織都有類似的恐怖考驗。為了被幫派認可，必須沐浴在鞭炮中、塗抹排泄物、忍受性虐待、飲用自己的血，或是進行謀殺和其他暴行，這些都僅是加入者需經歷的生理和心理創傷之一小部分。

這些入幫儀式背後的邏輯，在於為緊迫的合作困境提供了有效的解決方式：為了讓團體生存，必須仰賴成員的忠誠度。但團體要如何決定誰可以信任？當然，所有有抱負的成員都會心甘情願地保證他們的承諾。但用說的容易，在緊要關頭時單一個逃跑的行動者（舉例來說，有人向警察告密）就可能會讓整個團體覆滅。這個問題的解決方式，就是讓團體成員預先為其身分付出沉重的代價。

部分行為，像是瞪羚的四腳彈跳或馬賽人的跳躍舞蹈，與那些不可能偽造或至少難以偽造特質有直接關係（於這例子中指的是生理上的強健），因而可以傳達可靠的資訊。一頭年老或受傷的瞪羚不會跳得比健康的瞪羚高，一名生病或虛弱的人類舞者亦然。因此，跳躍成為了勇猛的直接指標，無法輕易被低素質的信號傳遞者給偽造、炒作或模仿。但守信和忠誠這類特質無法被直接觀察——它們只能透過間接證據來推斷，於是部分儀式不是透過提供那些特質的直接證據來設法解決這個問題，而是讓那些間接信號變得代價高昂，如此一來，除非他們是真正忠誠的團體成員，不然沒人願意付出如此高昂的代價。事實勝於雄辯：逃跑的風險越高，這些行為便越能確保信號的誠實程度。

一九七〇年代的法律學者凱利（Dean M. Kelley）想知道為何美國自由派教會逐漸消退，保守派教會卻似乎逐漸成長茁壯。在一個提供宗教自由和多元性的開放市場環境中，信徒有很多教會可以選擇，而在這樣的情況下，大眾可能會預期信徒更傾向拋棄需花昂貴代價才能獲得救贖的教會，轉去往那些能以便宜價格獲得救贖的教會。然而，為何這樣的情況沒有發生呢？

凱利提出了一個反直覺的答案：保守派教會不是**雖然**嚴格卻茁壯興盛，而是**因為**嚴格才得以興盛。他認為，藉由嚴格限制它們成員的生活方式，像是限制他們的飲食、穿著、進行的活動、交往的人群等，這些教會實際上變得更有吸引力了。教會越嚴格，在所屬會眾的眼中就顯得**更**嚴肅而有價值。

經濟學家伊納康（Laurence Iannaccone）仔細檢驗來自不同宗教團體的數據後，發現數據支持凱利的理論。伊納康的分析是，對其成員施加嚴格要求的教會有更高的參與率，從信徒獲得的捐款更多，信徒間也有更強的社會紐帶和更低的離去風險。他認為這點是因為歸屬行為的高代價充當了對搭便車者的遏制因素，而那些教會中的搭便車者可能享受了成員福利，卻沒有貢獻實質精力或資源。透過清除那些低品質的成員，嚴格的教會提升了自己的價值，從而能吸引並留住更忠誠的會眾。

這便是何以需要高程度忠誠的團體，往往有代價高昂的入會儀式。跨越全球，軍事組織會在其訓練體系中納入高強度儀式，而單位越菁英，考驗的挑戰性就越大。要成為美國海軍海豹部隊SEAL（全球首屈一指最強悍的特戰部隊）的成員，候選人必須經歷最惡名昭彰的軍事新人儀式——名副其實的地獄週（Hell Week）。過程包括各種極端的生理和心理考驗，這些挑戰設計來篩選最強韌忠誠的學員、並排除資質不夠的人。其程序如此無情，以致近年來死於訓練中的SEAL成員比在戰場中犧牲的來得多。

人類學家注意到了一個模式：那些更仰賴社群團結來達成其目標的團體，往往會有更戲劇性的入會儀式。一項歷史分析發現，橫跨整個人類文化，入會儀式的代價與它們面臨的協調賽局問題（coordination problems）之嚴重程度有關。透過民族誌紀錄，研究者分析了一份橫跨全球各地六十個社群的代表性樣本，在檢視其中男性的入會儀式以及那些社群遭遇的暴力衝突模式後，發現戰亂的頻仍程度與代價更高昂的儀式有關。更甚者，在主要是面對內部衝突的社群中，入會儀式一般較不激烈，且效果往往只是暫時的。舉例來說，這類儀式包括了身體彩繪或短暫的感官剝奪。相反地，在經常進行對外戰爭、面對更巨大生存威脅的團體中，入會儀式往往會造成更大的破壞，也就是在新進者的身體上留下可見的提醒。那些儀式包括生殖器切割、在皮膚上刻痕、身體穿刺以及疼痛的刺青。除了儀式展演本身的代價之外，這類行為還會為參與者烙上永遠的身分標記。

公孔雀的尾巴，讓母孔雀可以根據公孔雀投資在奢美羽毛上的代價，來判斷牠的健壯程度；同樣地，代價高昂的儀式，讓團體成員根據他投資在特殊行為上的代價，來評估那人的忠誠度。透過高昂的代價，儀式成了威懾搭便車者的保障機制，並透過同時有利於信號傳送者和接受者雙方利益的方式，促進了承諾者之間的合作。對傳送者來說，獲益的主要形式便是社會地位的提升；從事一個團體的儀式，相當於象徵性地展現等同於該社群價值的認同。因此，團體成員會認為願意付出重大成本參與儀式的個人，更有可能擁護他們的理想，因此更值得信任。類似於將金融資本轉換成社會資本的誇富宴儀式，部分極端儀式可讓參與者使用身體資本（他們自己的肉身）來提高他們的社會地位。

這種傳送信號的邏輯也會對儀式參與者產生影響。人類學家奇米諾（Aldo Cimino）要求受試者想像自己是不同團體的成員，並指示他們為所屬團體設計入會儀式。受試之前，受試對象會獲得一份關於那個團體的描述，以及成員進行團體相關任務的照片。這些團體中，有半數團體需要以高度合作來達成他們的目標：舉例來說，其中一個團體會進行極地探險，攀登危險的冰帽，在極端氣候和野生動物威脅下尋找庇護；另一個團體的目標，則是對戰亂國家進行人道援助，有時會受戰火波及，必須合作才能生存下去。另外半數的團體僅要求較低程度的合作，諸如分享共同興趣的自然主義者和音樂愛好者，集合在一起策劃展覽或比賽。奇米諾發現，人們本能地將更需要合作的團體與代價更大的儀式進行連結：在為那些需要高度合作的團體設計入會儀式時，受試者更偏好設計更具壓力的儀式，可能性是低合作程度團體的兩倍，並支持在入會儀式中由其他團體成員對新成員施壓。

一名紐約布魯克林街頭幫派的新加入成員回想他進行入幫儀式的經驗，說：「我會一直記得的，你知道吧？我會永遠記得那鬼東西。年復一年。」當他的臉因毆打而淤青腫脹，眼角仍在滴血時，他對那些對他施暴的人湧現了情感，因為那些施暴成員也同樣經歷過這種考驗：

> 我愛我的兄弟，夥計，他們做了他們必須要做的：他們瞭解；因為他們經歷過這個階段；他們必須克服它，你懂我在說什麼嗎？那些人就是我想正面挑戰的傢伙，我想和他們一起戰鬥；他們克服了我今天所克服的。那鬼東西是真的。

這些社交收穫便是為何低地位個體經常願意在代價高昂的儀式上付出更多投資，透過額外的努力來向團體傳達承諾的信號。舉例來說，在模里西斯的一項穿刺儀式研究中，我們發現在同樣儀式的脈絡中，不同社經背景的人們會展現截然不同的行為。那些高地位者會使用他們的金融資本建造更大、裝飾更華美的可攜式祭壇，然後在儀式中獻給穆魯干。相反地，低社經地位者則會以更痛苦的方式參與儀式，身上穿刺更多的針。由於他們缺乏金融資本，因此只能以他們僅有的貨幣來換取這些儀式所給予的地位：用他們自己的鮮血、汗水和眼淚。

部分儀式需要參與者付出龐大的犧牲，但這些犧牲真能得到回報嗎？在人類學家鮑爾（Eleanor Power）於南印度進行的田野調查中，她要求兩個部落社群的居民對同村其他居民的個性進行判斷，同時也記錄了這些居民有多常參加公開崇拜活動。結果發現，社群中的其他成員不但認為那些投資更多時間和精力從事公開儀式的人更為虔誠，也認為他們擁有更多不同的親社會特質。舉例來說，他們被同村居民描述為更勤勞、慷慨和睿智。

為了檢視儀式參與者是否能夠將名聲上的收益兌現，鮑爾後續透過記錄個體間不同類型的社會支持關係，分析那些村莊的社交網絡。這項分析讓她能檢視人們在需要情緒支援、財務支援、建議或指引，又或者是特別照顧和跑腿時，會向誰求助。她發現那些在公開儀式活動上投資更多的人，會與他們的村莊有更多社交連結，無論是一年到頭參加低強度儀式或是一年僅參加一次痛苦儀式，都更能讓他們在需要支持時利用那些連結。

但這些信號的接受者有正當理由相信儀式參與者是更忠誠的團體成員嗎？一些實證研究顯示，對經歷高代價儀式者更加信任，並不是判斷失誤。在以色列的宗教公社**吉布茲**

（kibbutzim）中，花更多時間參加集體儀式的男性成員在與社群中其他成員進行經濟遊戲時，表現得更為合作。在被稱為坎東伯雷（Candomblé）的非裔巴西人宗教中，那些參與更多公開儀式的成員也表現得更慷慨。此外，如同我們在模里西斯看到的，那些在公開儀式中承受更多疼痛的人，捐給慈善團體的金額會更多。在進一步的研究中，我們發現這種效果會持續超過單一儀式期間：那些在他們生命中經常參與疼痛儀式的人，在經濟遊戲中也表現得更無私。

綜觀各種脈絡，那些進行代價高昂儀式者確實是更為合作的團體成員。透過讓社群得以評估其成員對團體的忠誠度，代價高昂的儀式也能增加合作並強化社會黏著。確實，鮑爾在對印度社交網絡的分析中，發現那些一起經歷過儀式者之間形成了更強的連繫，那些儀式越強烈，整個團體就會越凝聚。

代價高昂的儀式能幫助社群變得更強大，這對社群的長期生存和興盛有著重要的影響。這可以在一份對十九世紀美國共產社群的歷史分析中顯示出來。研究者在細察八十三則這類社群的文獻後，透過編纂一張社群成員所需遵守的規則列表，來測量成為那些社群成員的代價。具體而言，他們檢視了兩類代價高昂的要求：要求成員進行那些對他們本身並不直接有益的事，像是花時間記憶宗教文本或是購買和穿著特定服裝；以及限制成員進行那些對他們有益的事，像是進行性行為或是與外界溝通。接著，他們也檢視了那些公社在最終消亡前努力生存了多久。結果發現，代價高昂的要求數量與團體的整體持續年限呈正相關。成為成員的代價越高，該團體持續得就越久。

除了溝通社群參與者的重要資訊之外，代價高昂的儀式也可以傳達有關社群本身以及其代表意義的重要資訊。人類是文化學習者（cultural learners），我們不是從零開始理解世界，而是仰賴其他人類同胞的幫助去學習我們所知的大部分事物。因此，遵照他們的範例經常對我們有益。然而，不分青紅皂白地模仿他人可能會讓我們仍然一無所知。因此我們演化出了學習偏見（learning biases），幫助我們決定哪個個體是好的行為榜樣，以及何時模仿他們的行為會有用。

舉例而言，社會中的所有兒童和成人都更可能去模仿有聲望、成功個體的行為，特別是自己所屬各個團體的成員；畢竟，那些個體必定擁有某些知識和技能，才能在該社群中獲得成功和地位。這個聲望偏誤（prestige bias）在我們身上根深柢固，以致經常被濫用——舉例而言，有些行銷者會在商業廣告中濫用名人，縱使那些名人跟廣告商品沒有明顯的關聯性。

在演化的過程中，每個行動都會帶來回應。由於我們在文化學習上的偏見可能會被劫持，讓我們容易受到他人影響，因此對學習者產生了一種選擇壓力，要尋找有形的證據來說明他們的行為榜樣是真誠的。CRED 就出現於此。

CRED 是指「可信度強化展示」（Credibiliry Enhancing Display），該詞彙是由哈佛演化人類學家亨德里克（Joseph Henrich）所提出的，用於解釋特定代價高昂的行為，如何提高與之有關的信仰或理想的可信度。在決定為一個集體目標獻身之前，我們會透過檢驗其他社群成員對該目標的忠誠度為何，來尋找證據去證明該目標值得投入。如果人們都聲稱相信聖誕老人，但沒有進行任何規律崇拜活動來紀念他，那麼就連小孩子最終都會理解到聖誕老人不是什麼擁有崇高地位的超自然存在。但如果那些聲稱相信穆魯干的人在遊行中會為了祂用長針穿刺臉頰，傳達出來的訊息不僅是那些個體真的很虔誠，還包括穆魯干是一個值得虔信的神祇。行動勝於雄辯。

在這個過程中，代價高昂的儀式作為承諾的誠實展示，對於個體、團體以及團體文化都有益處，創造出正向的回饋循環。忠誠的個體能夠提高他們的地位、獲得更好的連結，而擁有更忠誠成員的團體變得更團結。這可能會為那些擁有代價高昂儀式要求的團體提供明顯的演化優勢，讓他們勝過那些沒有高昂代價儀式的團體。於此同時，由於那些進行高昂代價儀式的信仰似乎更可信，從而更可能在團體成員間被認可和傳播，其他團體也更有可能效仿。且因為那些信仰象徵性地被代價高昂的儀式實踐所表達，新信徒更有可能認可那些程序。

代價高昂的儀式有一種自我強化的力量，這不只顯現於它們的社交功能上，也反映了它們的心理特質。這些儀式傳達了關於它們參與者的重要資訊，這個訊息不僅會向外傳播給其他社群成員，也可以向內，對參與者本身傳達。與其說代價高昂的儀式展現了承諾，實則發揮了**建立**承諾的效用——從而創造了意義。

一九五一年，一位名為費斯汀傑（Leon Festinger）的年輕心理學教授抵達美國明尼蘇達大學（University of Minnesota），在社會關係研究實驗室就職。他在三十二歲時便已成為一位知名的實驗專家；與他的許多前輩不同，費斯汀傑強調了在實驗室的狹窄限制之外，於現實生活脈絡下研究社會現象的重要性。他是人類學理論的狂熱讀者，在他的職業生涯結束時，他關閉了他的心理學實驗室，並將關注重點轉往史前考古學。在明尼蘇達州，他遇到了其他有類似想法的學者，像是他的前學生薩契爾（Stanley Schachter）以及另一名不久前從哈佛大學來的年輕教授里肯（Henry Riecken）。這個三人組有著共同的興趣：探究人類如何為不同的經驗歸因意義和重要性，還有人們如何協調對立的信仰、情緒和行為等。

在當費斯汀傑讀到一篇關於芝加哥幽浮神祕教派崇拜的新聞報導時，他發現了一個可以深入探討這個主題的機會。這個教派被稱為探尋者（Seekers），他們在準備迎接世界末日。教派領導人，一名叫做馬丁（Dorothy Martin）的女性，聲稱她收到了守護者——來自所謂克里昂星（Clarion）的外星種族——發來的電報。這些外星人與馬丁接觸，是為了警告她在一九五四年十二月二十一日，一場大地震以及隨之而來的巨大潮汐，將會吞噬美國以及大部分美洲地區。在那之後，世界上的其他地方很快也會遭到毀滅。不過，對於相信這則預言的人來說，仍舊有希望在：外星人已經承諾要派飛碟來接馬丁和她的信徒，將他們安全地送到克里昂星。

馬丁的追隨者規模雖小卻很狂熱。因為相信末日迫近，他們當中有許多人離開家人、辭去工作並放棄財產。他們一起參加定期的會面和儀式，準備好迎接巨大災變。當費斯汀傑看到報上文章時，他有個想法：如果世界沒有在十二月終結，那會發生什麼事？探尋者們到時會說些什麼或做些什麼呢？他拿起電話打給馬丁，表達他對加入教派並前往克里昂星展開新生活的興趣。幾天後，費斯汀傑、薩契爾和里肯，以及他們的一些研究生，肩負著進行臥底民族誌研究的任務，加入了該團體。

在預言的毀滅日之前，馬丁也多次預言了外星人的到來。在每次會面之前，團體都會指示群眾按照外星人的要求，將所有金屬製品移除。皮帶、腕錶、眼鏡和內衣都要丟棄，鈕扣和拉鍊都被扯掉。人們聚集在馬丁的花園中，花上數小時於大雪中等待，掃視著天空，尋找飛碟。不過，外星人從未來過。儘管一開始有所失望，但每一次的預言落空似乎只讓他們的信仰變得更強烈。當毀滅日到來又過去，團體最終做出了結論：他們的努力避免了這場大災難。他們的祈禱傳送了如此多的光，讓守護者決定赦免地球。

對於失敗的預言，探尋者的反應非但不是放棄，反而是繼續加大信仰。這個團體在過去只會進行祕密集會，但現在他們開始組織公開儀式召喚飛碟。而儘管之前他們避開媒體，對成員嚴格篩選，現在他們積極尋求訪問，進行傳教活動。因此，他們的成員開始增加——至少增加了一陣子。為回應來自當地社區的抱怨，警方威脅要對他們採取法律行動。這項發展造成的擔憂，讓團體核心成員逃離他們所在的城市。馬丁搬到祕魯，在那裡繼續透過郵件向信徒傳達她的啟示。在安地斯山一處修道院過了幾年之後，她以泰德拉修女（Sister Thedra）之名回到美國，在亞利桑那州開辦了一個新教派。

費斯汀傑在探尋者的時光，讓他完成一本在社會心理學史上影響力卓絕的著作，書名為《當預言落空》（*When Prophecy Fails*）。書中指出，人類會為了達到內在的一致性而努力。當我們的信仰和行動彼此衝突，我們會經驗到一種心理上的不適，這被費斯汀傑稱為**認知**

的信仰和態度。**失調**（cognitive dissonance）。為了減少這種令人不快的狀態，讓我們有動機去協調信念和行動之間的矛盾。但這裡存在著費斯汀傑理論的新奇之處：我們應該按照我們所相信的去行動，這件事看似很明顯，然而相反的情況也會發生——我們的行動本身有能力去改變我們的信仰和態度。

在探尋者的例子裡，團體成員已在他們的信仰上投資了太多。他們放棄工作、拋下家人，已讓他們的整個生活變得天翻地覆。理解到這一切全都沒有意義，對他們來說太難以承受。為了減少這種失調，他們翻新過去的預言，透過對他人傳教，試圖爭取更多的社會支持。如果越來越多人擁抱他們的信仰系統，那麼這個信仰終究必須是真的。

費斯汀傑的作品掀起一波熱潮，帶起許多針對人們如何詮釋他們自身行為的實證和理論作品。我們在第六章看到，關於儀式嚴苛程度的試驗，就是啟發自費斯汀傑洞見的許多測試之一（該研究的第一作者艾倫森便是費斯汀傑的學生）。那項實驗發現，被隨機分配進行代價高昂入會儀式的受試者，會賦予他所加入的團體更高的價值。研究者把這種現象稱為「心血辯證」（effort justification）。根據這項觀察，某些事物之所以被重視，僅是**因為**它們需要付出更多的心力。

橫跨不同脈絡，我們可以發現，代價越高昂的事物也就越貴重：一分努力一分收獲。一名每天辛苦訓練的運動員，可能會比每週只訓練一次的人表現得更好；四年制學位可能比兩年制學位提供了更佳的技能，好東西需要付出努力。事實上，我們生命中最具意義的某些事情也是最困難的：贏得冠軍、保衛國家或養育子女。不言而喻，當某件事需要很多努力，它必然會帶有極大的重要性。這個經驗法則是個很有效的啟發，是能讓我們的大腦推斷事物相對價值的心智工具。事實上，這種評估他人行為的基本方式，也被我們無意間應用到自身的行動上。這就是自我知覺理論（self-perception theory）的主張，簡單來說，它為費斯汀傑的洞見予以擴張和簡化。

從這個觀點來看，儀式行動作為承諾的證據，不僅對那些見證儀式的人生效，對儀式實踐者本身亦然。由於一個團體的儀式實踐，象徵性地連結了該團體的信仰和價值，因而制定這些儀式實踐也可以幫助團體成員內化他們的信仰和價值。如同人類學家拉帕波特（Roy Rappaport）所言，要參與儀式，就必須要順應它：

> 要說儀式施行者參與了或成為了他們所理解程序的一部分，就是說傳送者—接收者和他們正在傳送和接收的訊息融合為一。透過順應他們藉由進行儀式施行的程序，這些程序也在他們的施行過程中獲得了生命，施行者與那些程序變得難以區分。……因此，參與者透過接受和施行一種禮拜式的程序，同時也是在對他們自己和他人表示，他接受該程序原典中所編碼的任何事物。

另一名人類學家埃文斯—普里查德以更簡潔的方式總結道：「如果一個人的行動必須以他的信念為依據，那麼最終他會透過他的行動去相信。」儀式不僅揭露了團體的聯繫——它還主動創造了聯繫。

在這之中似乎暗示了就算是私下施行的儀式，像是獨自在家祈禱或是在沒人看到時在自家花園升旗，都能夠強化參與者對此概念以及對那些與儀式相關的團體的忠誠。當然，拉帕波特提醒，參與社會儀式並不能保證那人會遵守其規範。「我們都知道，會有人去參與誡命不得通姦和偷盜的禮拜儀式，然後在離開教會時從愛心捐款箱順手牽羊，或是在結束集會後與鄰居的妻子幽會。」畢竟，文化儀式並不會直接控制人們的行為，而只是呈現一種被社會接受、被定為模範的行為框架。

讓人參與一項禁止通姦的儀式，在他人面前闡明這個禁制，可能無法阻止他進行通姦，但儀式確實為他建立了禁止通姦這項規則，這是他本人使之成立並接受的。無論他信守該規則或否，他都有義務這麼做。因為他若不這麼做，他便違背了自己曾許誓的義務。

有一種自我信號觀點（self-signalling perspective）暗示了儀式參與的影響力是根據劑量而定的：參與者投資在一個團體儀式上的精力越多，就越有必要去認可其價值。於此同時，藉由儀式所籠罩的光輝，那些概念在感覺上也會變得更為貴重神聖。如同我們在第四章看到的，儀式行動被認為是特別的。但由於那些行動在因果關係上並不透明，因此需要詮釋。事實上，儀式參與的成本越重，尋求意義的需求就越大。因此，儀式行動的成本不僅影響了參與者對他們自身以及他們所屬團體的觀點，也讓那些行動對他們而言更有意義。這個儀式成本和意義之間的連結已獲得實證的支持。我在民族誌研究和調查中發現，數個社群皆認為代價更高昂的儀式更具意義，對人們的生活更為重要。

從這個角度看，那些看似浪費的傳統儀式其實是種強大的社會技術，可以讓參與者內化團體價值、建立信任，並形塑一個能夠彼此合作的團體。也是基於這樣多層次的效應，儀式可以達到一種可能最出乎意料的功能。我們會在下一章中看到，透過它們所需的努力、掙扎甚至痛苦，儀式往往可以幫助改善參與者的生活。

# 8 幸福
Well-being

在希臘本島的一個小農村中，一群人聚集在一間看起來像是苦行僧居住的大房間中。這個房間內幾乎空無一物，除了每面牆邊擺了幾張木頭長凳，以及一座小神龕，裡頭擺放了以紅布覆蓋的幾尊聖像。然而聚集的人們很快就擠滿了這個空間，比它正常能容納的人數要多得多。大多數來訪者看起來都對這個空間很熟悉，他們嚴肅且熱情地彼此問候，然而氣氛並不歡樂。他們臉上帶著不安，幾近憂慮。當音樂家開始彈奏里拉琴時（lyra，一種以弓拉奏的梨形弦樂器），人們停止交談，神情轉為肅穆。

慢慢地，人們開始隨著旋律擺動，呼吸變得沉重、夾雜痛苦的長嘆。在沒有可見原因的情況下陷入煩亂的狀態中。一名老婦重覆地在空中揮舞雙手、大聲尖叫，就像試著在對抗某些看不見的敵人一樣。當人們試圖安撫她時，她一邊以劇烈的動作將他們推開，一邊大叫著：「不，不，不！」當兩個大羊皮鼓加入里拉琴的樂聲後，老婦站了起來，開始往神龕移動，跟著旋律小步前進。她拿起一個冒著煙的香爐，繞著房間行走。當她走向群眾時，人們紛紛傾身去吸香爐的煙氣。另一名老人拿起其中一個聖像，加入她的行列，一起繞著房間跳舞。一個接著一個，其他人隨著他們進入了一種催眠式的即興舞蹈，帶著沉重的聖像繞著房間行進。

焚香的氣味充滿在這個擁擠、炎熱又不通風的房間內，令人窒息。鼓聲響亮地迴盪，讓你從腹部感受節拍的撼動。不久之後，舞者們狂熱地在擁擠的大廳中搖擺，汗流狹背、氣喘噓噓地尖叫和哭泣著。這些情緒展示如此強烈，讓房裡的許多觀察者也感動落淚。舞者們持續進行了超過一小時，三不五時有人因為精疲力盡而崩潰倒地，當他們回神後，又會起身繼續舞動。最終，音樂慢了下來，整個活動驟然打住，但不會停歇太久。在短暫休息過後，整個程序又會再度重覆，一遍又一遍，接連三天大多數時間都會如此進行。

這是我在二〇〇五年遇到的場景，那是我第一次造訪聖艾琳娜（Agia Eleni）村莊，該地後來變成我博士論文田野工作的地點。那是一支被稱為安納斯特納利亞的東正教小型社群，這些社群以他們對聖康斯坦丁以及聖海倫的特殊崇拜聞名。儘管面對幾個世紀以來的流亡和迫害，他們為那些聖人進行的狂喜儀式在凝聚社群上扮演了重要的角色。安納斯特納利亞教派的信徒認為這種集體舞蹈是個人和團體認同的中心，但他們並不將其視為一個開心的場合。相反地，他們的經驗是充滿壓力甚至痛苦的。當他們被問到如何描述這個儀式時，經常會使用「沉重」、「折磨」和「苦難」這樣的詞彙形容。這個社群的名稱來自於希臘語的動詞 anastenázo，意思是「嘆息」，源於他們舞蹈時的大聲呻吟。然而，他們也將這種經驗描述為一種巨大的滿足，能帶來精神甚至身體上的療癒。

以當晚領舞的老婦史黛拉（Stella）為例，當我問她為何參加這項儀式時，她說：「因為我生病了。我很痛苦。如果不是安納斯特納利亞，他們會把我關在精神病院裡。」她在年紀較輕時就一直飽受精神疾病之苦。她充滿焦慮，無法在生活中找到快樂。她感到疲倦，不想做家務。最後，她停止社交，甚至不想離開房子。她只是無所事事地看著自己的青春流逝。「我坐在椅子上，盯著窗子，整整兩年。」她這麼告訴我。

由於擔憂史黛拉的情況，她的家人帶她進城看醫生，醫生診斷她罹患了憂鬱症（在那時被稱為「鬱症」〔melancholia〕）。但在當時，透過藥物介入治療情緒失調的醫學技術才剛萌芽，醫生能給她的幫助不多。由於迫切想找到解決方法，他們拜訪了村莊長者。經過討論後，得到的結論是她應該要參加安納斯特納利亞。於是她參加了，那改變了她的人生。她不再受憂鬱症所苦。

史黛拉的例子並不獨特。全世界有無數文化都會進行療癒儀式。這類聲稱乍聽之下令人懷疑，但這樣說並不為過。倘若真要說什麼的話，那些儀式中經常會有一些重大的健康風險，而沒有任何實質的利益。但就如同我們之前所看到的，儀式沒有直接介入物質世界的這項事實，並不代表它無法產生影響。這不僅只是民族誌學者所積累的無數個人經驗，許多研究也顯示，儀式能以微細但重要的方式影響人們的健康和福祉，這些影響力是可以研究、測量和理解的。

○

印度是世上某些最古老儀式傳統的故鄉。因此毫不意外地，有許多有關儀式的田野研究都來自印度。這類研究中的其中一項，是一支國際研究者團隊試圖檢驗參加排燈節（Diwali）的效果。[1] 排燈節是印度教的光明節，一開始是慶祝收穫的節慶，後來發展成慶祝光明勝過黑暗的慶典。活動會持續五天，包括了一系列集體祈禱、饗宴，並以一場煙火秀作為高潮。在這個脈絡下，研究團隊從印度北部兩個不同都會招募了一些慶祝排燈節的人們，在節慶前、中、後多次與他們會面，每次都會進行許多訪談和調查，評估他們的社會、心理以及情緒幸福。他們發現，隨著節慶展開，人們的情緒變得更好，經驗到更多正面情緒，感覺到與他們所屬社群更加連結。事實上，這些效果甚至在節慶開始之前就出現了。人們準備節慶的時間越多，感覺便越好，這顯示光是對活動的期待便能帶來有益的效果。

另一項由人類學家史諾德格雷斯（Jeffrey Snodgrass）領導的類似研究在鄰近的中央邦（Madhya Pradesh）展開，然而他進行這項研究的環境與排燈節非常不同。[2]史諾德格雷斯在幾個薩哈里亞（Sahariya）部落進行了兩年的田野工作，這些部落幾個世紀以來一直住在庫諾（Kuno）熱帶森林中。當庫諾森林被劃定為野生動物保護區後，該區域總共二十四個薩哈里亞部落全都被迫遷移，而每個家庭都得到森林以外幾公里遠的一塊耕地。這對他們的生活帶來了天翻地覆的改變，因為他們必須開始學習定居農人的生存方式。更糟的是，這讓他們在地理和社交關係上面臨了雙重孤立，使他們更容易受到盜匪劫掠，或是被有政治力量撐腰的牧人欺凌。這些遭遇對他們的健康狀況帶來了戲劇性的影響。薩哈里亞部落的族人在遷徙後承受了嚴重壓力，並且在此後的餘生當中也持續經驗到定期的壓力。DNA分析發現，那些背井離鄉的族人，染色體末端的端粒（保護我們免於老化和疾病）較短；[3]過早的端粒縮短是心理壓力的指標，與健康不佳和預期壽命減少有關。

薩哈里亞部落擁抱了原始信仰和印度教信仰的混合，遵行許多重要的印度教儀式。史諾德格雷斯和他的研究團隊想要檢視，參與那些儀式是否能幫助他們處理憂慮。為了達到這個目的，他們調查了兩種宗教節慶對於健康的影響。第一個是侯麗節（Holi），也被稱為印度色彩節，在三月進行，慶祝冬盡春來。慶祝活動從侯麗節前夜開始，印度教徒會燃起篝火，焚燒惡魔侯麗卡（Holika）的肖像。在侯麗節當天，人們會來到街上，把顏色鮮豔的顏料水和粉末灑在彼此身上。他們玩鬧，互相惡作劇，甚至對地位較高者也是如此——在那一天，打破一年到頭嚴格遵守的社會規範是可以接受的。

第二個活動是九夜節（Navratri），這是另一個春日節慶，在侯麗節後幾週舉辦，根據當地偏好，紀念難近母（Durga）、吉祥天女（Lakshmi）、妙音天女（Saraswati）等多個女性神祇。慶典包括了各種前置準備，高潮是連續兩日的遊行、祈禱、舞蹈和歌唱，這經常會伴隨著恍惚出神狀態，後續還有大眾聚餐。在那兩個節慶的脈絡下，研究者收集了日常唾液樣本，以此測量皮質醇這種荷爾蒙的濃度。皮質醇會在我們感到壓力的情況下快速增加。為了讓檢測結果更完善，他們也進行了焦慮和抑鬱症狀的調查評估。

在進行民族誌觀察的過程中，人類學家注意到在節慶期間，社會張力（social tension）的緊繃並不罕見。由於會有一大堆人在街上和住家中自由互動，人們經常會發生挫折、誤解甚至肢體衝突。儘管存在這些張力，當研究者分析在儀式中取得的數據與在每次儀式前搜集的基準數據進行比較時，卻發現參與儀式對參與者的心理和生理健康皆有正面影響。他們的憂鬱和焦慮的症狀戲劇性地減少，並且主觀心理和情緒幸福都明顯增加了。這些主觀進步也反應在荷爾蒙數據上，皮質醇濃度在每次儀式進行後都有所下降。

儘管在任何社交集會中，諸如排燈節、侯麗節和九夜節等節慶，都有可能出現間歇的緊張場面，但這些節慶本質上是帶來歡樂的場合，就如嘉年華或油膩星期二等慶典一般。畢竟，無論可能有其他什麼目的，集體儀式永遠都是公眾娛樂的泉源，提供人們將日常瑣事放下、作樂享受的機會。因此參與這些活動會有正面結果並不令人意外。

然而，集體儀式和幸福之間的關係並不限於這類歡快的活動。在許多脈絡中，看似具有壓力、痛苦或徹頭徹尾危險的儀式，經常在文化上被描述為各種疾病的療法。舉例來說，在非洲和中東不同地區進行的扎爾靈療（Zar）儀式，當中包括連續跳舞好幾小時直至崩潰，該儀式據信能幫助參與者克服憂鬱、焦慮和多種被歸因為鬼怪附體的情況；在墨西哥，死亡聖神（Santa Muerte）的崇拜者會四肢著地地在塵土中爬行很長一段距離，懇求祂治癒不孕和其他疾病；在北美，原住民部落會進行日舞（Sun Dance），這是一項包括穿刺或撕裂肉體的治療儀式；而在全世界各地，人們都會進行朝聖活動，將耐力推到極致，作為尋找他們問題解方的辦法。

有些人可能會認為，這些儀式對它們的參與者來說並沒有旁觀者看到的那麼有壓力。有沒有可能這些個體並不介意疼痛，或對疼痛有更高的忍受力呢？事實上，人們經常問我這些極端儀式是否有受虐癖的面向。那些被這類儀式吸引的個體會不會有對疼痛的偏好，以至於經驗疼痛對他們來說其實是愉悅的？我認為並非如此，人類學證據也說明不是那回事。

參與這些儀式的人一般會將他們的經驗描述成一種痛苦而非樂趣。就算在某些案例中，儀式進行者被預期要展現勇氣、壓抑任何不舒服的徵兆，但只要看看他們臉上的表情，就能明白他們的感受。實際上，我和我的同事曾進行一個在踏火儀式脈絡下的面部表情研究。我們使用高解析度相機記錄了這個儀式，從中抽出了超過二千幅人們走在燃燒炭火上時臉部表情的靜止照片。我們接著在實驗室中，把這些照片給獨立裁判觀看，要求他們評估照片裡的臉龐所展現的情緒表現。就算在這項儀式中，走在炭火上的參與者試著表現出不受壓力和疼痛影響的姿態，所有裁判都能認出他們承受的痛苦隨著考驗的持續越來越多。[4]

這種發現也與生理數據分析的結果一致。每次我檢視人們參與這類極端儀式的生理狀態時，都會為他們身體反應的強烈感到驚訝。就如同我們在先前的研究中曾看到的，參與者的心率飆高到我認為根本不可能在健康成人身上看見的程度。另一項衡量喚醒程度的指標、皮膚電導活動的測量則揭露了在大寶森節卡瓦帝儀式上，壓力程度呈指數增加，高於任何人們在日常生活中經驗到的壓力活動。[5]而就算是在ＢＤＳＭ大會的脈絡下（人們可能會認為其參與者會因為疼痛而感到愉悅）進行穿刺儀式的參與者，也顯示出明確的受苦表徵。研究者發現在這項活動搜集到的唾液樣本中，壓力荷爾蒙皮質醇增加了二五〇％。[6]

除了造成疼痛和壓力之外，許多這類儀式也帶有受傷、留下疤痕或感染的風險。它們經常在大規模集會的脈絡下發生，導致過度擁擠和衛生條件不佳，對免疫系統造成壓力，使參與者暴露在傳染病的風險中。由於這些風險，世界衛生組織對朝聖者的整體健康表達了擔憂，而醫學期刊《柳葉刀》也出版過一期特刊，宣傳關於這類大規模聚會的建議。[7]有鑑於這些嚴肅的考量，要說這些具風險性的活動在許多脈絡中通常可為健康帶來正面效益似乎是很反常的。有沒有可能真是如此？

二〇一二年，一群科學家提出了一項研究報告，該研究也是在印度進行的，目的是調查參與大規模宗教集會對健康的影響。[8] 他們所稱的「大規模集會」，實際上是場超大型集會。大壺節是印度最重要的朝聖活動，起源已經失傳。它在四條印度主河的河畔進行，朝聖者會聚集在河邊以聖水沐浴，洗去他們的罪業。這項慶典每十二年舉辦一次，每六年則舉辦一個較小規模的半禮。就連那些較小規模的朝聖活動都能吸引到超過二千萬人。其中最大型規模的摩訶壺節（Maha Kumbh Mela）是地球上最大型的人類集會，會在靠近阿拉哈巴的恆河畔舉行，近年來預估參加人數達到了一億五千萬人。

慶典會持續一個月，在這段期間許多朝聖者會在艱困環境中露營。他們住在臨時帳篷中或是打地鋪，白天在亞熱帶的陽光中曝曬，晚上忍受著幾近攝氏零度的氣溫，全看老天爺賞臉。他們沐浴和飲用的水都來自恆河，這是地球上汙染最嚴重的河流，裡頭流淌著化學廢棄物、垃圾以及來自恆河流過的無數城市所排放、未經處理的人類排泄物。除此之外，朝聖者也暴露於極度擁擠、噪音、基本糧食服務短缺以及生理疲憊當中。

一般可能預期這種情況會對人們的健康造成毀滅性的影響。因此研究者決定要研究這些影響，而將四百一十六名參加大壺節的朝聖者與未參加的控制組進行比較。在朝聖前一個月，受試者被要求回報身體或心理疾病，並評估他們的整體生活幸福感。這些測量在朝聖結束一個月後會再進行了一次，以測量變異。值得注意的是，數據分析顯示，那些參加朝聖的人經驗到更少的心理和生理健康症狀，在主觀幸福感上也有所增加。

當然，雖然大壺節是個極具挑戰性的儀式，但參與者還是有可能享受他們在河濱露營的時光。那麼其他那些直接對其參與者施加疼痛及痛苦的儀式呢？由於對大壺節的發現感到好奇，我連繫了該研究的其中一名作者，社會心理學家可汗（Sammyh Khan）。我詢問他有關他們的研究發現，是否有可能延伸到我所研究的更極端儀式，同時也自發地對他們的研究方法提出了一些評論。作為一名優秀的科學家，可汗接受了我的評論，我們就極端儀式的可能結果以及如何進行研究，展開了一系列的線上討論。由於共同的研究興趣，我們決定見面討論一項合作。我邀請他在我就職的機構進行演講，並一同申請了聯合研究計畫贊助。最終，我們成功得到贊助，得以購買設備、組建團隊，對模里西斯大寶森節卡瓦帝遊行的健康效益展開研究。

大寶森節卡瓦帝活動是進行這項研究的理想環境，因為它包括了嚴峻的生理困難，足以挑戰「儀式可以提高整體幸福」這個假設。無數身體穿刺造成的開放性傷口會導致一整天持續的疼痛與發炎，並帶來極大的皮膚或血液感染風險。穿過臉頰的長棍造成了大洞，帶來皮膚撕裂和神經傷害的威脅。其他額外的風險還包括失血、肉芽腫、瘢痕瘤以及毀容。儀式在熱帶熾熱陽光下烘烤的瀝青街道上進行，光腳行進的朝聖者經常被燙傷、起水泡。人們也很常在那天因中暑而昏倒，這幾年來我的研究團隊中也有許多人在熱帶太陽的烘烤下中暑曬傷，儘管我們已盡可能地尋找遮蔭——信徒們可不會這麼做。雖然這項儀式的激烈本質為我們的計畫提供了一個良好案例，卻也帶來了巨大的挑戰。

我們的目標是測量這項激烈經驗為參與者的生理和心理幸福帶來的效益，為此我們需要量化儀式參與的強度。其中一種方式是檢視造成痛苦的外部因素，以某種手段評估每個個體在儀式中所承受的疼痛量；另一種則是檢視疼痛對個體造成的影響，透過測量與痛苦相關的身體表現來衡量。我們決定兩者並行。在大寶森節卡瓦帝活動中，最疼痛的部分便屬以金屬穿刺朝聖者的身體。部分信徒只用一根針穿過他們的舌頭，而其他人則會以數百根針穿過身體各處。透過計算每一名參與者承受的穿刺針數，我們對他們所承受的痛苦做出預估。

這種可估計的疼痛，加上信徒在整個遊行過程中所承受的其他折磨，無疑會導致高度的壓力。但到底有多高呢？為了找出答案，我們對參與者的皮膚電導（skin conductance）進行量測。當我們承受壓力時，自律神經系統中的交感神經分支會被喚醒，引起小汗腺流出汗液。這就是為什麼我們在緊張或害怕時掌心會出汗的原因。汗水會讓我們的皮膚更容易導電，所以我只要將兩個小型電極放置在隔幾公分的皮膚上，我們就可以透過來一股難以察覺的電流，來測量這個自律反應。這種反應是自發性的，不受意識控制，這也是何以皮膚導電活動是「測謊機」的主要儀器之一。雖然測謊一事落入偽科學的範圍內，但在測量壓力一事上，測量皮膚電導活動仍有不錯的效果。

我們的第二個挑戰，是要量化參與儀式的健康效益。健康是一個廣泛而複雜的概念，沒有單一測量方式。幸虧可汗的背景是健康心理學，他對於搜集這類數據有充足的經驗。我們使用一系列問卷調查，蒐集來自卡瓦帝遊行參與者和一群控制組資訊，以此來評估主觀健康和幸福程度。控制組來自同樣地區和文化背景，但未參加該年的疼痛儀式。除了問卷調查之外，我們也蒐集了他們的生理數據。我們總共監控了兩組人長達兩個月，橫跨儀式前、儀式中和儀式後。

除了技術問題，我們需要克服的最大挑戰，是如何在不干擾儀式的情況下進行這項研究。對當地社群成員來說，這個節慶是一年最重要的時間，在他們最神聖的神廟中舉行，紀念他們最重要的神祇。他們在當天最不樂見的就是一群吵鬧的研究者阻礙他們朝聖。幸虧，近來科技的進步讓我們能夠遠距進行測量，不對儀式造成干擾。我們所使用的攜帶式健康監測器只有腕錶大小，可以讓參與者戴在臂上。這項設備會記錄身體活動、壓力水平、體溫和睡眠品質。因為設備電池電力足夠維持一週，我們不需在儀式當天干擾參與者。我們搜集了兩個月的測量數據，時間包括節慶的前後一個月。在這段期間，我們每週拜訪參與者，從設備中下載數據，並對他們的心率、血壓和身體質量指數進行額外的測量。

數據揭示了這個儀式有多嚴苛。我們的參與者在當天平均經受六十三根針的身體穿刺，有些人身上甚至有超過四百根針。這也在他們的生理數據上留下了可觀測的跡象：他們的皮膚電導活動比其他任何一天都來得高，顯示朝聖者確實處在極度的痛苦中。然而，某些人比大多數人更進一步——慢性病患者以及社會邊緣人（也就是低社經地位的個體）往往會用更極端的形式進行儀式。那些有更大需求的人願意付出更高的代價。是真的很高。回報自身有某些健康問題的人，比那些沒健康問題的人承受了多十倍的穿刺。

值得注意的是，這種折磨不會留下任何長期的負面影響。幾天過後，他們生理健康的每一個面向都回歸正常。事實上，他們心理健康普遍有所改善。與那些沒參加儀式的人相比，參與者經驗到的生理幸福以及生活品質提高，與他們在儀式中經驗的痛苦程度呈正比。換句話說，他們在儀式中面對的痛苦和壓力越大，他們後來經驗到的改善就越多。一個更具體的例子是，相較於承受較少穿刺者，在身體穿刺較多的組別中，有半數人的生理健康提升了三〇%。

這樣的結果乍看之下似乎很矛盾，因為它所牽涉的行為令人痛苦，還對參與者的健康帶來直接的威脅。儘管如此，有鑑於我們現在對儀式所知的每一件事，這樣的結果並不是完全出乎意料的。儀式得以存續千年，是因為它為人們的生理、心理和社會等種種面向，帶來了強大的功效——我們有可能會在其他領域中單獨發現這些效果，但在儀式的脈絡下，這些效果會以某種獨特的方式結合在一起。

如同我們所看到的，儀式有著重要的心理功能。由於高度結構化且可預測的本質，儀式在這個風暴般狂亂的世界中為我們起到了錨定的功能。透過提供秩序感及控制感，儀式幫助我們面對日常生活中經常失序、無法控制情況，幫助我們處理焦慮。此外，進行規律儀式所需的精力和承諾，也能鍛鍊紀律並增強自我控制的能力。舉例來說，有一系列研究發現，在餐前進行儀式可幫助人們做出更好的食物選擇、控制卡路里攝取、讓他們感覺更有力量去追求健康的生活方式。[9]

宗教傳統透過將儀式神聖化，規定它們的日常進行，提供了一種外部鼓勵，放大自我控制的潛力。文化系統則透過設定清晰的目標，激勵人們為達到這些目標而努力。這些目標本身可能並不令人愉快：大多數人不會享受食物被剝奪或是身上刺著針。人需要意志力來達成這類目標，而意志力就像肌肉一樣，越用會越強大。[10]完成這些挑戰性任務的成就感可以激發自信心，幫助鼓勵參與者面對其他類型的挑戰。這或許有助於解釋某些可以促進健康的生活習慣與宗教之間的關聯性，像是較少的藥物濫用和較安全的性行為。[11]

雖然這些效果大都在無意識的層面下作用，不過文化儀式也創造了更明確的期待。我們已看到人類會本能地將儀式感知為可以在因果關係上造成影響力的活動。回憶一下第二章對孩童進行的研究；學齡前兒童相信生日派對會讓人老一歲，而第三章針對成人的研究也發現，投球前的儀式似乎可以讓籃球員更有可能得分。文化儀式透過這種直覺讓因果關係變得明顯，透過創造正面期待、提供希望來放大這個直覺。

當醫生給病人沒有藥物成分的安慰劑，並告訴他們這是一種有效的藥物時，病人經常會感覺到症狀獲得改善。這種現象被稱為安慰劑效應。安慰劑之所以有用，是因為它誘發了一個積極的前景，造成壓力荷爾蒙下降，減緩免疫系統的壓力，從而協助了療癒過程。因此，雖然安慰劑無法修復斷掉的骨頭或是縮小腫瘤，但對於減緩疼痛、偏頭痛、失眠、焦慮和抑鬱有很大的作用。早在這種概念被醫生討論之前，所有人類文化都會使用療癒儀式來刺激免疫系統。在這些儀式的脈絡中，對於儀式效用的本能性期待，可能會進一步與對超自然存在或力量的信仰結合，還有對於文化智慧的信心：如果這麼多人都相信這項儀式，我想它應該不會是沒有道理的。

療癒儀式的社會框架還可以透過另一種方式帶來幫助。大多時候，那些在儀式中尋求治癒的人罹患的是心理疾病或是心身症。這不是什麼令人驚訝的事，畢竟大多數人更有可能會因為骨折去看醫生，而不是因為焦慮或憂鬱而去看精神科醫生。因為在世界上有許多地方，會將這類情況與恥辱或地位下降關聯在一起，從而阻止病人尋求幫助。但當他們造訪宗教療癒者時，折磨他們的疾病可能會被歸因於惡靈、巫師或其他外部力量，這讓病人得以使用更可能被社會和他們自己接受的方式，重新詮釋他們的情況。事實上，在許多案例中，先前被視為疾病的症狀可能會被詮釋為祝福。在安納斯特納利亞，那些尋求療癒者是因為被聖人選中，所以才會受苦。他們的症狀不是疾病的表現——那是一條接受聖人召喚，艱苦但有所回報的光榮道路。

或許儀式最重要的貢獻在於提供了連結感。集體儀式的參與者是持續性的社群成員，其中的個體共享了類似的背景、價值觀和經驗。奉行儀式可以幫助他們強化彼此的連結，而儀式作為這種連結的象徵性標誌，是他們對團體作出承諾的證明，可以提高他們的團體地位，強化並擴張他們在社群間的社交網絡。

擁有較廣的社會連結，表示有更多可以在需要時提供協助的朋友，有更多人願意聆聽你的困擾，更多可以利用的資源和專長。因此，那些擁有較強支持網絡的人更能處理壓力，可以過著更健康的生活、擁有更健康的人際關係。[12]相反地，那些社會支持較差的人在面對寂寞、憂鬱、社會邊緣化時會顯得更加無助。[13]他們有更高的風險罹患心血管疾病、藥物濫用以及自殺，更容易早逝。這就是何以社會支持被認為是心理健康和幸福的關鍵因素。

上述效應仰賴大腦和社會對身體造成影響的能力，以一種由上而下的方式運作。但是儀式有另一種由下而上的效果：儀式可以藉由直接調整腦部的化學物質來發揮影響力。以獎勵系統為例，儀式可以調節諸如多巴胺和血清素等神經傳導物質的濃度，使感官增強、提振情緒並提升整體的幸福感。獎勵系統的演化是為了激勵人類去從事那些對生存來說至關重要的行動，像是覓食和交配。這也是何以多巴胺急速上升時會創造一種幸福感，並讓人體驗到一種經常被描述為意識狀態轉變的深刻意義感。許多成癮物質，諸如娛樂性用藥或酒精等，都非常有效地激發了這個反饋迴路。自古以來，各個儀式傳統便會使用致幻性藥物來直接干涉腦部的多巴胺和血清素活動，以誘發強烈的感受。這些物質可以相當有效地引發精神性的體驗，因而被稱為「entheogens」，也就是希臘語的「產生內在的神靈」。

然而，藥物不是唯一的 entheogens。同樣的經驗也可以透過操縱身體和心智來達成。透過控制身體的運動和姿勢、調節呼吸或感官刺激，有些儀式本身就發揮了 entheogens 的功能。舉例來說，有研究顯示，特定形式的深度冥想會對大腦的化學作用產生明顯的影響。目前已發現**睡眠瑜珈**（yoga nidra）可以提高大腦腹側紋狀體（ventral striatum）的多巴胺濃度，[14]而**內觀**（vipassana）靜坐、正念冥想（mindfulness meditation）和超覺靜坐（transcendental meditation）都能調節我們的血清素濃度。[15]有趣的是，兩種相反的極端狀態似乎都能讓我們體驗到超然的意識狀態：無論是深度冥想極端放鬆所產生的平靜狀態，還是薩滿式出神所產生的極端喚醒狀態，都能帶來相似的專注感，並引發一種意識的解離狀態。

當我們進行高強度儀式，經歷情緒喚醒、身體疼痛和體力耗竭、重覆的音樂和舞蹈、齋戒和／或感官過載後，大腦的電化學活動會產生風暴，引發獎勵系統釋放一系列讓人感覺舒適的化學分子。血清素會透過抑制負面感受來幫助我們調節情緒，就像一種鎮靜劑，可以壓制疼痛、改善睡眠、減少侵略性和暴力，讓你更善於社交。另一方面，多巴胺則更直接地與愉悅感有關，它創造出令人愉悅的感受，使人興奮，產生動力，讓人主動去追求這些令人愉快的感受。當血清素和多巴胺濃度不平衡，你可能會經驗到寂寞、焦慮、憂鬱或一系列其他的心理疾病。這便是為什麼大多數的抗憂鬱劑，主要都著重在恢復大腦的血清素和多巴胺濃度。

當喚醒維持了很長一段時間，便會刺激大腦產生內源性的欣快物質（endogenous euphoriants），這是我們大腦自己生產的娛樂性藥物。這些物質會透過鼓舞情緒、減少不適和焦慮以及減緩疼痛等方式，調節我們的積極性。疼痛是非常重要的感官，因為疼痛能幫助我們避開危險。作為一條通用的經驗法則，如果某件事帶來疼痛，你可能就不該這麼做（當然有些特例，像是看牙醫）。然而，當我們經驗到長期的疼痛、壓力或生理的耗損時，這些跡象相當於告訴大腦我們正在面對一場生存搏鬥。在生孩子、戰爭、打鬥、逃亡或其他攸關性命的情況中，我們經常需要把自己逼到極限，這時疼痛反而會變成一種嚴重的干擾或阻礙，而這個內生的鴉片類物質合成系統便是為了在嚴峻的情況中讓我們的身體支撐下去而存在。就像是醫生為我們開止痛藥，演化也為我們設計了自己的止痛藥，讓我們能在不因疼痛而變得虛弱的情況下突破難關。

試想長距離跑者的經驗。在比賽中，他們一里接著一里地持續跑著，有時會進入一種被稱為「跑者愉悅」（runner's high）的狀態：產生欣快的興奮感，減少了不適，並經常伴隨夢幻般的漂浮感和失去時間感。跑者經常將這個狀態比喻為飛翔、情緒高昂或是一種出體體驗。跑者愉悅當下既有催眠般感受又為跑者帶來了力量感，讓他們在充滿活力的同時也感到放鬆無憂。這些顯著的效果就是諸如內源性類鴉片系統和內源性大麻素系統等特定腦部功能的運作結果。

在我與同事所進行的研究中，我們發現人們在進行諸如身體穿刺、舞蹈以及走過刀山或燃煤等各種在體力上具挑戰性的儀式後，也會產生類似的經驗。果不其然，那些進行費力而痛苦活動的人，在生理上展現了受苦的證據：他們的心率達到每分鐘超過二百下，與我們過去在西班牙踏火儀式中測量到的結果類似。但這項折磨事實上讓他們感覺更好：他們使用的精力越多，他們在活動之後越亢奮、越感覺不到疲倦。[16]

這些活動帶來的效果與它們刺激合成的對應物質類似，內源性的欣快物質可用於治療慢性疼痛和憂鬱、促進免疫功能以及改善主觀幸福感上。這是何以規律運動的人情緒調節更好，也較不容易罹患憂鬱症和焦慮疾患的原因。這些疾病的藥物處方產生效用的機制，便是調節那些在極端儀式等高喚醒經驗中引發的同一類神經傳導物質。事實上，醫學研究顯示，激烈運動在治療重度憂鬱症上和抗憂鬱藥物一樣有效。當然，問題在於罹患情緒疾病的人通常缺乏動力去進行身體活動，造成惡性循環。文化儀式則可以透過利用外部壓力強迫患者參與來打破這個循環。

這種儀式與神經傳導物質的關係，讓社會學家麥克克里儂（James McClenon）指出，涉及吸收、解離和意識狀態改變的薩滿儀式，可能就是宗教和靈性的生物學基礎。這些儀式是早期人類社會最主要的療癒媒介，這種治療帶來的益處會對與催眠能力有關的基因型施加選擇壓力。當這些基因的盛行率增長，宗教思想、神話和觀念就可能在人群中產生，而這些想法也可以用來合理化那些儀式。[17]麥克克里儂提出的是一種推測性的想法，但也相當有趣。如果這種推測是正確的，便暗示了薩滿儀式技術的益處，會在演化過程中選擇那些易受它們影響的個體。反過來說，這表示我們會是那些在基因上傾向尋求儀式經驗的人的後代。這讓我們名副其實地演化為舉行儀式的物種。

極端儀式試圖利用痛苦來達到健康和社會益處。從表面上看來，受苦是有風險的：比方說，這些儀式中存在著讓參與者持續提高活動強度，而可能損害免疫系統或承受嚴重傷害的危險。但正如同絕大多數的馬拉松跑者不會持續跑到心臟病發作，儀式參與者似乎也知道自己體力的極限（只有一些例外），然後將自己逼到那個極限。

另一個儀式的潛在副作用，則來自於對儀式力量的過度依賴。儘管儀式確實有種種益處，但它明顯不是萬靈藥，也不能代替醫療干預，幸好大多儀式參與者都明白這點。一群農人在進行土地豐收儀式時，並不會停止照料他們的作物。他們仍舊要付出種植高品質作物所需的技術和勞力。同樣地，進行療癒儀式的人一般不會停止就醫。大多數情況下，儀式和醫學治療的關係往往是互補而非對抗的。這樣看來，就算人們相信他們進行的儀式可以在世界上帶來某種直接益處，他們仍將其理解為一種與自然的物質因果關係不同類型的效應。

還有一個更大的危險，在於相信諸如順勢療法（homeopathy）之類的偽科學慣例。就像儀式，這類慣例可能會產生部分有益的安慰劑效益，但與儀式不同的是，人們求助於這些慣例，是因為他們相信其中包括了某些科學性的因果作用。因此，他們把順勢療法當成醫藥的同等替代物，這可能會對他們的健康產生嚴重的影響。

然而在某些情況下，人們會相信儀式是物質因果關係中不可忽視的影響力。當這種情況發生時，事情就嚴重了。這類堅定信念的其中一個例子，顯現在一種被稱為「巫毒死亡」

（'voodoo death'）的奇怪現象中。當有人相信惡靈對他們下了詛咒，便會為此感到極度恐懼，以至於開始體驗到足以造成疾病的嚴重心身症狀，在極端例子中甚至因此死亡。這種負面的安慰劑效應被稱為「反安慰劑」（nocebo）：被告知特定藥物有副作用的病人通常更可能經驗到那些副作用。

毫不意外地，這種罕見現象最常出自醫生的描述。卡農（Walter Cannon）就是其中之一，這名哈佛醫學院教授在二十世紀初對這個主題相當著迷，並從全球各地搜集來自不同文化的相關報告。[18]舉例來說，在部分澳洲原住民文化中，有一個信仰是用骨頭指向某人就會造成對方死亡。這根骨頭必須來自特定動物——像是鴯鶓、袋鼠或甚至人類——並經過特殊儀式的處理，有時還會用人類的頭髮纏繞，並由部落中專門的殺人儀式進行者來操作。確實，有數個民族誌敘事中留下了被骨頭指到的受害者生病、最終死亡的紀錄。因此這現象也被稱為「骨指症候群」（'bone-pointing syndrome'），對於這些案例的經典解釋為「恐懼至死」。受害者真心相信該儀式會造成他們死亡，因此被恐懼所籠罩，變得對外界無感，拒絕進食，一心只想等死。死亡因此變成一個自我實現的預言。

社會環境也是這個程序的一項重要因素。當某人被法術所害，這個信念不只存在於那人的腦中，也存在其他所有人的心底。這使得整個社群都開始把他們當成受詛咒的必死之人對待。他們可能會停止與那些人說話，忽視或同情那些人，甚至開始為他們進行葬禮。因此，不僅是受害者的內在世界受威脅，他們周圍的社交世界也會一併崩解，加速了預言的實現。這是一種強迫自殺——或如同某些人稱的「心靈殺人」。

知名美容外科醫生馬爾茲（Maxwell Maltz）曾談到一名病人羅素先生（Mr Russell）在

一九五〇年代造訪他在紐約的辦公室。羅素先生出生於加勒比海島嶼，當地廣泛流傳巫毒信仰。當羅素先生告知他的女友他將所有存款花在下唇的整形手術時，她變得憤怒，並宣稱她對他施了詛咒。起初這名男子對她的威脅沒放在心上，但隔天他發現自己的下唇內側有一小塊腫塊，於是認定這是一個「非洲蟲」——根據傳說，這個詛咒會慢慢將他的靈魂消耗殆盡。數週後去找馬爾茲醫生回診時，他已成了行屍走肉。「羅素先生第一次來找我時，是個很迷人的人，僅僅是嘴唇有些大而已。」馬爾茲回憶道：

他的身高大概一百九十公分，是個有運動員體格的高大男子，風度和舉止凸顯了他內在的自信，使他顯得相當有魅力。……而現在，坐在我對面的羅素先生老了至少有二十歲。他的雙手因年老的顫慄而抖動，雙眼和臉頰凹陷。他掉了大概十四公斤。外表的改變全是醫學中所謂老化特徵。[19]

之前見過這類現象的馬爾茲並未對他的故事置之不理。相反地，他切除了腫塊（這實際上僅是他手術留下的表皮疤痕），並將它拿給羅素先生看。這名病人這才相信詛咒已被移除，快速且完全地恢復了健康。

文獻中也記錄了當地巫醫如何以類似的方式處理巫毒死亡：他們會在病人身上劃出一小道切口，並拿出一小塊骨頭、牙齒或爪子展示給病人，病人會因此相信強大的咒術被解開了，疾病的成因被找出來並消除了。由於疾病的成因本是對巫毒效力的信仰所造成的身心壓力，這種做法確實能有效地治癒他們。

卡農和馬爾茲的故事可能僅會被視為軼事，當成某種符合當時寫作風格的誇張手法和種族歧視暗示。然而，醫學期刊中也穿插著類似案例，實驗性的研究也證實了心理期待對於健康有著重大的影響力，正反面都有。[20]實際上，早在沒有治療成分的藥丸被用做安慰劑或反安慰劑之前，儀式便扮演了同樣的角色。

像巫毒死亡這樣的現象很稀少。大多數文化並不鼓勵將儀式用於傷害他人或對付私人敵手，這類活動一般被劃定為巫術（witchcraft）的範疇。在對於這類技術的效用有著廣泛信仰的社會中，一般也能找到禁止這類儀式的強大規範和法律。舉中非共和國刑法為例，該國規定施行巫術會被判處五至十年的監禁、罰款和強制勞動，實際上情況可能更糟。而在沙烏地阿拉伯，施行巫術可能會被判處死刑。

整體而言，透過世代以來的嘗試錯誤，儀式傳統已被塑造為能從多種面向讓施行這些傳統的人受益。這些截然不同卻相互累積的效果，與施行儀式的具體經驗、個人根據儀式效用所產生的期待，以及儀式參與的社會性因果關係有關。當這些因素結合在一起，就能對儀式施行者的健康產生正面而強大的影響。因此，無數研究都發現了有宗教信仰的人在生理和心理健康上都更良好，具有更大的生命滿足感，以及更好的整體生命品質。值得注意的是，這些益處似乎和他們信仰什麼宗教沒太大關係，而與他們在社群中參與的儀式生活有關。[21]

很顯然，儀式無法取代醫療干預。但在許多例子中，特別是在這類干預不是每個人都可企及的脈絡下，儀式或許可以發揮一種重要的互補功能，幫助人們去處理壓力和疾病，讓人們找到勇氣和動力。特別是在面對心理疾病時更是如此，這類疾病可能伴隨著社會汙名化。有些儀式已被世世代代進行了好幾千年，雖然這項事實並不代表我們應該僅憑表象便將它們信以為真，但這確實意味著我們應該嚴肅看待此事。也就是說，我們不該太快排除掉它們對數以百萬的從事者有某些重要影響的可能性。由於我們現在已有證據支持，許多儀式實踐——就算其中某些對我們來說既可怕又駭人——都可以帶來舒適、給予支持、讓人們獲得恢復和療癒的效果。

畢竟儀式（極端儀式亦然）提供了具有深度意義的經驗。心理學家布魯姆（Paul Bloom）在他的著作《甜蜜點》（*The Sweet Spot*）當中表明，儘管很多人提出相反意見，但人類實則並非天生的享樂主義者。當然，舒適和愉悅對我們來說相當重要，但一個美好生活還需要更多別的因素，這便是為什麼馬斯洛在他的需求層次理論中，把諸如安全和風險保障等需求放在中段，而非頂端。我們被激勵去追求那些耗費精力、帶著困難和折磨的活動，以過一個有意義的人生。布魯姆將人自主選擇的折磨（chosen suffering）分為兩種；第一種包括像熱水澡、辣味食物、激烈運動或是性施虐和受虐行為。從事這些活動帶來的感官體驗對他們來說是種樂趣。第二種自主選擇的折磨非常不同，這類活動包括爬山、養育子女和進行極端儀式。他推想爬山者並不認為受傷和風雪令人快樂，父母也不會享受睡眠剝奪。同理，踏火者所尋求的並不是腳部燙傷，卡瓦帝祭舞的參與者也不會因為被針棍穿刺而感到愉快。「這類活動耗費精力且往往令人感到不悅。但它們是美好生活的一部分。」[22]

# 9 駕馭儀式的力量

## Harnessing the Power of Ritual

寫這本書時，全世界正面臨新世紀以來最大的生存威脅。二〇一九年十二月，一種名為SARS-CoV-2的新型病毒在中國被發現。這種簡稱為「冠狀病毒」的病原體源自某種哺乳動物，可能是蝙蝠或穿山甲，傳播給了與這些動物密切接觸的人類，這可能是在中國武漢的野生動物市場中發生的。當第一名人類受到感染，疫病便透過人傳人快速蔓延，造成威脅生命的嚴重急性呼吸道症候群COVID-19。二〇二〇年一月，已有超過一千人在病毒檢測中呈陽性，中國以外的數個國家也檢測到病毒。三個月後，超過一百萬人遭感染，再過三個月，病例數超過一千萬，接著更突破了一億。冠狀病毒的傳播呈指數增長。世界衛生組織宣布爆發全球大流行，冠狀病毒在全球幾乎無處不在。

冠狀病毒大流行對全世界都造成了巨大的衝擊，迫使各國政府採取各種史無前例的措施來應對。一系列「社交距離」規定被實施，戲劇性地限制了公共場所的身體互動。關閉學校和商業場所，禁止國際旅行，活動取消，公民們被告知要留在家中。整個國家進入封鎖狀態，那些未經允許離開家門的人會處以可觀罰款，甚至遭逮捕。在某些地方，違反宵禁還會被警察公開毆打。這場災難的影響力很快就達到了全球規模，導致人們收入銳減、失業甚至經濟全面崩潰，造成本世紀以來最大的全球失業潮。許多政治領袖無法順利應對尋求指引的民眾，面對危機躊躇不定、朝令夕改而相互矛盾；在這個未曾有人涉足過的領域，醫學專家們一直修改他們的預測；隨著死亡總數持續上升，媒體以令人不快的影像和數據轟炸民眾；甚至那些全球最強大的國家似乎也無法避免災難。我們有很長一段時間看不到曙光。直至疫苗出現之前，沒人可以預測確切何時才能回歸正常，甚至不知道所謂的「新常態」會是什麼模樣。

這場大流行以一種前所未有的方式改變了人們的生活，也凸顯了人類天性中的某些核心面向。新的社交距離規範，讓人們理解到社會連結和身體互動的重要性。自我隔離提醒了我們，我們渴望與自然接觸。於此同時，這項危機也展示了人類對儀式的需求，展現了儀式隨環境變遷產生改變的力量。

為了回應 COVID-19 大流行，全球各地的大學紛紛暫停校園活動，以縮減病毒傳播的機會。教學移到線上進行，宿舍關閉，研究暫停。一夜之間，數百萬名學生眼見他們的生活以幾週以前沒人能想像到的方式改變。我所任教的大學也不例外。在教務單位宣布封鎖的隔天，我與學生們進行了該學年最後一堂實體課，每個人都很緊張。那天我沒進行太多教學，課程大多數時間都在討論課程接下來的進行方式以及試著提供某些安慰：情況很嚴重，但我們會撐過去。

在列出為新線上課程做的流程調整後，我詢問學生們是否有任何問題。這時許多人舉起了手，但他們的問題與我的課程無關，「還會舉辦畢業典禮嗎？」一名學生這麼問，每個學生似乎都迫切地想知道答案。我解釋說，雖然畢業典禮在當下還沒有正式取消，但我猜想會取消——結果，畢業典禮真的取消了。從學生們的表情看來，那是他們當天得知最糟的消息。

讀到這裡，你可能並沒有對學生們的擔憂感到太驚訝。人們非常關切儀式，因為儀式能幫助我們找到意義，處理許多生命中會面臨的挑戰。因為儀式高度結構化的本質，它提供了一種對於日常生活不確定性的預測感和控制感；透過聚在一起進行集體儀式，它為人們提供了一種連結感和團結感；透過標誌我們生命中的關鍵時刻，給我們一種成就感和成長感。在一個千變萬化、滿是變數的世界中，儀式提供了我們迫切需要的常數。然而，冠狀病毒的爆發呈現了一種相當獨特的困境，讓這一切變得混亂不堪。在極度焦慮的時代，人們會本能地轉向儀式去尋找規律性和常態，但居家隔離的要求，讓部分最常見的應對策略突然間變得不可企及。雖然社會凝聚的需求比以往任何時候都大，移動的限制和社交距離的規定卻讓人們更難接觸到彼此。

在這特殊情況下，全球各地的個人透過尋求可進行的儀式來應對此情況。在Google搜尋引擎上，祈禱相關關鍵字的搜尋紀錄飆升到歷史新高，每增加八萬名COVID-19的新病例，搜尋數目就增加一倍。[1]人們也開始創造為新現實量身打造的新儀式，並尋求新的方式來慶祝延續了幾個世紀的儀式。美國喜劇演員基墨（Jimmy Kimmel）和妻子莫麗鼓勵那些隔離中的人舉辦每週一次的儀式性晚餐「正裝星期五」，儘管只是自己在家還是穿著正式服裝用餐。「這個概念是要打扮自己，就像是要去哪邊赴約一樣，儘管實際上你哪裡都不去，」他解釋道。這類儀式能幫助維持一種結構感和正常性，讓人們重新取得控制感。又或者，以基墨的話來說：「我們這麼做並沒有其他理由，只是為了假裝我們是人類而非住在籠子裡的鸚鵡。所以如果你有燕尾服的話，拿出來穿上吧。」

雖然居家儀式相對容易移植，但在社交隔離下舉辦集體儀式卻是更大的挑戰。儘管如此，各地的人們仍持續用有各種創意方式，尋找能維持廣大人群連結感的方法。舉例來說，在義大利城鎮貝拉（Bella）的一個街區中，居民們堅信維持社交距離不代表你不能社交。他們用長竹棍製作帶著杯架、可放酒杯的長竿，從陽台跨越窄小的街道，與鄰居碰杯祝酒。

全球各地的城市居民也從陽台表達對健康照護工作者的感激。每天同一時刻，民眾會一起開窗喝采、拍手或敲擊鍋盤，為那些在第一線工作的人鼓掌，將這群人稱為危機中的英雄。當整個城市開始迴響掌聲時，這個儀式很快就變成連結和恢復力的象徵，提供一種團結和安慰的力量。我們每個人同在此處，終將一起克服一切。

類似的感謝和團結儀式自發地在全球各地出現。在美國多個社區中，小學教師開始開車遊行來鼓勵學生。學生和家長也會反過來組織遊行活動，開車經過教師住家，透過按喇叭、立布告板還有在人行道上以粉筆留下訊息，傳達他們的感激。在西班牙馬略卡島（Mallorca）上，警察在街頭唱歌跳舞來感謝當地居民。而在加州聖貝納迪諾（San Bernardino），學生透過網路遠距和聲，組成了虛擬合唱團。

隨著 COVID-19 危機延續，諸如通勤上班、上街購物或是上學等日常活動都不再是日常。人們經常感覺時間徒然流逝，日子越來越沒有意義。更糟的是，部分界定我們自我感、提供個人成長和成就感的重要時刻都被取消了。但無論情況如何，那些儀式太重要了，以至於我們無法放棄它。

與大多數其他事物一樣，許多儀式也移到線上進行。虛擬正式舞會利用電話會議平台，讓高中生不用離開房間就能聚在一起，一同為特別的日子慶祝、互動甚至跳舞。MTV和*Teen Vogue*等媒體平台組織了全國性的正式舞會，有數千名學生參加，活動中有現場音樂表演以及客座名人演講。於此同時，生日派對是第一批改採移動方式舉辦的活動。這種開著車進行的慶祝儀式，包括朋友和親戚開著裝飾了氣球、彩帶和標語的車到家門口、大喊生日祝福，以及從車窗丟下生日禮物。這種儀式有時會變得更正式，車子一台台排成隊伍進行生日遊行。沒過多久，十五歲舞會、猶太教受戒禮以及其他成年禮也加入了開車儀式的行列中。進行這些儀式時，鄰居，甚至完全的陌生人，經常會中途加入這樣的熱鬧活動中。有些家庭甚至會在地方報紙上刊登這起活動的公告，邀請社區中任何人都可以開車過來按喇叭表示祝福。

學校和學院開始組織線上或得來速形式的畢業典禮，有些人甚至創造了真正獨特的經驗。孟買的印度理工學院為每名學生創造了個人化的虛擬人物，邀請他們參加一場虛擬儀式，由同樣以數位形式參加活動的諾貝爾獎得主霍爾丹（Duncan Haldane）頒發學位證書。美國新罕布夏州（New Hampshire）的肯奈特高中（Kennett High School）在克雷蒙山（Cranmore Mountain）山頂舉辦畢業典禮。每一名學生和其家人都搭乘滑雪纜車到山頂上，在該處頒發學位證書並留影。而就算部分學校取消了畢業典禮，學生和家長也經常決定自力更生。當一名路易斯安納州的父親看到女兒因大學畢業典禮取消而哭泣時，他決定自行採取行動。他在自家前院搭起一個舞台，設置了頒獎台、音響和座位區。他訂了禮服，甚至帶來兩名講者——女孩的姑姑和家庭牧師。

在曼哈頓，詹尼斯（Reilly Jennings）和魏勒（Amanda Wheeler）在前往紐約市婚姻登記處準備結婚的路上聽到了壞消息：由於傳染病爆發，市政府書記處立即暫停所有現行儀式直至進一步通知。儘管一開始很失望，但他們決定不讓任何事情毀掉他們生命中最開心的日子。他們連絡了一名經過教規任命的牧師朋友，兩小時後他們在他的四樓窗下永結同心。幾名賓客站在人行道上，而其他人則在儀式主持人朗誦馬奎斯《愛在瘟疫蔓延時》的段落時，從汽車天窗探頭出來觀禮。不久之後，他宣布這對新人正式結為夫婦，汽車喇叭開始鳴響，鄰居也在他們的窗邊鼓掌致意。

某些儀式慶祝了新的開始，而其他儀式則提供了終結。與許多其他事物一般，冠狀病毒的流行也改變了人們處理哀痛的方式。環顧歷史，人類進行了許多親密而繁複的儀式來紀念死者。在埋葬死者之前，穆斯林會將遺體從頭到腳清洗乾淨。印度教徒聚在恆河和其他河的河畔，在火葬台上焚燒遺體；基督徒會舉辦守靈或「瞻仰遺體」，讓親友聚集在一起對亡者表達敬意；猶太人會將遺體安放在家中，度過七天的哀悼期。在所有文化中，人們擦洗、打扮、親吻並撫摸他們所愛之人的遺體。打從我們這物種開端以來，這些深切的行為便幫助人們面對死亡的現實、傳達哀傷、尋求慰藉並找到前進的力量。然而，在疫情期間，政府禁令以及被傳染的恐懼，剝奪了以傳統方式哀悼的機會，這讓上百萬人感到無力，加深他們的痛苦。

在許多國家，醫院和老人照護設施都禁止訪客進入。對許多接受安養照護的人來說，最大的恐懼便是獨自死去；對他們的家人來說，最大的恐懼則是在沒有合適告別的情況下失去親友。但無論是哪種情況，臨終儀式都重要到無法省略。許多人忽視禁令，冒著感染、罰款或甚至入獄服刑的風險進行喪葬儀式。其他人則被迫調整古老的習俗來適應新情況。哀悼者舉辦虛擬葬禮、牧師透過電話進行臨終儀式、墓地進行直播活動，讓遺族能觀看戴著口罩的工作人員在他們所愛之人墳前進行紀念儀式。

在冠狀病毒流行期間出現的新型儀式揭露了一項相當重要的事實：雖然儀式一般來說拒絕改變，然而它們所承載的功能太過重要，人類不能沒有儀式，因此當新情況要求時，儀式也能夠快速地調整適應。這在過去就發生過，未來也會再次發生。這類情況的其中一個例子，便是全球各地的大學裡解剖學系舉辦的各種儀式。

如果沒有從遺體得到的知識，現代醫學不會有那麼多的進步，從手術、器官移植、放射醫學、牙科到內科，所有領域都是如此。人類屍體的解剖大幅增加了人體器官內在運作的相關知識。它讓醫學生得到了無價的實作練習機會，讓醫學研究者得以實驗新技術，加速新療法和新手術方法的產生，讓這些新方法更安全、更有效率，在過程中拯救了無數生命。為了治療生者，醫生們需要在死者身上練習。然而，儘管這項研究的重要性極大，且死亡是生命中唯一可確定的事，可供科學研究解剖的大體永遠有限。

在過去，解剖學家經常採用可疑的方式來獲得解剖用的遺體，經常是從墓地偷來、未經其家庭成員的允許從醫院和死囚處得來，或是從黑市中買來，不得過問。由於這類屍體需求的存在，以致「解剖謀殺」——也就是單純為了將屍體賣給醫學研究者而謀殺他人——在歷史上成為一件相對常見的事情。很明顯地，這類方式已不再被接受。當代醫學仰賴志願捐贈的大體以供訓練及研究需求。無論如何，大體仍舊短缺。

遺體捐贈的其中一項重大阻礙，是擔憂亡者未獲得受到尊重的結局，或是擔憂其親屬會有一種未完全落幕的感受。由於缺少殯葬儀式，亡者和生者都無法前進。這是何以全球各地大多數的醫學院和解剖實驗室都會為大體捐贈者舉辦紀念儀式之故。[2] 紐西蘭奧塔哥大學（University of Otago）的解剖系會在每學年開始時舉辦「清掃道路」（'clearing of the way'）儀式，這項毛利人傳統儀式被他們用於淨化解剖室，並將大體認可為神聖的（tapu）。學年結束時，他們還會為捐贈者親友舉辦感謝儀式。在泰國，解剖實驗室每學期都會以佛教僧侶進行的奉獻儀式開始，捐贈者的名字會被大聲讀出，獲頒「大體老師」的頭銜。在課程結束後會組織儀式性遊行，學生們會抬著他們的「老師」前往他們最終的火化地點。[3] 在中國，醫學實習生在進入解剖實驗室時會向大體鞠躬，並在為祖先掃墓的清明節時，在太平間的冰櫃上裝飾鮮花。中國大連的一所大學建了一間紀念堂，用來緬懷大體和器官捐贈者的生命和成就。而在美國，妙佑醫療國際（Mayo Clinic）會在每學年結束時舉辦「感謝大會」，解剖學教師和學生會透過演講、詩歌、音樂和藝術作品分享他們的感謝，捐贈者的家人也會受邀參加活動，朗讀訃告以紀念他們所愛之人。除了這些紀念儀式之外，解剖實驗室也會負擔起捐贈者遺體的土葬或火葬費用，根據當地風俗以及捐贈者的遺願執行。

由解剖學系進行的紀念儀式為捐贈者家庭、醫學院以及社會大眾提供了寶貴的服務。對學生、教授及研究者來說，這些紀念儀式提供了對捐贈者和他們家人表達感謝的機會。此外，這些儀式也可以幫助他們減少處理遺體導致的焦慮和不適感：儀式保證了他們有獲得進行解剖的許可，而不需要對遺體帶有愧疚，或感覺自己褻瀆了遺體。這些儀式的涵義與「醫學從業人員應和病人保持距離感」的過時觀點相反，鼓勵他們將死者人性化，將死者視為有尊嚴、應該抱以尊敬和感謝的人。對捐贈者家庭來說，紀念儀式也提供了進行最終告別的機會，幫助他們面對失落。

不容小覷的是，這些儀式可以幫助提高大眾對科學和教育用大體捐贈重要性的認知，展示捐贈的大體受到尊重且被有尊嚴地對待。如果潛在的捐贈者知道他們會得到合宜的尊崇，且他們所愛之人也會有機會紀念他們、獲得寬慰，他們就更可能做出這項具有深刻意義的承諾。透過慶祝死亡，大體捐贈儀式幫助拯救了生命。

除了死亡之外，我們也經常在其他情況中體驗到失落和哀傷。死亡從遠古以來就被儀式環繞，但其他失落並不總是如此，其中一個最明顯的例子便是離婚。雖然所有文化都有繁複的婚禮儀式，但離婚儀式卻相對鮮見。其中的例外是聯合基督教會（United Church of Christ）和聯合衛理公會（United Methodist Church），他們有特別的離婚禮拜儀式和祈禱。部分宗教，像是猶太教和伊斯蘭教，有特定程序來核發合乎宗教規範的離婚，但這些程序本質上更偏向法律性而非儀式性，感覺更像是一場法庭聽證會。在光譜的另一端，天主教教會甚至不承認離婚是個選項，雖然在特定情況下仍能使婚姻無效。因此，對大多數人來說，離婚純然只是一個法律程序。雖然開始一段婚姻徹底是儀式性的，但結束婚姻僅需要文書作業。故而在大多數文化中，離婚可能是唯一一個沒有專門通過儀式的主要生命轉折。

這項生活事件之所以缺乏一個特定的相應儀式來標記，主要還是由於歷史原因。在沒有那麼遙遠的過去，離婚相對少見。幾世紀以來，保守的文化傳統、宗教和法律限制以及對女性的壓抑，造成全世界大多數地方都不可能自願離婚。就算存在特殊條款，高代價、官僚系統的阻礙以及社會壓力，也使得只有少數人可以真正辦理離婚。但在二十世紀，離婚率出現了全球性的爆發。現今，在部分已發展國家中，超過半數新婚夫婦的婚姻以離婚收場。且隨著社會態度在較不富裕地區發生轉變，更多女性進入職場、取得經濟獨立，使得這些地方的離婚率也持續上升。每年有數百萬人經歷這場最重大、情緒化且充滿壓力的生命改變——然而，這只透過法律文件的簽署被認可。這可能在一對前伴侶的生命中留下空虛感，讓他們無法應對一個單身個體或單親父母的新狀態，也經常古怪地感覺自己的生活無法繼續前進。

由於認知到促進這項生命重大轉捩點的需求，宗教和世俗機構開始創造離婚儀式。舉例來說，這類儀式在日本就有高度需求。日本群馬縣的滿德寺曾是一個為逃離施暴丈夫的女性提供庇護的尼寺。現今，該寺院也提供了離婚儀式，讓女性在紙上寫下她們的抱怨，然後把紙張沖進馬桶中。日本創業家也提供了離婚儀式，讓伴侶（通常是在親友的陪伴下）在解除他們誓約的同時，用榔頭毀掉他們的婚戒。

類似儀式在全球各地變得越來越流行。在美國，這些活動經常由「離婚教練」或「離婚計畫師」所組織。儀式從非常簡單到高度繁複都有，可以是深切個人化而肅穆的，也可以是有很多人來參加的節慶。一段壞的關係可能會以摧毀共同的照片和回憶來標記，一段好的關係可能會透過表達感謝來致意。在所有案例中，它們的目標都是一樣的：促成過渡。儀式提供機會，讓這對前夫妻能為婚姻的終結感到悲傷，以接受他們已經改變的狀態。此外，儀式也將這個新狀態傳達給他們的社交圈，幫助每個人處理並認可他們嶄新、獨立的社會角色。這樣的典禮除了為他們的關係畫下句點，也揭開了他們的新生活。

其他現代的儀式運用甚至把它的力量擴展到了遠比夫妻更大的團體。在每年夏末，來自全球各地的人們會聚集到美國內華達州，參加名為火人祭（Burning Man）的特殊聚會。他們在沙漠中央搭建起規模接近義大利比薩市（Pisa）的臨時城市，展開一場文化和藝術的盛會，並在幾天後將整座城市拆除，不留一點痕跡。慶典期間，參加活動的火人們會穿著狂野的服飾，騎乘超現實的交通工具，享受壯觀的光影藝術並參觀各種奇幻的互動裝置，處處都充滿了感官盛宴。慶典的高潮發生在活動的最後兩個晚上，他們會燃燒城市中央的兩座大型裝置藝術，其中一座是宛如高塔般的「火人」（The Man）木偶，無論身在乾鹽湖（playa，一塊平坦的沙漠盆地）何處，都能看見它矗立在城市中央，會在倒數第二晚被焚燒。而火人節最後也最壯觀的部分，是在活動最後一晚，每個人都會聚在一起觀賞神廟被儀式性地燒成灰燼。

雕刻家貝斯特（David Best）當初受邀為火人節建造裝置藝術時，在還沒有任何具體想法的情況下，便開始從一間玩具工廠收集廢木頭。在火人節開始前幾天，和他一起進行計畫的工作人員赫夫靈（Michael Hefflin）因為一場摩托車意外而過世。團隊相信赫夫靈會希望他們完成已開始的計畫，而決定繼續前往沙漠建造「某個東西」。當他們建起一座大型木雕後，參觀該裝置的訪客聽聞了他們失去友人的事情，便自發性地將他們失去親友的名字也放進雕塑中，最後在火人節結束時，聚在一起看這座雕塑燃燒殆盡。貝斯特這才意識到他建造了一座神廟。

隔年，貝斯特受邀再建另一座神廟，他將之命名為淚之神廟。數千人聚集來看它燒毀，添上所珍視的過世所愛之人的姓名。就算再隔一年這座裝置藝術被稱為喜樂神廟，人們持續將它視作一個紀念碑，將那裡視為一個他們能哀傷並將過往拋下的地方。

從那之後，每一年這座神廟都會被數以千計的便條、照片和紀念物蓋滿。許多人帶來所愛之人的骨灰或是心愛物件，甚至與憎恨的人相關的物品，像是施虐的伴侶、父母或是他們想擺脫的錯誤關係。其中有許多人留下了誠摯的訊息：「約翰，我跟你沒完。」「爸媽，我很努力地試著要停止我的憎恨。」也有人似乎聯想到即將到來的離婚：「很快我們就要過著分別的人生。願你找到你尋找的事物以及讓你開心的事。」有人為寵物的過世哀悼，也有其他人期待克服他們自身的恐懼、失敗或遺憾：「抱歉，寶寶，我們還沒準備好迎接你的到來。」「我當朋友會比當伴侶更好。」這些簡單的象徵行動，對那些希望克服悲傷、擺脫痛苦記憶以及慶祝新生的人來說有著強大的效果。在神廟燃燒成灰的過程中，數以千計的參與者靜靜觀看，許多甚至落下淚水。神廟燃燒的莊嚴本質，與前一晚燃燒火人伴隨著煙火、音樂和狂野派對的歡欣活動，形成了強烈對比。

火人節反抗了一個嚴謹的定義。火人們往往會立刻強調這不是一個節慶——它的意義比節慶多得多。如果必須界定它，火人們會把火人節定義為一個社群，一種運動，一種社會實驗或一場朝聖。無論你想怎麼稱呼它，它是一種文化現象，而且獲得了廣為人知的驚人成果。自一九八六年開始後的三十年間，在內華達州以及全球各地數十萬個衛星活動中，參加人數從幾十人增加到超過八萬人。這項成功是因為火人節為其參與者創造了意義非凡的體驗。

在每年進行的調查中，火人節的參加者總是有壓倒性的比例回報他們在活動中體驗到強烈的連結感和社群感，以及高度的整體滿足感。[4] 與這樣的結果一致，有超過四分之三的參與者表示，這場活動的經驗為他們帶來了某種程度的轉變，就算他們不是為特定目的參加活動、沒有尋求或期待這樣的轉變，也可以產生這種感受。這些人之中有超過九〇%回報這種轉變在他們待在黑石城（Black Rock City）時就一直持續，甚至有超過八〇%表示這種轉變對他們的人生產生了永久的效果。

不意外地，火人節的參與者對活動有著異常高的忠誠度。參與者中絕大部分表示他們認同自己是火人，並計畫再度參與活動——大多數人確實如此。在二〇一九年，超過四分之三的參與者曾參與過之前的火人活動，當中許多人每年都會參加。

火人們所回報的深度精神體驗、高度忠誠和群體性，與部分宗教團體的提供的體驗相似。然而，火人節缺乏任何官方教條或中心權威。統計顯示，參與者大多和參加之前一樣世俗，只有五%的火人自認具有宗教信仰，但其中幾乎有半數宣稱自己屬於靈性信仰。然而，這項活動與宗教的相似性並非意外。

為了創造意義非凡的活動體驗，火人節的組織者從宗教活動的劇本中取經。火人節的共同創辦人哈維（Larry Harvey）曾研讀宗教人類學、心理學和社會學的經典作品，以瞭解儀式的帶來轉變的力量。他寫道，「存在著一種超越宗教的教條、教義和象徵概念的直接經驗，來自這些現存信仰興起的原始世界。……人類有著千變萬化的欲望，想要將事件、物件、行動和人格給神聖化。」[5]哈維要求火人們忽視任何信仰概念，取而代之的是將自己沉浸於這個對儀式的直觀體驗中，這就是火人節的核心。他解釋，這些儀式傳達了人類的基礎需求。「歸屬於一個地方、歸屬於一個時代、歸屬於彼此，歸屬於大於我們自身的某種事物，甚至在無常中亦然。」

火人的儀式體驗從他們一走進大門就開始了。人們會彼此擁抱寒暄，說著「歡迎回家！」——他們將黑石城當成他們的家，外界則被稱為「預設的世界」（the default world）。這個家園被視為聖地，由一個五角形邊線界定其範圍，隔離於外界汙染的影響。在他們離開火人節時，火人們必須要移除所有的不相稱之物（Matter Out of Place，MOOP）。這是從人類學家道格拉斯（Mary Douglas）那兒借來的詞彙，她用這個詞彙來形容一個文化對於潔淨和汙染的觀念，如何劃定了被社會認定為神聖的事物。根據道格拉斯的說法，淨化儀式創造了象徵性的界線，將神聖領域以及世俗領域區分開來。任何越過那些界線的東西，都會被視為汙染和危險的來源——這並不是因為這些事物在本質上不潔淨，而是因為文化規範規定它不屬於這裡。在購物中心中，穿鞋被認為是乾淨的，光腳行走則被認為不乾淨的；但在許多宗教廟宇中，情況恰恰相反。而當我們不可避免，或者必須越過界線時，便需要透過淨化儀式確保這些行為不會帶來危害。就像神父在進入祭壇前必須進行潔淨儀式。在火人節最後，火人們會進行「線性掃描」（line sweeps）以找出並移除所有不相稱之物。他們有明確規則規定了不相稱之物的掃描者「MOOPer」的數量、位置、距離和動作。就連最微小的雜質都要被移除，包括毛髮、木頭尖刺或碎屑，每個東西都被精密地記錄和檢查。甚至有一個部落格闡述了掃描不相稱之物（MOOPing）的藝術。其他還有多個儀式幫助進一步界定火人和外在世界之間的界線。如同其他文化中的通過儀式，火人們甚至會拋下他們在預設世界的姓名，採用另一名火人幫他們取的「乾鹽湖名」。

另一項他們要被拋下的是金錢交易。火人們必須實行一種「基進的自力更生」，這表示他們要負責自身生活所需，並自己帶上這趟沙漠路程所需的所有生存補給。一旦進入大門，唯一一個用得到金錢的地方是主餐館。除了這裡，所有購買和販售都被嚴格禁止。那些被發現使用金錢的人可能會被要求離開。就連以物易物都不被允許。作為替代，送禮是火人節的其中一條核心準則。人們自由地分發禮物，根據發送者的技能、興趣和收入而定。那些禮物可以是任何東西，無論是物質或非物質皆可——從食物、酒精和藥物，到剪髮、按摩和瑜珈課，當然還有藝術創作。他們鼓勵所有人無條件地給出禮物，不對回報或交換進行任何計算或推測。除了物質性的所有物以及服務之外，火人們也捐獻自己的時間和勞力，因為在黑石城中的每一件事情都是由志工完成的。

火人節的禮物經濟摹仿了傳統的儀式風俗。以巴布亞紐幾內亞（Papua New Guinea）的馬西姆人（Massim）為例，他們維持著一套複雜的交換儀式，包括給予和接受貝殼項鍊和臂章。雖然那些物件本身沒有任何特別的價值或實際用處，島民們仍會竭盡全力去獲取它們，乘著笨重的獨木舟越過太平洋上的危險水域，冒著巨大風險進行長距離跋涉。這造成了一種循環的送禮模式，被稱為「庫拉環」（Kula ring）。本質上，這些做法沒有帶來淨利益，物品單純是被重覆利用。但就如同法國社會學家莫斯（Marcel Mauss）在他的經典論文〈禮物〉中寫到的，這樣的交換實際上有著重要的社會用處。莫斯提出，儀式化的交換系統創造了一系列社會義務；與可能產生相等結果的經濟交換不同，每一個捐贈的行動都創造了感激和社群意識，增加了個人的滿足和社會的團結。事實上，禮物並非真是免費的。每次贈予總是伴隨以某種方式獲得回禮的期待。但整體而言，這些禮物創造了一種相互責任的循環，建立了一個串連整個社群的互惠關係網絡。

放棄金錢交易僅是火人們所需做出的許多犧牲之一。那裡沒有商店或餐廳，沒有淋浴也沒有手機訊號。沙漠中的太陽熱到能把人燙傷，但夜裡極寒冷。沙漠風暴經常發生，超細的乾鹽湖沙塵會覆蓋一切，無孔不入，包括人的肺部。這裡的沙粒是強鹼性的，會造成一種稱為「乾鹽湖足」（playa foot）的腳部化學灼傷。如同在第七章所見，這些代價龐大的犧牲可以作為承諾的保證。透過過濾那些不願放棄日常舒適的人，篩選出全然擁抱社群價值的人，也更容易觀察到搭便車的人。試圖要在乾鹽湖維持某種程度奢華生活的名人和富人，會在火人中被鄙視。在嚴峻的沙漠環境中，無數見證犧牲的機會提高了火人間的信任，促進了他們的合作。對那些未曾參與的人來說，這些犧牲行為的展示強化了承諾的可信度，標誌著成為團體成員是珍貴而令人嚮往的。

一般人可能很容易把火人節與享樂主義的享受進行聯想。音樂、酒精、性、藥物和各種派對確實是活動的其中一個面向，但這些事情可以更輕鬆地在其他脈絡下找到，你不需要長途跋涉到野外來酗酒、嗑藥或性交。火人節突出的成功不僅是因為這些樂趣，可能還有更大的原因是由於他們為了獲得這次極富意義的體驗，所需經歷的付出和困難。事實上，在活動舉辦的早些年，要參與是容易且愉快的。當時的火人節在舊金山的貝克海灘（Baker Beach）舉辦，大眾可以自由參加。儘管如此，活動成長緩慢，群眾也沒有相當的投入。直到活動搬到偏遠沙漠的惡劣環境中，加上高得離譜的參與費用，參加人數便以指數成長，直到活動必須受到聯邦政府的管制。場地增設了圍籬用以隔絕外界人士，圍籬外有著配備夜視鏡的巡邏守衛以及雷達系統來偵測入侵者。不久之後，火人節產生了無數的地區性分支活動，在數十個不同國家發展。

火人節的成功凸顯了儀式的力量，它可以創造極富意義的經驗並建立夥伴關係。然而，這些經驗只在短短幾天內發生，在那之後人們就會回到預設的世界中。要讓數千人聚在一起、彼此合作、開心地度過一週並不是件容易的事。但要建立起一個需要日復一日共同工作的團結團體又是另一回事了。如果儀式是一種可以在短時間內有效建立烏托邦社會的設計原則，那麼它是不是也可以在更為長久的團體間促進合作呢？

當我從希臘搬到丹麥時，我經常感受到兩個國家之間的文化差異——一個被稱為「文化衝擊」（culture shock）的經驗。如果以一個來自地中海地區的非丹麥人觀點來詳細描述丹麥的特點，所能產出的素材足夠完成另一本書。但其中特別突出的一個領域是工作場域。丹麥有著全球最高的生產力——工業發達、勞工專業、官僚體制有效率。考慮到這點，同時也為了符合丹麥循規蹈矩的名聲，大眾可能會預期丹麥公司像是運轉良好的裝配線，勞工如同機器人一樣不知疲倦地盲目執行上級的命令。實際上這可錯得離譜。

丹麥人的工作時數幾乎是全世界最短的，於此同時，他們的休假可能也是最多的。根據經濟合作暨發展組織（Organisation for Economic Co-operation and Development，OECD）的數據，在二〇一九年，丹麥勞工每週平均工時為二六．五小時；相比之下，希臘的平均工時為三七．四小時，為歐洲最高。丹麥的工時比OECD的年平均工時少了三百日十六小時，比美國年平均工時低了三百九十九小時，更比全世界最努力工作的國家墨西哥少了驚人的七百五十七小時。[6]一點也不意外地，當我在丹麥找到第一份工作時，情況比我過去習慣的模式要輕鬆得多。事實上，對許多跟我一樣的外國人來說，丹麥的工作場所經常有點過於放鬆，甚至那些短工時似乎也沒那麼集中。每一個工作日有很大一部分時間花在似乎沒有生產力的活動上，像是喝咖啡、吃午餐、享用蛋糕或灌啤酒。就算沒有事項在議，仍會召開例會。公司會舉辦工作外的聚會，當中大多數時間在唱歌、喝酒和玩遊戲。雇主也會經常贊助各種派對和慶祝活動。

起初這些差異對我而言似乎很古怪，經常引人發笑，有時甚至很惱人。對一個外來者來說，丹麥人似乎職業道德很差，或至少很沒有緊張感。丹麥勞工除了是全球最具生產力和創新力的勞動力之外，也是最快樂、全球滿意度最高的一群人。雖然乍看之下，丹麥工作場域中的多種儀式可能古怪或浪費時間，但當我擁抱這種文化之後，我便清楚瞭解到這些儀式對於營造一個有效率、有生產力且令人享受的工作環境，貢獻了某種必要的東西。這個改變工作場所的儀式力量，便是為何全世界最成功的那些公司都帶有儀式化的設計。

大多數丹麥工作場所都會奉行每日數次小休——一般是早上的咖啡時間、午休時間以及下午的咖啡時間。這些小休並非只是白白占用工作時間，而是可以幫助製造同事間的社交連結。就算是那些不餓或自己帶午餐的人，也會離開辦公室到用餐區或食堂加入大家，因為就算你忙著做計畫而略過正餐也不會讓你在老闆面前加分。在丹麥的公司，無分大小，都鼓勵這些交流活動，還慷慨地支持這些活動。大部分公司都有配備齊全的廚房、昂貴的咖啡機以及寬敞的用餐區，讓員工們能在此分享餐點。我妻子的雇主甚至帶來了一個廚師，每天為她任職的公司準備午餐。

這些組織並不會將這類花費視為資源的浪費，他們理解到同事間分享餐點的社交益處，遠超過營造這種環境的花費。一起用餐是種親密的行為，通常是僅出現在關係密切的親友間。因此分享食物象徵團結感，可以幫助強化同事間的連結。研究顯示，人們更享受與他人一起進食，而非單獨用餐；當有他人陪伴時，人們會覺得食物更好吃。從嬰兒期開始，一起用餐便被視為社交連結的一個提示。那些可以分享食物的人會被視為更友善和更好親近的。此外，一起吃飯的人會更信任彼此，也更能有效率地合作。一項由康乃爾大學進行的研究發現，比起那些從不同餐盤上取餐的人，那些從共享餐盤中取用食物的人變得更合作，彼此間的競爭性也較低。[7]

這可能也是為何有許多矽谷的科技公司巨頭會在工作場所為員工提供免費餐食，或聘用全職廚師和咖啡師。在舊金山的 Airbnb 辦公室會有廚師提供自製的點心和飲料；臉書為其員工提供了一系列的免費餐廳、輕食甚至冰淇淋店；Pinterest 每週五都會為全公司員工舉辦快樂時光；Kickstarter 有一個屋頂花園，讓員工能採摘新鮮蔬菜水果；而 Google 設有被稱為「微廚房」的食物站，這些站點策略性地設在部門之間，鼓勵不同團隊的互動。諷刺地是，這些公司甚至曾為了堅持在員工身上花更多錢，而與當地政府發生衝突。二〇一八年，屈服於當地餐飲業者游說集團的壓力，舊金山決定禁止雇主在工作場所提供員工免費餐食。該禁令在整整一年的紛爭和負面回應後被廢除了。

辦公場所的儀式不限於閒暇時光。在丹麥，許多工作會議也是高度儀式化的。那些會議總是在同樣的時間和地點舉辦，會議中提供同樣的食物和飲料，遵循同樣的架構。無論是否有急迫的工作議題要討論都無所謂；大多數實際工作會發生在處理獨立計畫的較小團隊中。團體會議當然可以幫助那些分散的團隊獲得珍貴回饋，但這些儀式最主要的目的，在於提供與其他團隊成員產生連結的機會，更新每個人在做什麼的近況，並慶祝彼此的新成就。成果總是以集體的方式呈現，所以每個人都可以驕傲地分享自己的成功，而失敗感也能被分散給他人，而不會讓人覺得全然獨自承受。

除了這些定期聚會以及休息時間的活動之外，也有數個純粹慶祝性的活動。有些活動是為了給個人的成就增光，像是生孩子、升職或退休。公開認可這類非競爭性的個人成就，可以促進職員的士氣和動力，提供一種共同感和融入感。其他多種慶祝活動也會規律地舉行；學生和職員會在參加週五酒吧日活動，以音樂、舞蹈和飲酒結束一週。每週一早上的第一件待辦事項就是咖啡和蛋糕時間，這些週期性的儀式標記了週間的工作日程，將此外的時間標記為禁區，幫助員工在週末時切斷與工作的連結。事實上，個人時間在丹麥被看作神聖的，這是個以工作—生活平衡為榮的國家。

在每年終結時，每個團體會組織聖誕派對，他們相當嚴肅地看待這項活動，往往會有相當繁複的準備過程。邀請函會在幾週甚至幾個月前發出，配偶和伴侶也會被邀請參加。高階管理層不只親自參與，還投入了可觀的時間監督其安排、主持慶祝活動和維護傳統。那些傳統包括儀式性演說、燈光和蠟燭、遊戲以及多輪敬酒，每輪都會伴隨著所有人一起三次**高聲歡呼**。典禮中的高度感官和情緒喚醒，增添了組織的聲望和價值感，透過共同習俗和象徵的連結，在同事間營造一種更廣闊的群體感。在夜裡共享的各種演說和軼事，可以幫助加強社群風氣和價值觀。當慶祝活動結束時，大家都玩得很開心，創造對團體的喜愛以及對這些集會的懷念。

這些集體活動可以有效地利用儀式的力量去穩固人際關係，並促進團體的凝聚力。研究顯示，有意地將儀式與公司的組織架構融合，能夠促使公司建立更有機、更民主也更合作的文化。[8]更甚者，工作中的團體儀式可以讓與工作相關的任務感覺起來更具意義，創造了更快樂也更具生產力的勞動力。[9]

在第四章中，我們看到一些將儀式作為社交黏著劑的基本元素。其中有許多元素可以直接包含在一個組織的設計中。共享餐點和規律聚會可以充滿象徵意義和團體標記，也可以透過經常重覆來強化。但有部分儀式的關鍵祕訣可能不是所有類型的團體都能企及的。像是同步動作、感官享受以及共享情緒喚醒等面向，都是將社交黏著劑轉變成強力膠的關鍵。然而不可避免的是，相比於辦公環境，體育團隊或軍事團體可能更容易運用那些元素。為了利用那些只有運動員或軍人才能接觸的元素，許多公司會特意讓員工參加與類似的活動。這些企業構成團結儀式的活動各種各樣，從合唱、跳舞到進行密室探險，或者玩漆彈、從事極限運動，甚至是走在碎玻璃上這類的嚇人活動都有。

有很長一段時間，傳統的工作場所是業務性的、沒有人情味的空間。你進了公司，貢獻你的時間，然後回家。因此，當你忽然加入一個以擁抱儀式設計原則的組織，這些儀式性的禮儀可能會令你喘不過氣，對那些更習慣無生氣工作場所的新加入者來說尤其如此。但透過經常性的重覆，每個儀式的古怪之處很快就變成組織文化的熟悉印記。它們會幫助形塑一個獨特的團體認同，在當中標記出個體的位置，創造充滿意義的經驗並提供主體感和意義感。畢竟，恰恰是在團體儀式不再顯得奇異、古怪或可笑，而開始變得熟悉、令人自在甚至神聖時，個人才會發覺自己已真正成為了該文化的一部分。

那些為了回應環境中的新挑戰而出現的儀式，以及那些在火人節或許多辦公室文化中實施的儀式，都凸顯了一個有關人類本質的重要真相，那就是儀式滿足了人類在個人和社會的存在核心中一項極為重要的原始需求。這也是為何宗教研究學者貝爾（Catherine Bell）將儀式定義為人類在世界上行動的一種文化策略。[10]她認為，儀式並非單純的習慣或日常慣例，而是為各種人類生活境況中固有的問題提供了解決方法，而這些方法藉由個體的自我管理，或由個人所處的文化所規定。由於這些特性，以及儀式界定抽象社會關係、協調思想和行動的能力，使得儀式在歷史上一直被諸如宗教運動和有組織的國家等意識形態系統所用。[11]這些機構可以如此成功地運用儀式的力量，以致我們必須將它們與儀式畫上等號。雖然宗教和國家一直試圖要壟斷這種力量，但儀式的存在比它們更古老，也會在它們消亡之後繼續存在。

在現代，宗教和國家機構對儀式的限制正在消失。[12]在全球，工業化社會變得越來越世俗，宗教意識形態逐漸失去其作為社會組織性原則的中心地位，越來越少人參加有組織性的宗教禮拜活動；而就算是會參加活動的人，他們的參與率也變得越來越低。此外，人類社會整體而言變得更為民主，儘管有些地區性的變動，二十一世紀時世界上的民主政體比歷史上任何一個時間點都還要多。因此，由國家規定、由極權政治機構為了主張它們統治權而進行的儀式，也變得越來越少見。儘管潮流如此，我們天性渴求儀式，於是宗教和國家性儀式撤退後留下的空白，不可避免地由其他生活領域的儀式所填補。然而這些改變並不總是能帶來預期之內的結果。

每天都有新的儀式誕生，但其中只有少數能長時間維持下去。我們在身邊看到的儀式和典禮，都是在漫長而無情的文化天擇後留存下來的倖存者。除非我們能在新儀式中建立一些與傳統儀式有意義的相似處，否則那些企圖依賴儀式力量進行的社會工程很可能會面臨失敗。可惜的是，儀式只有在正確的脈絡下進行才會有意義。我們面臨的另一項挑戰是，現存的許多情況已與我們祖先面對的大有不同，儘管只是幾十年，也有相當顯著的差異。我們的生活節奏變得更快，認同且互動的社會團體變得更大、更廣，也比過去更異質化。單純模仿古老慣例並不保證能複製它們的成果。經歷一場你的祖先幾百年來一直在進行的嚴峻成年禮，由你的同儕陪伴，由你社群當中的長者引導，與在兄弟會入會儀式中被一群二年級生極盡羞辱是完全不同的兩回事。在神父面前懺悔罪惡可能會淨化你的心靈，但在公司的團隊建設活動中被你的老闆質問私人問題可能只會讓人感到困窘。在體育館內大聲尖叫可能會幫助你與其他球迷產生連結，但若被一名穿著西裝的勵志演講者邀請這麼做，可能只會顯得可笑。

這產生了一個令人擔憂的跡象：在西方工業化國家，傳統儀式活動的重要性呈現整體下降的趨勢，這項趨勢與一段較長而相對穩定的時期一致；在這段和平時期中，我們與許多帶有不確定性的恐懼來源相對隔離。然而，我們沒有理由認定，今日所享受的舒適不會在不久的未來受到威脅。如果非得明說，COVID-19 大流行恰恰說明了我們的現代生存方式有多脆弱。這些威脅僅是一個動盪時代的始鳴之聲，由不可持續的成長、對地球資源的過度剝削、氣候危機以及政治危機共同組成。若真是如此，在即將到來的黑暗時代中，我們可能會更依賴儀式的力量來尋求心靈的平靜、促進團結，獲取意義感和延續感。我們這個時代的新儀式經常是草草發明而出，而不是經過長時間的試錯淬礪後形塑的，它們真能擔此重任嗎？而未來的世代真能像我們的祖先幾千年來所做的一樣，本能且有效率地利用它們的力量嗎？

我以一個懷疑論者的身分開始了我的儀式之旅。對我而言，人類對儀式的著迷相當令人不解。我不是唯一一個有這樣看法的人。在很長一段時間內，儀式鮮少成為科學探索的主題，因為科學家不是不假思索地否絕儀式的有用性，便是認為其內在運作是個謎團。現在，我們第一次擁有關於儀式的跨界科學，可以讓我們理解那些看似浪費的行為；它們不僅既深具意義，更能為我們的生活帶來益處。在我二十年以來的研究經驗中，那些儀式帶來的益處總是令我眼界大開，不只改變了我看待儀式的方式，也改變了我看待人類同胞的方式。儀式是人類天性的原始部分，幫助我們彼此連結、尋找意義並探索我們是誰：我們是儀式的物種。

# 致謝
Acknowledgements

與生命中所有事物一樣，本書是一長串不可控景況的結果，比起創始之初的行動遠遠壯大了許多。我何其幸運能遇到許多聰明、仁慈和慷慨的人，他們影響了我的思想、啟發了我的研究，以致任何想要在此以名單列出所有人的嘗試，都會面臨遺漏掉某個重要人士的風險。此外，科學知識是集體努力的結果，需要集眾人之力來完成。因此我更傾向將我所受到的影響分成幾個特定脈絡和團體，而不是列舉個人來一一感謝。

話雖如此，還是有三個人催生了我的生涯發展。在塞薩洛尼基的亞里斯多德大學，帕契斯（Panayotis Pachis）教授激發我的興趣，促使我以科學方式研究宗教。在希臘讀書時，我笨鳥慢飛，大學前幾年我都還在努力找尋動力，也曾認真想過輟學。是帕契斯教授的教育、指導和友誼，讓我找到熱情所在，走上這條通往美好旅程的道路。

在這趟旅程中，我很幸運地能在正確時間加入正確的團隊。那些團隊包括：丹麥奧胡斯大學互動心智中心（the Interacting Minds Centre）和宗教、認知和文化研究所（the Religion, Cognition and Culture research unit），我起初在那裡當學生，後來成為教職員；還有，北愛爾蘭的貝爾法斯特女王大學（Queen's University Belfast）人類學系的認知與文化研究所

（the Institute of Cognition and Culture），我在那取得博士學位；以及美國普林斯頓大學的席格希臘學研究中心（the Seeger Center for Hellenic Studies），我在那進行博士後研究。這些地方對於我的研究發展至關重要，他們給了我任何年輕研究者都夢想得到的指導、支持和自由。

在我於捷克馬薩里克大學的 LEVYNA 宗教實驗性研究中心（LEVYNA Laboratory for the Experimental Research of Religion）擔任主任時，我很榮幸能與一群傑出的人互動，當中許多人成為我最信任的合作者，有更多人成為我的好友。

最後，在康乃狄克大學人類學系、心理科學系、認知科學計畫以及人文所的同事和學生們，一直帶給我知識上的刺激和啟發。其中人文所的夥伴們對於我完成本書提供了特別大的幫助：沒有他們，我可能永遠沒有時間著手這項計畫。

書中呈現的大量研究若沒有許多合作者和共同作者的協助，是不可能完成的：包括在康乃狄克州實驗人類學實驗室中和我一起工作的學生，以及幫助我完成田野工作的多名模里西斯研究助理。當然，在田野工作過程中，若沒有與我打交道的多個當地社群的幫助和慷慨，這本書就不可能完成。在那些社群中居住的幾年是我迄今得到的最好的教育。

此外，我也感謝我的寫作經紀公司 Science Factory、我的英國出版商 Profile Books 和我的美國出版商 Little Brown Spark。他們的員工、領導者和合作者指引我如何將學術概念對更廣泛的群眾溝通，這是個令人興奮又費盡心力的過程，也感謝他們對本書的投入、信任和眼界，是他們讓這個計畫開花結果的。

最後，對我影響最大的兩個人是我的父母。雖然他們從未擁有任何尋求高等教育的方式或機會，但他們持續灌輸子女學習的重要性。由於他們的眾多犧牲，才讓我得以踏上這趟旅程，我將本書獻給他們。

10 Wood, 2016.
11 McCullough and Willoughby, 2009.
12 Ozbay et al., 2007.
13 Liu, Gou and Zuo, 2014.
14 Kjaer et al., 2002.
15 Newberg and Waldman, 2010.
16 Fischer et al., 2014.
17 McClenon, 1997.
18 Cannon, 1942.
19 Maltz, 1960.
20 Lester, 2009.
21 McCullough et al., 2000.
22 Bloom, 2021, p. 4.

## 第九章　駕馭儀式的力量

1 Bentzen, 2020.
2 Štrkalj and Pather, 2017.
3 Pawlina et al., 2011.
4 Shev et al., 2020.
5 Harvey, 2016.
6 OECD, 2020.
7 de Castro and de Castro, 1989; Boothby, Clark and Bargh, 2014; Liberman et al., 2016; Miller, Rozin and Fiske, 1998; Woolley and Fishbach, 2017; Woolley and Fishbach, 2018.8. Ozenc and Hagan, 2017.
9 Kim et al., 2021.
10 Bell, 1992.
11 Deacon, 1997.
12 Inglehart, 2020.

21 Xygalatas et al., 2021.
22 Power, 2017a.
23 Power, 2017b.
24 Ruffle and Sosis, 2007.
25 Soler, 2012.
26 Xygalatas et al., 2017.
27 Power, 2018.
28 Sosis and Bressler, 2003.
29 Henrich, 2015.
30 Henrich and Henrich, 2007.
31 Henrich, 2009.
32 Norenzayan, 2013.
33 Festinger, Riecken and Schachter, 1956.
34 Inzlicht, Shenhav and Olivola, 2018.
35 Bloom, 2021.
36 Bem, 1967.
37 Rappaport, 1999, p. 118.
38 Evans-Pritchard, 1937.
39 Rappaport, 1999.
40 Xygalatas and Mano, forthcoming.

## 第八章　幸福

1 Singh et al., 2020.
2 Snodgrass, Most and Upadhyay, 2017.
3 Zahran et al., 2015.
4 Bulbulia et al., 2013.
5 Xygalatas et al., 2019.
6 Klement et al., 2017.
7 Memish et al., 2012.
8 Tewari et al., 2012.
9 Tian et al., 2018.

8 Gray, 1959.
9 Whitehouse and Lanman, 2014.
10 Swann et al., 2009.
11 Swann et al., 2010.
12 Whitehouse, 2018.
13 Zeitlyn, 1990, p. 122.
14 Buhrmester, Zeitlyn and Whitehouse, 2020.
15 Newson et al., 2018.
16 Gomez et al., 2021.

## 第七章　犧牲

1 Darwin Correspondence Project.
2 Darwin, 1871.
3 Fisher, 1930.
4 Zahavi, 1975.
5 Jonaitis, 1991.
6 Sahlins, 1963; Mauss, 1990 [1922].
7 Veblen, 1899.
8 Amin, Willetts and Eames, 1987.
9 Nielbo et al., 2017.
10 McCarty et al., 2017.
11 Neave et al., 2010.
12 Montepare and Zebrowitz, 1993; Fink et al., 2014.
13 Slone, 2008.
14 Bulbulia et al., 2015.
15 Kelley, 1972.
16 Iannaccone, 1994.
17 Young, 1965.
18 Sosis, Kress and Boster, 2007.
19 Cimino, 2011.
20 Burns, 2017.

25 Wen, Herrmann and Legare, 2016.
26 Wen et al., 2020.
27 Bellah, 2011.
28 Ibid.
29 Stein et al., 2021.
30 Atkinson and Whitehouse, 2011.
31 Whitehouse, 2004.
32 McCauley and Lawson, 2002.
33 Ibid.

## 第五章 歡騰

1 Bulbulia et al., 2013.
2 Konvalinka et al., 2011.
3 Xygalatas et al., 2011.
4 Zak, 2012.
5 Xygalatas, 2014.
6 Xygalatas, 2007.
7 Xygalatas, 2012.
8 Xygalatas et al., 2013a.
9 Csikszentmihalyi, 1990.
10 Walker, 2010.
11 Baranowski-Pinto et al., 2022.

## 第六章 強力膠

1 Schmidt, 2016.
2 Whitehouse, 1996.
3 Aronson and Mills, 1959.
4 Gerard and Mathewson, 1966.
5 Xygalatas and Lang, 2016.
6 Xygalatas et al., 2013b.
7 Rielly, 2000.

37 Hockey, 1997.
38 Damisch, Stoberock and Mussweiler, 2010.
39 Gayton et al., 1989.
40 Foster, Weigand and Baines, 2006.

## 第四章 黏著

1 Biesele, 1978, p. 169.
2 Boyer, 2005.
3 Boyer and Liénard, 2006.
4 Zacks and Tversky, 2001.
5 Nielbo and Sørensen, 2011.
6 Nielbo, Schjoedt and Sørensen, 2012.
7 Kapitány and Nielsen, 2015.
8 Herrmann et al., 2013.
9 Schachner and Carey, 2013.
10 Liberman, Kinzler and Woodward, 2018.
11 Nielsen, Kapitány and Elkins, 2015; Wilks, Kapitány and Nielsen, 2016; Clegg and Legare, 2016.
12 Nielsen, Tomaselli and Kapitány, 2018.
13 Rakoczy, Warneken and Tomasello, 2008.
14 Nielsen, 2018.
15 Tajfel, 1970.
16 Park, Schaller and Vugt, 2007.
17 Shaver et al., 2018.
18 McElreath, Boyd and Richerson, 2003.
19 Wiltermuth and Heath, 2009.
20 Hove and Risen, 2009; Reddish, Fischer and Bulbulia, 2013.
21 Lang et al., 2017.
22 Dunbar, 2012.
23 Bernieri, Reznick and Rosenthal, 1988.
24 Chartrand and Bargh, 1999.

7 Delfabbro and Winefeld, 2000.
8 Joukhador, Blaszczynski and Maccallum, 2004.
9 Henslin, 1967.
10 Frazer, 1890.
11 Nemeroff and Rozin, 1994.
12 Chang and Li, 2018.
13 Gmelch, 1978.
14 Zaugg, 1980; Schippers and Van Lange, 2006; Wright and Erdal, 2008; Todd and Brown, 2003; Brevers et al., 2011;Dömötör, Ruíz-Barquín and Szabo, 2016.
15 Flanagan, 2013.
16 Bleak and Frederick, 1998.
17 Nadal and Carlin, 2011.
18 Keinan, 1994.
19 Sosis, 2007.
20 Keinan, 2002.
21 Lang et al., 2019.
22 Lang et al., 2015.
23 Skinner, 1948.
24 Wagner and Morris, 1987.
25 Legare and Souza, 2013.
26 Legare and Souza, 2012.
27 Xygalatas, Maňo and Baranowski, 2021.
28 Yerkes and Dodson, 1908.
29 Brenner et al., 2015.
30 Sosis and Handwerker, 2011.
31 Anastasi and Newberg, 2008.
32 Brooks et al., 2016.
33 Norton and Gino, 2014.
34 Lang, Krátký and Xygalatas, 2020.
35 Udupa et al., 2007.
36 Whitson and Galinsky, 2008.

19 Sahlins, 1968; 1972.
20 Bocquet-Appel, 2011.
21 Scott, 2017.
22 Larsen, 2006.
23 Dulaney and Fiske, 1994.
24 Boyer and Lienard, 2006.
25 Fiske and Haslam, 1997.
26 Zohar and Felz, 2001.
27 Evans et al., 2002.
28 Klavir and Leiser, 2002; Woolley and Rhoads, 2017.
29 Watson-Jones, Whitehouse and Legare, 2015; Legare et al.,2015.
30 Rakoczy, Warneken and Tomasello, 2008.
31 Horner and Whiten, 2004.
32 Lyons et al., 2011.
33 McGuigan, Makinson and Whiten, 2011.
34 Over and Carpenter, 2012.
35 Legare and Nielsen, 2015.
36 Fairlie, Hoffmann and Oreopoulos, 2014.
37 Watson-Jones, Whitehouse and Legare, 2015.
38 Over and Carpenter, 2009.
39 Young and Benyshek, 2010.
40 McCormick, 2010.
41 Archer, 1999.

## 第三章　秩序

1 Wayne, 1985.
2 Evans-Pritchard, 1951.
3 Malinowski, 1948, pp. 122-3.
4 Malinowski, 1922, p. 136.
5 Malinowski, 1948, p. 116.
6 Ibid., p. 70.

# 注釋

Notes

## 第一章　儀式的悖論

1 Handwerk, 2003.
2 https://www.pgsindia.org/SinglePage.php?PageID=15
3 Homans, 1941.

## 第二章　儀式的物種

1 Perrot et al., 2016.
2 Madden, 2008.
3 Bekoff, 2009.
4 Reggente et al., 2016; Watson, 2016.
5 Poole, 1996.
6 Meredith, 2004.
7 Harrod, 2014.
8 Goodall, 2005.
9 Kuhl et al., 2016.
10 Rossano, 2006; 2010.
11 van Leeuwen et al., 2012; Dal Pesco and Fischer, 2018.
12 Meggitt, 1966.
13 de Waal, Frans, 1996, p. 151.
14 Deacon, 1997; Knight, 1994.
15 Dissanayake, 1988.
16 Jaubert et al., 2016.
17 Durkheim, 1915, pp. 216-17.
18 Rappaport, 1999, p. 107.

Xygalatas, D., and Mano, P. (forthcoming). Ritual exegesis among Mauritian Hindus.

Yerkes, R. M., and Dodson, J. D. (1908). The relation of strength of stimulus to rapidity of habit-formation. *Journal of Comparative Neurology and Psychology* 18, 459-482.

Young, F. (1965). *Initiation Ceremonies: A Cross-Cultural Study of Status Dramatization*. Indianapolis, IN: Bobbs-Merrill.

Young, Sharon M., and Benyshek, Daniel C. (2010). In search of human placentophagy: A cross-cultural survey of human placenta consumption, disposal practices, and cultural beliefs. *Ecology of Food and Nutrition* 49(6), 467-484.

Zacks, J. M., and Tversky, B. (2001). Event structure in perception and conception. *Psychological Bulletin* 127(1), 3-21.

Zahavi, Amotz (1975). Mate selection: A selection for a handicap. *Journal of Theoretical Biology* 53(1), 205-214.

Zahran, S., Snodgrass, J., Maranon, D., Upadhyay, C., Granger, D., and Bailey, S. (2015). Stress and telomere shortening among central Indian conservation refugees. *Proceedings of the National Academy of Sciences of the United States of America* 112(9), E928-936.

Zak, Paul J. (2012). *The Moral Molecule: The Source of Love and Prosperity*. Boston, MA: Dutton.

Zaugg, M. K. (1980). Superstitious Beliefs of Basketball Players. Graduate thesis. University of Montana.

Zeitlyn, D. (1990). Mambila Traditional Religion: Sua in Somie. Doctoral thesis, University of Cambridge.

Zohar, A., and Felz, L. (2001). Ritualistic behaviour in young children. *Journal of Abnormal Child Psychology* 29(2), 121-128.

plate promotes cooperation. *Psychological Science* 30(4), 541-552.

Wright, P. B., and Erdal, K. J. (2008). Sport superstition as a function of skill level and task difficulty. *Journal of Sport Behavior* 31(2), 187-199.

Xygalatas, D. (2007). *Firewalking in Northern Greece: A cognitive approach to high-arousal rituals*. Doctoral dissertation. Queen's University Belfast.

Xygalatas, D. (2012). *The Burning Saints: Cognition and Culture in the Fire-walking Rituals of the Anastenaria*. London: Routledge.

Xygalatas, D. (2014). The biosocial basis of collective effervescence: An experimental anthropological study of a fire-walking ritual. *Fieldwork in Religion* 9(1), 53-67.

Xygalatas, D., Konvalinka, I., Roepstorff, A., and Bulbulia, J. (2011). Quantifying collective effervescence: Heart-rate dynamics at a fire-walking ritual. *Communicative & Integrative Biology* 4(6), 735-738.

Xygalatas, D., Schjødt, U., Bulbulia, J., Konvalinka, I., Jegindo, E., Reddish, P., Geertz, A. W., and Roepstorff, A. (2013a). Autobiographical memory in a fire-walking ritual. *Journal of Cognition and Culture* 13(1-2), 1-16.

Xygalatas, D., Mitkidis, P, Fischer, R., Reddish, P., Skewes, J., Geertz, A. W., Roepstorff, A., and Bulbulia, J. (2013b). Extreme rituals promote prosociality. *Psychological Science* 24(8), 1602-1605.

Xygalatas, D., and Lang, M. (2016). Prosociality and religion. In N. Kasumi Clements (ed.), *Mental Religion*. New York: Macmillan, 119-133.

Xygalatas, D., Kotherová, S., Maňo, P., Kundt, R., Cigán, J., Kundtová Klocová, E., and Lang, M. (2017). Big gods in small places: The random allocation game in Mauritius. *Religion, Brain and Behavior* 8(2), 243-261.

Xygalatas, D., Khan, S., Lang, M., Kundt, R., Kundtová-Klocová, E., Kratky, J., and Shaver, J. (2019). Effects of extreme ritual practices on health and well-being. *Current Anthropology* 60(5), 699-707.

Xygalatas, D., Maňo, P., and Baranowski Pinto, Gabriela (2021a). Ritualization increases the perceived efficacy of instrumental actions. *Cognition* 215, 104823.

Xygalatas, D., Mano, P., Bahna, V., Kundt, R., Kundtová-Klocová, E., and Shaver, J. (2021b). Social inequality and signaling in a costly ritual. *Evolution and Human Behavior* 42, 524-533.

Watson, T. (2016). Whales mourn their dead, just like us. *National Geographic*, 18 July.

Watson-Jones, R., Whitehouse, H., and Legare, C. (2015). In-Group ostracism increases high-fidelity imitation in early childhood. *Psychological Science* 27(1), 34-42.

Wayne, H. (1985). Bronislaw Malinowski: The influence of various women on his life and works. *American Ethnologist* 12(3), 529-540.

Wen, N., Herrmann, P., and Legare, C. (2016). Ritual increases children's affiliation with in-group members. *Evolution and Human Behaviour* 37(1), 54-60.

Wen, N. J., Willard, A. K., Caughy, M., and Legare, C. H. (2020). Watch me, watch you: Ritual participation increases in-group displays and out-group monitoring in children. *Philosophical Transactions of the Royal Society B (Biological Sciences)* 375(1805), 20190437.

Whitehouse, H. (1996). Rites of terror: Emotion, metaphor and memory in Melanesian initiation cults. *The Journal of the Royal Anthropological Institute* 2, 703-715.

Whitehouse, H. (2004). *Modes of Religiosity.* Walnut Creek, CA: Altamira.

Whitehouse, H. (2018). Dying for the group: Towards a general theory of extreme self-sacrifice. *Behavioral and Brain Sciences* 41, e192.

Whitehouse, H., and Lanman, J. A. (2014). The ties that bind us. *Current Anthropology* 55(6), 674-695.

Whitson, J. A., and Galinsky, A. D. (2008). Lacking control increases illusory pattern perception. *Science* 322(5898), 115-117.

Wilks, M., Kapitany, R., and Nielsen, M. (2016). Preschool children's learning proclivities: When the ritual stance trumps the instrumental stance. *British Journal of Developmental Psychology* 34(3), 402-414.

Wiltermuth, S., and Heath, C. (2009). Synchrony and cooperation. *Psychological Science* 20(1), 1-5.

Wood, C. (2016). Ritual well-being: Toward a social signaling model of religion and mental health. *Religion, Brain & Behavior* 7(3), 262-265.

Woolley, J. D., and Rhoads, A. M. (2017). Now I'm 3: Young children's concepts of age, aging, and birthdays. *Imagination, Cognition and Personality* 38(3), 268-289.

Woolley, K., and Fishbach, A. (2017). A recipe for friendship: Similar food consumption promotes trust and cooperation. *Journal of Consumer Psychology* 27, 1-10.

Woolley, K., and Fishbach, A. (2018). Shared plates, shared minds: Consuming from a shared

Štrkalj, Goran, and Pather, Nalini (eds) (2017). *Commemorations and Memorials: Exploring the Human Face of Anatomy*, Singapore: World Scientific Publishing Co.

Swann, W. B., Gómez, A., Seyle, D. C., Morales, J. F., and Huici, C. (2009). Identity fusion: The interplay of personal and social identities in extreme group behavior. *Journal of Personality and Social Psychology* 96(5), 995-1011.

Swann, W. B., Gómez, A., Huici, C., Morales, J. F., and Hixon, J. G. (2010). Identity fusion and self-sacrifice: Arousal as a catalyst of pro-group fighting, dying, and helping behavior. *Journal of Personality and Social Psychology* 99(5), 824-841.

Tajfel, H. (1970). Experiments in intergroup discrimination. *Scientific American* 223, 96-102.

Tewari, S., Khan, S., Hopkins, N., Srinivasan, N., and Reicher, S. (2012). Participation in mass gatherings can benefit well-being: Longitudinal and control data from a North Indian Hindu pilgrimage event. *PLOS ONE* 7(10), e47291.

Tian, A. D., Schroeder, J., Häubl, G., Risen, J. L., Norton, M. I., and Gino, F. (2018). Enacting rituals to improve selfcontrol. *Journal of Personality and Social Psychology* 114, 851-876.

Todd, M., and Brown, C. (2003). Characteristics associated with superstitious behavior in track and field athletes: Are there NCAA divisional level differences? *Journal of Sport Behavior* 26(2), 168-187.

Udupa, K., Sathyaprabha, T. N., Thirthalli, J., Kishore, K. R., Lavekar, G. S., Raju, T. R., and Gangadhar, B. N. (2007). Alteration of cardiac autonomic functions in patients with major depression: A study using heart rate variability measures. *Journal of Affective Disorders* 100, 137-141.

van Leeuwen, E. J. C., Cronin, K. A., Haun, D. B. M., Mundry, R., and Bodamer, M. D. (2012). Neighbouring chimpanzee communities show different preferences in social grooming behaviour. *Proceedings of the Royal Society B: Biological Sciences* 279(1746), 4362-4367.

Veblen, Thorstein (1899). *The Theory of the Leisure Class: An Economic Study in the Evolution of Institutions*. London: George Allen.

Wagner, G. A., and Morris, E. K. (1987). 'Superstitious' behavior in children. *The Psychological Record* 37 (4), 471-488.

Walker, C. J. (2010). Experiencing flow: Is doing it together better than doing it alone? *The Journal of Positive Psychology* 5(1), 3-11.

Shaver, J. H., Lang, M., Kratky, J., Klocova, E. K., Kundt, R., and Xygalatas, D. (2018). The boundaries of trust: Cross-religious and cross-ethnic field experiments in Mauritius. *Evolutionary Psychology* 16(4), 1474704918817644.

Shev, A. B., DeVaul, D. L., Beaulieu-Prevost, D., Heller, S. M., and the 2019 Census Lab. (2020). *Black Rock City Census: 2013-2019 Population Analysis*. Black Rock, NE: Black Rock City Census.

Singh, P., Tewari, S., Kesberg, R., Karl, J., Bulbulia, J., and Fischer, R. (2020). Time investments in rituals are associated with social bonding, affect and subjective health: A longitudinal study of Diwali in two Indian communities. *Philosophical Transactions of the Royal Society B: Biological Sciences* 375(1805), 20190430.

Skinner, B. F. (1948). 'Superstition' in the pigeon. *Journal of Experimental Psychology* 121(3), 273-274.

Slone, J. (2008). The attraction of religion: A sexual selectionist account. In J. Bulbulia, R. Sosis, E. Harris, R. Genet, C. Genet and K. Wyman (eds), *The Evolution of Religion*. Santa Margarita, CA: Collins Foundation Press.

Snodgrass, J., Most, D., and Upadhyay, C. (2017). Religious ritual is good medicine for indigenous Indian conservation refugees: Implications for global mental health. *Current Anthropology* 58(2), 257-284.

Soler, M. (2012). Costly signaling, ritual and cooperation: Evidence from Candomble, an Afro-Brazilian religion. *Evolution and Human Behavior* 33(4), 346-356.

Sosis, R. (2007). Psalms for safety. *Current Anthropology* 48(6), 903-911.

Sosis, R., and Bressler, E. (2003). Cooperation and commune longevity: A test of the costly signaling theory of religion. *Cross-Cultural Research* 37(2), 211-239.

Sosis, R., Kress, H., and Boster, J. (2007). Scars for war: Evaluating alternative signaling explanations for cross-cultural variance in ritual costs. *Evolution and Human Behavior* 28, 234-247.

Sosis, R., and Handwerker, P. (2011). Psalms and coping with uncertainty. *American Anthropologist* 113(1), 40-55.

Stein, D., Schroeder, J., Hobson, N., Gino, F., and Norton, M. I. (2021). When alterations are violations: Moral outrage and punishment in response to (even minor) alterations to rituals. *Journal of Personality and Social Psychology*. doi: 10.1037/pspi0000352.

875-881.

Rappaport, Roy (1999). *Ritual and Religion in the Making of Humanity*, Cambridge: Cambridge University Press.

Reddish, P., Fischer, R., and Bulbulia, J. (2013). Let's dance together: Synchrony, shared intentionality and cooperation. *PLOS ONE* 8(8), e71182.

Reggente, M. A. L., Alves, F., Nicolau, C., Freitas, L., Cagnazzi, D., Baird, R. W., and Galli, P. (2016). Nurturant behavior toward dead conspecifics in free-ranging mammals: New records for odontocetes and a general review. *Journal of Mammalogy* 97(5), 1428-1434.

Rielly, R. J. (2000). Confronting the tiger: Small unit cohesion in battle. *Military Review* 80, 61-65.

Rossano, M. J. (2006). The religious mind and the evolution of religion. *Review of General Psychology* 10(4), 346-364.

Rossano, Matt J. (2010). *Supernatural Selection: How Religion Evolved.* Oxford: Oxford University Press.

Ruffle, B., and Sosis, R. (2007). Does it pay to pray? Costly ritual and cooperation. *The B. E. Journal of Economic Analysis & Policy* 7(1), article 18.

Sahlins, M. D. (1963). Poor man, rich man, big-man, chief: Political types in Melanesia and Polynesia. *Comparative Studies in Society and History* 5(3), 285-303.

Sahlins, M. (1968). Notes on the original affluent society. In R. B. Lee and I. DeVore (eds), *Man the Hunter.* New York: Routledge.

Sahlins, Marshall (1972). *Stone Age Economics*. Chicago, IL: Aldine.

Schachner, A., and Carey, S. (2013). Reasoning about 'irrational' actions: When intentional movements cannot be explained, the movements themselves are seen as the goal. *Cognition* 129(2), 309-327.

Schippers, M. C., and Van Lange, P. A. M. (2006). The psychological benefits of superstitious rituals in top sport: A study among top sportspersons. *Journal of Applied Social Psychology* 36(10), 2532-2553.

Schmidt, Justin O. (2016). *The Sting of the Wild.* Baltimore, MD: Johns Hopkins University Press.

Scott, James. (2017). *Against the Grain: A Deep History of the Earliest States.* New Haven, CT, and London: Yale University Press.

lotteries. *Journal of Experimental Psychology: General* 143(1), 266-272.

OECD (2020). *Hours Worked (Indicator)*. doi: 10.1787/47be1c78-en [accessed on 13 September 2020].

Over, H., and Carpenter, M. (2009). Priming third-party ostracism increases affiliative imitation in children. *Developmental Science* 12, F1-F8.

Over, H., and Carpenter, M. (2012). Putting the social into social learning: Explaining both selectivity and fidelity in children's copying behavior. *Journal of Comparative Psychology*, 126(2), 182.

Ozbay, F., Johnson, D., Dimoulas, E., Morgan, C., Charney, D., and Southwick, S. (2007). Social support and resilience to stress: From neurobiology to clinical practice. *Psychiatry* 4(5), 35-40.

Ozenc, F., and Hagan, Margaret (2017). Ritual design: Crafting team rituals for meaningful organizational change. *Advances in Intelligent Systems and Computing: Proceedings of the Applied Human Factors and Ergonomics International Conference*. New York: Springer Press.

Park, J. H., Schaller, M., and Vugt, M. V. (2007). Psychology of human kin recognition: Heuristic cues, erroneous inferences, and their implications. *Review of General Psychology* 12, 215-235.

Pawlina, W., Hammer, R. R., Strauss, J. D., Heath, S. G., Zhao, K. D., Sahota, S., Regnier, T. D., et al. (2011). The hand that gives the rose. *Mayo Clinic Proceedings* 86(2), 139-144.

Perrot, C., et al. (2016). Sexual display complexity varies nonlinearly with age and predicts breeding status in greater flamingos. *Nature Scientific Reports* 6, 36242.

Poole, J. (1996). *Coming of Age with Elephants*. Chicago, IL: Trafalgar Square.

Power, E. A. (2017a). Discerning devotion: Testing the signaling theory of religion. *Evolution and Human Behavior* 38(1), 82-91.

Power, E. A. (2017b). Social support networks and religiosity in rural South India. *Nature Human Behaviour* 1(3), 1-6. Power, E. (2018). Collective ritual and social support networks in rural South India. *Proceedings of the Royal Society B (Biological Sciences)* 285, 20180023.

Rakoczy, H., Warneken, F., and Tomasello, M. (2008). The sources of normativity: Young children's awareness of the normative structure of games. *Developmental Psychology* 44(3),

intimacy: Two studies of American college students. *European Journal of Social Psychology* 28, 423-436.

Montepare, J. M., and Zebrowitz, L. A. (1993). A cross-cultural comparison of impressions created by age-related variations in gait. *Journal of Nonverbal Behavior* 17, 55-68.

Nadal, R., and Carlin, J. (2011). *Rafa: My Story*. London: Sphere.

Neave, N., McCarty, K., Freynik, J., Caplan, N., Hönekopp, J., and Fink, B. (2010). Male dance moves that catch a woman's eye. *Biology Letters* 7(2), 221-224.

Nemeroff, C., and Rozin, P. (1994). The contagion concept in adult thinking in the United States: Transmission of germs and interpersonal influence. *Ethos* 22, 158-186.

Newberg, A., and Waldman, M. R. (2010). *How God Changes Your Brain*. New York: Ballantine Books.

Newson, M., Bortolini, T., Buhrmester, M., da Silva, S. R., da Aquino, J. N. Q., and Whitehouse, H. (2018). Brazil's football warriors: Social bonding and inter-group violence. *Evolution and Human Behavior* 39(6), 675-683.

Nielbo, K. L., and Sorensen, J. (2011). Spontaneous processing of functional and non-functional action sequences. *Religion, Brain & Behavior* 1(1), 18-30.

Nielbo, K. L., Schjoedt, U., and Sorensen, J. (2012). Hierarchical organization of segmentation in non-functional action sequences. *Journal for the Cognitive Science of Religion* 1, 71-97.

Nielbo, K. L., Michal, F., Mort, J. Zamir, R., and Eilam, D. (2017). Structural differences among individuals, genders and generations as the key for ritual transmission, stereotypy and flexibility. *Behaviour* 154, 93-114.

Nielsen, M. (2018). The social glue of cumulative culture and ritual behavior. *Child Development Perspectives* 12, 264-268.

Nielsen, M., Kapitány, R., and Elkins, R. (2015). The perpetuation of ritualistic actions as revealed by young children's transmission of normative behavior. *Evolution and Human Behavior* 36(3), 191-198.

Nielsen, M., Tomaselli, K., and Kapitány, R. (2018). The influence of goal demotion on children's reproduction of ritual behavior. *Evolution and Human Behavior* 39, 343-348.

Norenzayan, Ara (2013). *Big Gods: How Religion Transformed Cooperation and Conflict*. Princeton, NJ: Princeton University Press.

Norton, M. I., and Gino, F. (2014). Rituals alleviate grieving for loved ones, lovers, and

Beacon Press.

Maltz, Maxwell (1960). *Psycho-Cybernetics*. New York: Simon & Schuster.

Mauss, M. (1990 [1922]). *The Gift: Forms and Functions of Exchange in Archaic Societies*. London: Routledge.

McCarty, K., Darwin, H., Cornelissen, P., Saxton, T., Tovée, M., Caplan, N., and Neave, N. (2017). Optimal asymmetry and other motion parameters that characterise high-quality female dance. *Scientific Reports* 7(1), 42435.

McCauley, Robert N., and Lawson, Thomas (2002). *Bringing Ritual to Mind: Psychological Foundations of Cultural Forms*. Cambridge: Cambridge University Press.

McClenon, J. (1997). Shamanic healing, human evolution, and the origin of religion. *Journal for the Scientific Study of Religion* 36(3), 345.

McCormick, A. (2010). Infant mortality and child-naming: A genealogical exploration of American trends. *Journal of Public and Professional Sociology* 3(1).

McCullough, M. E., Hoyt, W. T., Larson, D. B., Koenig, H. G., and Thoresen, C. (2000). Religious involvement and mortality: A meta-analytic review. *Health Psychology* 19(3), 211-222.

McCullough, M. E., and Willoughby, B. L. B. (2009). Religion, selfregulation, and self-control: Associations, explanations, and implications. *Psychological Bulletin* 135, 69-93.

McElreath, R., Boyd, R., and Richerson, P. J. (2003). Shared norms and the evolution of ethnic markers. *Current Anthropology* 44, 122-130.

McGuigan, N., Makinson, J., and Whiten, A. (2011). From overimitation to super-copying: Adults imitate causally irrelevant aspects of tool use with higher fidelity than young children. *British Journal of Psychology* 102(1), 1-18.

Meggitt, M. J. (1966). Gadjari among the Walbiri aborigines of central Australia. *Oceania* 36, 283-315.

Memish, Z. A., Stephens, G. M., Steffen, R., and Ahmed, Q. A. (2012). Emergence of medicine for mass gatherings: Lessons from the hajj. *Lancet Infectious Diseases* 12(1), 56-65.

Meredith, M. (2004). *Elephant Destiny: Biography of an Endangered Species in Africa*. Canada: PublicAffairs.

Miller, L., Rozin, P., and Fiske, A. P. (1998). Food sharing and feeding another person suggest

197.

Lang, M., Krátký, J., Shaver, J., Jerotijevic, D., and Xygalatas, D. (2019). Is ritual behavior a response to anxiety? In J. Slone and W. McCorkle, *The Cognitive Science of Religion: A Methodological Introduction to Key Empirical Studies*. London: Bloomsbury.

Lang, M., Krátký, J., and Xygalatas, D. (2020). The role of ritual behaviour in anxiety reduction: An investigation of Marathi religious practices in Mauritius. *Philosophical Transactions of the Royal Society B (Biological Sciences)* 375, 20190431.

Larsen, C. S. (2006). The agricultural revolution as environmental catastrophe: Implications for health and lifestyle in the Holocene. *Quaternary International* 150(1), 12-20.

Legare, C. H., and Souza, A. L. (2012). Evaluating ritual efficacy: Evidence from the supernatural. *Cognition* 124(1), 1-15.

Legare, C. H., and Souza, A. L. (2013). Searching for control: Priming randomness increases the evaluation of ritual efficacy. *Cognitive Science* 38(1), 152-161.

Legare, C. H., and Nielsen, M. (2015). Imitation and innovation: The dual engines of cultural learning. *Trends in Cognitive Sciences* 19(11), 688-699.

Legare, C. H., Wen, N. J., Herrmann, P. A., and Whitehouse, H. (2015). Imitative flexibility and the development of cultural learning. *Cognition* 142, 351-361.

Lester, D. (2009). Voodoo death. *OMEGA Journal of Death and Dying* 59, 1-18.

Liberman, Z., Woodward, A. L., Sullivan, K. R., and Kinzler, K. D. (2016). Early emerging system for reasoning about the social nature of food. *Proceedings of the National Academy of Sciences* 113(34), 9480-9485.

Liberman, Z., Kinzler, K. D., and Woodward, A. L. (2018). The early social significance of shared ritual actions. *Cognition* 171, 42-51.

Liu, L., Gou, Z., and Zuo, J. (2014). Social support mediates loneliness and depression in elderly people. *Journal of Health Psychology* 21(5), 750-758.

Lyons, D. E., Damrosch, D. H., Lin, J. K., Macris, D. M., and Keil, F. C. (2011). The scope and limits of overimitation in the transmission of artefact culture. *Philosophical Transactions of the Royal Society B: Biological Sciences* 366(1567), 1158-1167.

Madden, J. R. (2008). Do bowerbirds exhibit cultures? *Animal Cognition* 11(1), 1-12.

Malinowski, Bronislaw (1922). *Argonauts of the Western Pacific*. London: Routledge.

Malinowski, Bronislaw (1948). *Magic, Science and Religion and Other Essays 1948*. Boston, MA:

*Personality and Social Psychology* 67, 48-55.

Keinan, G. (2002). The effects of stress and desire for control on superstitious behavior. *Personality and Social Psychology Bulletin* 28(1), 102-108.

Kelley, Dean M. (1972). *Why Conservative Churches Are Growing: A Study in Sociology of Religion*. New York: Harper & Row.

Kim, T., et al. (2021). Work group rituals enhance the meaning of work. *Organizational Behaviour and Human Decision Processes* 165, 197-212.

Kjaer T. W., Bertelsen, C., Piccini, P., Brooks, D., Alving, J., and Lou, H. C. (2002). Increased dopamine tone during meditationinduced change of consciousness. *Cognitive Brain Research* 13(2), 255-259.

Klavir, R., and Leiser, D. (2002). When astronomy, biology, and culture converge: Children's conceptions about birthdays. *The Journal of Genetic Psychology* 163(2), 239-253.

Klement, Kathryn R., Lee, Ellen M. Ambler, James K., Hanson, Sarah A., Comber, Evelyn, Wietting, David, Wagner, Michael F., et al. (2017). Extreme rituals in a BDSM context: The physiological and psychological effects of the 'dance of souls'. *Culture, Health & Sexuality* 19(4), 453-469.

Knight, C. (1994). Ritual and the origins of language. In C. Knight and C. Power (eds), *Ritual and the Origins of Symbolism*. London: University of East London Sociology Department.

Konvalinka, I., Xygalatas, D., Bulbulia, J., Schjodt, U., Jegindo, E., Wallot, S., Van Orden, G., and Roepstorff, A. (2011). Synchronized arousal between performers and related spectators in a fire-walking ritual. *Proceedings of the National Academy of Sciences (PNAS)* 108(20), 8514-8519.

Kühl, H. S., Kalan, A. K., Arandjelovic, M., Aubert, F., D'Auvergne, L., Goedmakers, A., Jones, S., Kehoe, L., Regnaut, S., Tickle, A., Ton, E., Schijndel, J. van, Abwe, E. E., Angedakin, S., Agbor, A., Ayimisin, E. A., Bailey, E., Bessone, M., Bonnet, M., and Boesch, C. (2016). Chimpanzee accumulative stone throwing. *Scientific Reports* 6(1), 22219.

Lang, M., Krátký, J., Shaver, J. H., Jerotijevic, D., and Xygalatas, D. (2015). Effects of anxiety on spontaneous ritualized behavior. *Current Biology* 25(14), 1892-1897.

Lang, M., Bahna, V., Shaver, J., Reddish, P., and Xygalatas, D. (2017). Sync to link: Endorphin-Mediated synchrony effects on cooperation. *Biological Psychology* 127, 191-

The effect of witnessing multiple actors on children's imitation. *Cognition* 129(3), 536-543.

Hockey, G. R. J. (1997). Compensatory control in the regulation of human performance under stress and high workload: A cognitive-energetical framework. *Biological Psychology* 45, 73-93.

Homans, G. C. (1941). Anxiety and ritual: The theories of Malinowski and Radcliffe-Brown. *American Anthropologist* 43(2), 164-172.

Horner, V., and Whiten, A. (2004). Causal knowledge and imitation/emulation switching in chimpanzees (*Pan troglodytes*) and children (*Homo sapiens*). *Animal Cognition* 8(3), 164-181.

Hove, M., and Risen, J. (2009). It's all in the timing: Interpersonal synchrony increases affiliation. *Social Cognition* 27(6).

Iannaccone, L. (1994). Why strict churches are strong. *American Journal of Sociology* 99(5), 1180-1211.

Inglehart, R. F. (2020). Giving up on God: The global decline of religion. *Foreign Affairs* 99, 110.

Inzlicht, M., Shenhav, A., and Olivola, C. Y. (2018). The effort paradox: Effort is both costly and valued. *Trends in Cognitive Sciences* 22(4), 337-349.

Jaubert, J., Verheyden, S., Genty, D., Soulier, M., Cheng, H., Blamart, D., Burlet, C., Camus, H., Delaby, S., Deldicque, D., Edwards, R. L., Ferrier, C., Lacrampe-Cuyaubere, F., Leveque, F., Maksud, F., Mora, P., Muth, X., Regnier, E., Rouzaud, J.-N., and Santos, F. (2016). Early Neanderthal constructions deep in Bruniquel Cave in southwestern France. *Nature* 534(7605), 111-114.

Jonaitis, A. (1991). *Chiefly Feasts: The Enduring Kwakiutl Potlatch.* Seattle, WA: University of Washington Press.

Joukhador, J., Blaszczynski, A., and Maccallum, F. (2004). Superstitious beliefs in gambling among problem and nonproblem gamblers: Preliminary data. *Journal of Gambling Studies* 20(2), 171-180.

Kápitany, R., and Nielsen, M. (2015). Adopting the ritual stance: The role of opacity and context in ritual and everyday actions. *Cognition* 145, 13-29.

Keinan, G. (1994). Effects of stress and tolerance of ambiguity on magical thinking. *Journal of*

Foster, D. J., Weigand, D. A., and Baines, D. (2006). The effect of removing superstitious behavior and introducing a preperformance routine on basketball free-throw performance. *Journal of Applied Sport Psychology* 18, 167-171.

Frazer, J. G. (1890). *The Golden Bough: A Study in Comparative Religion*. London: Macmillan.

Gayton, W. F., Cielinski, K. L., Francis-Keniston, W. J., and Hearns, J. F. (1989). Effects of preshot routine on free-throw shooting. *Perceptual and Motor Skills* 68, 317-318.

Gerard, H. B., and Mathewson, G. C. (1966). The effect of severity of initiation on liking for a group: A replication. *Journal of Experimental Social Psychology* 2(3), 278-287.

Gmelch, G. (1978). Baseball magic. *Human Nature* 1(8), 32-39.

Gómez, Á., Bélanger, J. J., Chinchilla, J., Vázquez, A., Schumpe, B. M., Nisa, C. F., and Chiclana, S. (2021). Admiration for Islamist groups encourages self-sacrifice through identity fusion. *Humanities and Social Sciences Communications* 8(1), 54.

Goodall, J. (2005). Primate spirituality. In B. Taylor (ed.), *The Encyclopedia of Religion and Nature*. New York: Thoemmes Continuum.

Gray, Jesse G. (1959). *The Warriors*. Lincoln, NE: University of Nebraska Press.

Handwerk, Brian (2003). Snake handlers hang on in Appalachianchurches. *National Geographic News*, 7 April.

Harrod, J. B. (2014). The case for chimpanzee religion. *Journal forthe Study of Religion, Nature and Culture* 8(1), 16-25.

Harvey, Larry (2016). *Burning Man 2017: Radical Ritual.* https://journal.burningman.org/2016/12/black-rock-city/participatein-brc/burning-man-2017-radical-ritual/ [accessed on 20 September 2020].

Henrich, Joseph (2009). The evolution of costly displays, cooperation and religion. *Evolution and Human Behavior* 30(4), 244-260.

Henrich, Joseph (2015). *The Secret of Our Success: How Culture Is Driving Human Evolution, Domesticating Our Species, and Making Us Smarter*. Princeton, NJ: Princeton University Press.

Henrich, N. S., and Henrich, J. (2007). *Why Humans Cooperate: A Cultural and Evolutionary Explanation*. Oxford: Oxford University Press.

Henslin, J. (1967). Craps and magic. *American Journal of Sociology* 73, 316-330.

Herrmann, P. A., Legare, C. H., Harris, P. L., and Whitehouse, H. (2013). Stick to the script:

Dömötör, Z., Ruíz-Barquín, R., and Szabo, A. (2016). Superstitious behavior in sport: A literature review. *Scandinavian Journal of Psychology* 57(4), 368-382.

Dulaney, S., and Fiske, A. (1994). Cultural rituals and obsessive-compulsive disorder: Is there a common psychological mechanism? *Ethos* 3, 243-283.

Dunbar, R. (2012). Bridging the bonding gap: The transition from primates to humans. *Philosophical Transactions of The Royal Society B (Biological Sciences)* 367(1597), 1837-1846.

Durkheim, Émile (1915). *The Elementary Forms of the Religious Life*. London: Allen & Unwin.

Evans, D. W., Milanak, M. E., Medeiros, B., and Ross, J. L. (2002). Magical beliefs and rituals in young children. *Child Psychiatry and Human Development* 33(1), 43-58.

Evans-Pritchard, E. E. (1937). *Witchcraft, Oracles, and Magic among the Azande*. Oxford: Clarendon Press.

Evans-Pritchard, Edward (1951). *Social Anthropology*. London: Cohen & West.

Fairlie, R. W., Hoffmann, F., and Oreopoulos, P. (2014). A community college instructor like me: Race and ethnicity interactions in the classroom. *American Economic Review* 104(8), 2567-2591.

Festinger, Leon, Riecken, Henry W., and Schachter, Stanley (1956). *When Prophecy Fails: A Social and Psychological Study of a Modern Group that Predicted the Destruction of the World*. Minneapolis, MN: University of Minnesota Press.

Fink B., Weege B., Neave N., Ried B., and do Lago, O. C. (2014). Female perceptions of male body movement. In V. Weekes-Shackelford and T. K. Shackelford (eds), *Evolutionary Perspectives on Human Sexual Psychology and Behavior*. Berlin: Springer.

Fischer, R., et al. (2014). The fire-walker's high: affect and physiological responses in an extreme collective ritual. *PLOS ONE* 9, e88355.

Fisher, R. A. (1930). *The Genetical Theory of Natural Selection*. Oxford: Clarendon Press.

Fiske, A., and Haslam, N. (1997). Is obsessive-compulsive disorder a pathology of the human disposition to perform socially meaningful rituals? Evidence of similar content. *The Journal of Nervous and Mental Disease* 185, 211-222.

Flanagan, E. (2013). Superstitious Ritual in Sport and the Competitive Anxiety Response in Elite and Non-Elite Athletes. Unpublished dissertation, DBS eSource, Dublin Business School.

cooperation: An empirical test of Slone's sexual signaling model. In J. Slone and J. Van Slyke (eds), *The Attraction of Religion*. London: Bloomsbury.

Burns, James (dir.) (2017). *Inside a Gang Initiation with the Silent Murder Crips*. Vice video.

Cannon, Walter B. (1942). Voodoo death. *American Anthropologist* 44(2), 169-181.

Chang, Z., and Li, J. (2018). The impact of in-house unnatural death on property values: Evidence from Hong Kong. *Regional Science and Urban Economics* 73, 112-126.

Chartrand, T., and Bargh, J. (1999). The chameleon effect: The perception-behaviour link and social interaction. *Journal of Personality and Social Psychology* 6(76), 893-910.

Cimino, A. (2011). The evolution of hazing: Motivational mechanisms and the abuse of newcomers. *Journal of Cognition and Culture* 11, 241-267.

Clegg, J. M., and Legare, C. H. (2016). Instrumental and conventional interpretations of behavior are associated with distinct outcomes in early childhood. *Child Development* 87, 527-542.

Csikszentmihalyi, Mihaly (1990). *Flow: The Psychology of Optimal Experience*. New York: Harper & Row.

Dal Pesco, F., and Fischer, J. (2018). Greetings in male Guinea baboons and the function of rituals in complex social groups. *Journal of Human Evolution* 125, 87-89.

Damisch, L., Stoberock, B., and Mussweiler, T. (2010). Keep your fingers crossed! How superstition improves performance. *Psychological Science* 21(7), 1014-1020.

Darwin, C. (1871). *The Descent of Man and Selection in Relation to Sex*. London: John Murray.

Darwin Correspondence Project, 'Letter no. 2743', http://www.darwinproject.ac.uk/DCP-LETT-2743 [accessed on 23 October 2021].

de Castro, J. M., and de Castro, E. S. (1989). Spontaneous meal patterns of humans: Influence of the presence of other people. *The American Journal of Clinical Nutrition* 50, 237-247.

de Waal, Frans (1996). *Good Natured: The Origins of Right and Wrong in Humans and Other Animals*. Cambridge, MA: Harvard University Press.

Deacon, Terrence (1997). *The Symbolic Species: The Co-Evolution of Language and the Brain*. New York: Norton & Co.

Delfabbro, P. H., and Winefeld, A. H. (2000). Predictors of irrational thinking in regular slot machine gamblers. *Journal of Psychology: Interdisciplinary and Applied* 134(2), 117-128.

Dissanayake, Ellen (1988). *What Is Art For?* Seattle, WA: University of Washington Press.

Biesele, M. (1978). Religion and folklore. In P. V. Tobias (ed.), *The Bushmen*. Cape Town: Human & Rousseau.

Bleak, J. L., and Frederick, C. M. (1998). Superstitious behavior in sport: levels of effectiveness and determinants of use in three collegiate sports. *Journal of Sport Behavior* 21(1), 1–15.

Bloom, Paul (2021). *The Sweet Spot*. New York: HarperCollins.

Bocquet-Appel, J. P. (2011). The agricultural demographic transition during and after the agriculture inventions. *Current Anthropology* 52(S4), S497-S510.

Boothby, E. J., Clark, M. S., and Bargh, J. A. (2014). Shared experiences are amplified. *Psychological Science* 25(12), 2209-2216.

Boyer, Pascal (2005). A reductionistic model of distinct modes of religious transmission. In H. Whitehouse and R. N. McCauley (eds), *Mind and Religion: Psychological and Cognitive Foundations of Religiosity*. Walnut Creek, CA: AltaMira Press.

Boyer, P., and Lienard, P. (2006). Why ritualized behavior? Precaution systems and action parsing in developmental, pathological and cultural rituals. *Behavioral and Brain Sciences* 29, 595-650.

Brenner, S. L., Jones, J. P., Rutanen-Whaley, R. H., Parker, W., Flinn, M. V., and Muehlenbein, M. P. (2015). Evolutionary mismatch and chronic psychological stress. *Journal of Evolutionary Medicine* 3, 1-11.

Brevers, D., Dan, B., Noel, X., and Nils, F. (2011). Sport superstition: Mediation of psychological tension on nonprofessional sportsmen's superstitious rituals. *Journal of Sport Behavior* 34(1), 3-24.

Brooks, A. W., Schroeder, J., Risen, J. L., Gino, F., Galinsky, A. D., Norton, M. I., and Schweitzer, M. E. (2016). Don't stop believing: Rituals improve performance by decreasing anxiety. *Organizational Behavior and Human Decision Processes* 137, 71-85.

Buhrmester, M. D., Zeitlyn, D., and Whitehouse, H. (2020). Ritual, fusion, and conflict: The roots of agro-pastoral violence in rural Cameroon. *Group Processes & Intergroup Relations*, 1368430220959705.

Bulbulia, J., Xygalatas, D., Schjodt, U., Fondevila, S., Sibley, C., and Konvalinka, I. (2013). Images from a jointly-arousing collective ritual reveal emotional polarization. *Frontiers in Psychology* 4, 960.

Bulbulia, J., Shaver, J. H., Greaves, L., Sosis, R., and Sibley, C. (2015). Religion and parental

# 參考書目
Bibliography

Amin, M., Willetts, D., and Eames, J. (1987). *The Last of the Maasai*. London: Bodley Head.

Anastasi, M. W., and Newberg, A. B. (2008). A preliminary study of the acute effects of religious ritual on anxiety. *Journal of Alternative and Complementary Medicine* 14(2), 163-165.

Archer, John (1999). *The Nature of Grief: The Evolution and Psychology of Reactions to Loss.* London: Routledge.

Aronson, E., and Mills, J. (1959). The effect of severity of initiation on liking for a group. *The Journal of Abnormal and Social Psychology* 59(2), 177-181.

Atkinson, Q., and Whitehouse, H. (2011). The cultural morphospace of ritual form. *Evolution and Human Behaviour* 32(1), 50-62.

Baranowski-Pinto, G., Profeta, V. L. S., Newson, M., Whitehouse, H., and Xygalatas, D. (2022). Being in a crowd bonds people via physiological synchrony. *Scientific Reports* 12: 613.

Bekoff, M. (2009). Animal emotions, wild justice and why they matter: Grieving magpies, a pissy baboon, and empathic elephants. *Emotion, Space and Society* 2(2), 82-85.

Bell, Catherine (1992). *Ritual Theory, Ritual Practice*. Oxford: Oxford University Press.

Bellah, Robert N. (2011). *Religion in Human Evolution: From the Paleolithic to the Axial Age.* Cambridge, MA: Harvard University Press.

Bem, D. J. (1967). Self-Perception: An alternative interpretation of cognitive dissonance phenomena. *Psychological Review* 74, 183-200.

Bentzen, J. S. (2020). *In Crisis, We Pray: Religiosity and the COVID-19 Pandemic*. London: Centre for Economic Policy Research.

Bernieri, F., Reznick, J., and Rosenthal, R. (1988). Synchrony, pseudosynchrony, and dissynchrony: Measuring the entrainment process in mother-infant interactions. *Journal of Personality and Social Psychology* 54(2), 243-253.

鷹之魂 05

# 儀式的科學：
## 深入儀式運作的身體和心理機制

Ritual: How Seemingly Senseless Acts Make Life Worth Living

作　　者　迪米崔・席加拉塔斯 Dimitris Xygalatas
譯　　者　謝雯仔

總 編 輯　成怡夏
責任編輯　成怡夏、陳宜蓁
協力校對　羅寬愉
行銷總監　蔡慧華
封面設計　莊謹銘
內頁排版　宸遠彩藝

出　　版　遠足文化事業股份有限公司 鷹出版
發　　行　遠足文化事業股份有限公司（讀書共和國出版集團）
　　　　　231 新北市新店區民權路 108 之 2 號 9 樓
客服信箱　gusa0601@gmail.com
電　　話　02-22181417
傳　　真　02-86611891
客服專線　0800-221029

法律顧問　華洋法律事務所 蘇文生律師
印　　刷　成陽印刷股份有限公司

初　　版　2024 年 5 月
初版二刷　2024 年 7 月
定　　價　460 元
I S B N　978-626-7255-38-4
　　　　　978-626-7255-37-7 (EPUB)
　　　　　978-626-7255-36-0 (PDF)



國家圖書館出版品預行編目 (CIP) 資料

儀式的科學：深入儀式運作的身體和心理機制 / 迪米崔．席加拉塔斯 (Dimitris Xygalatas) 作；謝雯仔譯．-- 初版．-- 新北市：遠足文化事業股份有限公司鷹出版：遠足文化事業股份有限公司發行，2024.05

面；　公分．--（鷹之魂；5）

譯自：Ritual : how seemingly senseless acts make life worth living

ISBN 978-626-7255-38-4(平裝)

530　　　　113004567